L'OMBRE DU DESTIN,

Route vers la disparition des pétroliers

TOME I, L'AUTO-MAGIQUE

Jean-Marc Dubié

DÉDICACE

A ma Petite Calinou adorée, qui est entrée dans cette aventure de vie un peu folle en apportant sa plénitude et son immense bienveillance.

A mon Copilote au rallye Monté Carlo, Lennart Hellberg qui est entré dans mon cirque comme on entre en aventure.

A mon ami Michel Prieur malheureusement disparu, d'une rigueur scientifique implacable pour gérer durant 40 ans un satellite militaire de sa naissance à désorbitation. Grace à lui, nous avons passé des nuits à réinventer l'univers, la cosmologie, les technologies, nos imaginations nous ont conduit dans des lieux inaccessibles au grand public pour donner vie à nos créations.

REMERCIEMENTS

A tous ceux qui m'ont aidé pour organiser cinq Traversées des Alpes en véhicule électrique et qui m'ont soutenu pour mes participations aux rallyes Phébus en Espagne,

A Alain Rolkowski du technocentre de Renault, qui sur des décennies a toujours trouvé des solutions pour que la Toujours Contente et L'Auto-Magique fonctionne.

Et à tous ceux qui sont aussi nommés en fin de cet ouvrage page 269.

1. LES RAILS DU FUTUR (1963)

Lyon, 1963. J'ai sept ans, et je suis un gone pas comme les autres. Chaque jeudi soir, ma grand-mère me conduit jusqu'à la gare des Brotteaux – pas la neuve, la vieille, celle où les locomotives à vapeur grondent comme des dragons d'acier. Leurs panaches brûlants me giflent le visage, les BB électriques ronronnent comme des bêtes d'un autre temps. On rôde sur les quais – elle, chignon strict et pas décidé ; moi, les yeux écarquillés, happé par ces monstres. Les conducteurs nous repèrent vite – ce môme bizarre et sa mamie, toujours là, à scruter les rails. Un jour, ils craquent : « Monte, petit ! » La cabine s'ouvre, un levier vibre sous mes doigts, la vapeur me pique les narines – je suis vivant, électrisé.

À la maison, c'est pire. Mon train JEP, branché sur le secteur, m'envoie des châtaignes car il fonctionnait en 110 volts alternatif– un rail O avec un conducteur central, une lampe à filament de carbone pour réguler avec un rhéostat, et moi, secoué par une curiosité qui ne pardonne pas. Heureusement, le parquet était en bois et c'est isolant de la terre !

Mon train JEP de 1963, alimenté en 110 volts AC, sur le parquet isolant de ma chambre.

Ma grand-mère, complice discrète, m'embarque chez des grossistes  électroniques – des cavernes pleines de transistors AC-126, AF-116 et de diode OA-81. Elle m'offre des coffrets EE8 et EE16 de Philips, ignorant le warning du livret : « Attention, ce coffret peut changer votre destinée ». Elle croit m'amuser – elle forge un destin.

Ce sont aussi les sorties du dimanche où l'on va admirer le petit train à vapeur de Meyzieu le carreau avec ma grand-mère et mes parents.

Le petit train à vapeur de Meyzieu, un souvenir dominical avec ma grand-mère en 1963

2. LE CHAUFFAGE L'HIVER DANS LES ANNEES 60

Lyon, quai Saint-Vincent, années 60. Les hivers de mon enfance, rudes et mordants, s'accrochent à ma mémoire comme la glace sur les parapets de la Saône. Né en 1956, j'ai grandi dans l'ombre d'un hiver légendaire, celui qui inspira l'appel déchirant de l'Abbé Pierre – un cri pour les sans-abris, grelottant dans un Lyon où le froid et la misère se conjuguaient. Ma famille habitait au deuxième étage du 27 quai Saint-

Vincent, un immeuble haussmannien aux façades noircies par la suie, voisin de la place Port-Neuville, un ancien port transformé en parking bordé de platanes noueux. Depuis notre petit balcon de pierre, suspendu au-dessus des fils chantants du trolleybus, je scrutais la Saône, ses péniches glissant dans une eau souillée par les égouts et les teinturiers, qui la teignaient de violet ou de rouge selon leurs caprices chimiques.

L'hiver, la rivière gelait, ses berges en pierre se parant d'une croûte de glace de trois centimètres. Avec mes amis, nous détachions ces éclats translucides, les sculptant en pistolets pour des batailles de boules de neige, nos rires résonnant dans l'air piquant. Ma chambre, partagée avec mon frère, donnait sur ce tableau fluvial, mais sa beauté cachait une réalité âpre. Le froid s'infiltrait par les vitres simples, si fines qu'elles vibraient au passage des camions, amplifiant leur grondement dans un concert nocturne.

Le chauffage, un défi quotidien, reposait sur un poêle en fonte Ciney, trônant au centre du couloir comme un totem fumant. Alimenté à l'anthracite – un charbon dense, presque aristocratique –, il rougeoyait derrière ses fenestrons de mica, que je fixais, fasciné, tandis que mon père versait des pelletées par une trappe supérieure. Une manette latérale secouait la grille, faisant choir les cendres dans un tiroir poussiéreux, ravivant une flamme vorace mais polluante. Ce poêle, brûlant et suffocant, surchauffait le couloir mais laissait les pièces périphériques, comme ma  chambre, dans une glacière impitoyable. Les murs non isolés, les vitres déformées, tout conspirait à nous livrer au froid.

Hiver 1962 – Vue du quai St Vincent le quai Pierre Scize

Ma chambre était un igloo. Parfois, un vieux soufflant Calor s'invitait dans ma chambre, son ventilateur au léger balourd ronronnant devant une résistance rougeoyante. Mais, en 110 volts, sur des fils gainés de coton usé, le risque d'incendie limitait son usage à une ou deux résistances – un maigre répit, faisant grimper la pièce de deux degrés au mieux

Enfant, je ne mesurais pas la rigueur de ces nuits, mais mon corps, lui, parlait : bronchites récurrentes, congestions pulmonaires, toux sèches qui hantaient mes sommeils agités – 4 à 5 heures par nuit, une habitude gravée jusqu'à aujourd'hui. La pollution du charbon, ces particules fines que personne ne nommait encore, rongeait mes poumons. Quand la fièvre montait, mes parents m'envoyaient respirer à la campagne. À Jalinard, sur le plateau de Retord, chez des paysans, les Noëls étaient glacials. Une cuisinière à bois, cœur battant de la maison, chauffait la pièce principale et l'eau des bouillottes – vieilles bouteilles de limonade enrobées de chiffon. Mais ses fumées, invisibles et traîtresses, étaient un poison méconnu, un risque de cancer ignoré. Plus tard, à Charix, dans le Haut-Bugey, je dormais dans une chambre au-dessus de la cuisine, où le givre voilait les vitres intérieures, la température flirtant avec -1 °C. Sous des édredons épais, parfois à plusieurs dans le lit, je frissonnais, ma bronchite s'accrochant comme une ombre. Ces hivers antédiluviens, où le froid et la suie régnaient, ont semé une braise en moi : un jour, je trouverais des alternatives propres, efficaces, humaines.

Revenons au quai Saint-Vincent, ma maison jusqu'à mes 13 ans. Lyon, alors, était une ville crasseuse, ses façades noircies par les fumées des poêles à charbon, utilisés par presque tous les foyers. Des camions-plateaux, souvent des Sovel électriques aux batteries 

plombées massives, déversaient des sacs d'anthracite dans les soupiraux des caves, formant des monticules que nous pelletions dans des seaux. Ces véhicules, modernes et silencieux, transportant un combustible d'un autre âge, m'intriguaient. Je rêvais de capter l'électricité de leurs batteries, comme celle des fils du trolleybus, pour alimenter une invention – un écho à L'Auto-Magique, que je découvrirais bientôt.

Mes cousins, quelques numéros plus loin, jouissaient d'un chauffage central au fioul, une chaleur uniforme enviable. Nous, nous descendions à la cave avec mon père, dans un nuage de poussière noire, pour remplir les seaux et remonter les cendres encore chaudes dans des poubelles métalliques, prévues pour ne pas fondre.

1963, Mon école était Place Sathonay – Une étincelle dans l'ombre L'école primaire, ses bancs grinçants, m'étouffe. Les plumes Sergent-Major bavochent sur mes cahiers recyclés, l'encre violette – cristaux dilués dans l'eau du robinet, versée dans un encrier de porcelaine – me nargue. Je veux construire, inventer, pas écrire.

Les jours de pluie, la cour de récréation c'est-à-dire la place Sathonay se replie dans une salle, et un placard s'ouvre – un coffre au trésor dans un mur ancien. Un jeudi gris, je fouille, et un livre abîmé sans couverture surgit : L'Auto-Magique. Je m'assois, le monde s'efface. GoyaGoya, un gosse comme moi, court vers l'école, en retard, quand une voiture enchantée apparaît – nacrée, blindée, bondissant, nageant, volant. Ses pages, déchirées, me happent ; je lis, fébrile, avant que la cloche sonne.

La cloche sonne, je referme le livre à la couverture manquante, sans avoir pu lire plus de sa moitié – mais ses pages s'incrustent dans mon âme, une braise qui ne s'éteindra jamais.

Ce livre, trouvé par hasard, devient mon étoile polaire, un fil rouge qui guidera ma vie, des poêles polluants aux batteries du futur animant des automobiles.

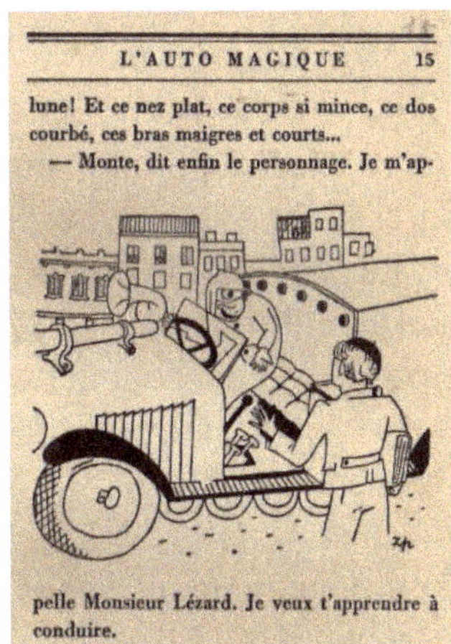

GoyaGoya découvre l'Auto-Magique et Monsieur Lhazâr dans le livre déchiré.

La couverture rêvée de L'Auto-Magique, celle que je n'ai jamais vue en 1963 et que je n'ai découvert qu'en 2010

À 13 ans, nous quittons le quai Saint-Vincent pour un immeuble neuf dans le 5e arrondissement, un saut dans la modernité. Des chaudières à gaz à condensation, perchées en toiture, diffusent une chaleur douce et uniforme – un luxe après les hivers glaciaux. Le contraste est saisissant : fini le vacarme des camions, adieu les façades noircies. Ce déménagement scelle une promesse : un jour, je bannirai le charbon, le fioul, le froid.

Dans l'ombre, un visionnaire comme Elon Musk, encore inconnu, devait rêver de solutions semblables – des batteries, du solaire, un monde propre. Et le vieillard à la canne, que je croiserai des décennies plus tard (chapitre 10), semble déjà murmurer à mon oreille d'enfant : « GoyaGoya, ton combat commence ici. »

3. FUSEES ET REPLATS (1960-1967)

Avant cela, les années 60. Mon père est un sorcier économe, un alchimiste du bitume. Sa 2CV glisse sur les routes du haut Bugey, et à chaque petite descente – clic, il coupe le moteur. La pente fait le boulot, l'essence reste dans le réservoir. « Moins de carburant, plus de vie », qu'il marmonne, un sourire en coin. Je regarde depuis la banquette arrière, fasciné par ce ballet mécanique – une leçon muette qui s'incruste dans mes os. Les pétroliers, déjà, devraient trembler.

L'été nous passions nos vacances au Poizat. Un village du haut-Bugey qui a une vue sur Charix (Village toujours plus en soleillé).

Au Poizat mon père s'amusait avec sa 2CV à économiser l'essence et pourtant sa consommation avoisinait seulement les 3,5 litres aux 100 km. On tirait la Jauge brune graduée en litre du réservoir pour mesurer tout cela.

Le principe était le suivant, quand nous allions faire les courses à Nantua, arrivée au hameau dit « Le Replat » (cela ne s'invente pas !) il coupe le contact et laisse filer la 2CV sans moteur. Il y a une succession de petites montées et de petites descentes, le but était chaque fois d'aller le plus loin possible sans remettre en route le moteur. Le jeu marchait dans les 2 sens. Cela nous amusait beaucoup. Heureusement ce n'est que très rarement qu'une voiture nous suivait et qui aurait dû doubler cette 2CV qui lambinait.

Voilà qui grave dans tête cette obsession d'économiser le carburant !

Ce village de Charix, de l'autre côté de la Vallée, nous attire car il y a visiblement plus de soleil qu'au Poizat. (Un effet de foehn car le Poizat est adossé à une montagne au nord)

A partir de là nos vacances se passèrent à Charix, et je devais descendre et remonter pour revoir les copains restés au Poizat.

C'est ce genre de détails, qui forge une destinée.

1967, pensionnat à la Franco-Canadienne de Sainte Foy-les-Lyon. J'ai dix ans, et je fais sauter la cour de récré avec des fusées bricolées – tuyaux volés, poudre chipée dans les cabanes de jardinier et dans la cuisine de ma mère – elles sifflent dans l'air, laissant des traînées blanches et une odeur de caramel sous les cris des copains. Le maître fronce les sourcils, menace le martinet, mais moi, je vois des étoiles. Je dessine les plans de ma première fusée : CYNA IV

Ces engins sont mon premier cri contre le pétrole – un gamin qui défie le ciel avant de secouer la terre. Les profs ont décidé que dorénavant mon laboratoire c'est les 15 derniers rangs de la salle d'étude ou l'on me fou une paix royale dans mes bricolages durant les cours…

4. LE MUSEE AMPERE DE POLEYMIEUX-AU-MONT-D'OR (1960-1967)

Souvent, le dimanche, mes parents m'emmenaient visiter ce musée extraordinaire de l'électricité. Un musée où l'on pouvait appuyer sur des boutons pour mettre en branle la Roue de Barlow, faire fonctionner des moteurs électriques à piston comme un peu les machines à vapeur. Des machines qui font des étincelles et qui tourbent.

L'étincelle du paratonnerre de Benjamin Franklin au musée Ampère, une révélation.

La visite de ce musée m'a branché sur la fée électricité et les sciences. Il y avait aussi cette petite plaque en marbre qui indiquait qu'André-Marie Ampère n'était jamais allé à l'école, il avait tout appris avec *L'Encyclopédie* de d'Alembert et aussi de ses précepteurs.

www.ampremusee.fr

Bref, un rêve pour moi qui faisais décoller des fusées – que j'avais baptisées CYNA IV – dans la cour de récréation. Le combustible ? Un engrais ordinaire de jardin et du sucre en poudre !

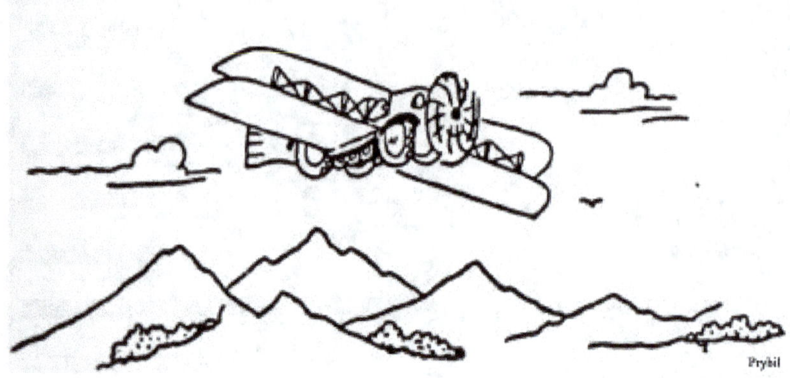

L'Auto-Magique se transforme en avion qui vole, un écho à mes fusées de 1967.

5. ONDES ET PLACARD (1968-1969)

1968, mon copain de classe Alain Roury a comme moi une grand-mère formidable, elles se connaissent d'ailleurs et c'est à l'origine du comment un môme de la base puisse fréquenter une famille de riche commerçant de sainte Foy le Lyon. Cette rencontre fut capitale comme vous allez le découvrir au fil des pages. Alain avait une passion, les vielles radios militaires américaines de la 2ème guerre mondiale, BC1000, BC191 et ses énormes lampes radio VT4 sous 1000 volts. Il les faisait fonctionner clandestinement dans sa chambre labo. Tous ces matériels venaient du quai Pierre Scize, une boutique caverne d'Alibaba tenu par F9FA (un radio amateur assez taciturne quand nous gamin nous entrions dans sa boutique). Mais F9FA le savait Alain était bon client grâce à sa grand-mère…

Une fois que les VT4 avaient rougies alimentées avec la génératrice dynamotor 1000 volts qui sifflait, on s'amusait à fabriquer des pétards. On a même fait des tests avec de petite quantité de nitroglycérine que nous fabriquions. C'était une époque bénie ou même gamin on pouvait allez chez Bietrix (un magasin de produit chimique) rue Lanterne à Lyon pour acheter toutes sorte de substances chimiques placées dans d'immense armoire en bois aux centaines de tiroirs étiquetés. Une telle boutique qui de nos jours serait totalement interdite. Bon pour les composants de la nitro glycérine je faisais en deux temps sous les consignes d'Alain : un achat dans deux boutiques distinctes, l'acide nitrine et l'acide sulfurique chez Bietrix et la glycérine chimique à la droguerie Coste juste à côté puis je rejoignais Alain à Sainte Foy par le bus 29 avec ma valise pleine de produits… Bon tout cela passait bien au-dessus de la tête de nos parents, c'étaient nos grands-mères qui nous surveillaient… De nos jours on nous aurait enfermés.

Une fois calmé de nos expérimentations en tout genre, on s'installait devant la télé chez Alain, mes parents n'ayant jamais eu la télé c'était pour moi assez magique, on regardait Chapeau Melon et Botte de cuir, les Envahisseurs ou encore la série l'Age de Cristal, un détail qui va avoir des répercutions mondiales.

- 1968, dortoir du pensionnat. Mai explose dehors, et moi, sous les draps, je bricole un poste à galène – sans pile, juste une diode OA81 à la place du cristal et une bobine de ma boite Philips EE16. Le plancher en bois, et mon lit métallique devient mon antenne improvisée, je capte sans pile les échos de la révolte grâce au petit écouteur piézo-électrique de la boite Philips EE16. Dans l'ombre, j'écoute les barricades, les slogans, le chaos – un môme branché sur le futur de onze ans, sans que les surveillants le sachent. Ce poste, c'est ma première radio pirate, mon premier pas vers un monde qui bouge autrement.

6. LES GODET DE CHARIX – RACINES D'UN REVEUR (1960-1976)

Au-delà des locomotives des Brotteaux et des fusées artisanales, mon enfance pulse dans les terres rudes de l'Ain, entre Charix et le Lac Genin (le petit Canada).

Situé à une centaine de kilomètres de Lyon, Charix est un petit village du département de l'Ain, situé à 800 mètres d'altitude dans le Haut-Bugey, aux portes du Jura. Charix (pays des vaches de pâturage) est perché sur la montagne entre Nantua, petite ville avec son lac et ses quenelles, et Oyonnax, ville industrielle, la « vallée du plastique ». Charix couvre un vaste territoire dont l'altitude varie de 580 m à 1 046m. Sa superficie est de 18,27 km². Son territoire comprend le célèbre lac Genin, l'un des plus romantiques de France ; on se croirait au Canada.

Autour du lac Genin, on ne trouve que deux bâtiments : la célèbre Auberge du lac Genin, un Logis de France, et une maison au bord du lac dont l'histoire de constructions sauvages est plus que trouble. Cette maison fait désormais partie du paysage, idéalement située, tel posée dans une maquette de train miniature.

L'hiver, c'est un miroir gelé merveilleux niché au-dessus d'Oyonnax. Avec les Godet, mes camarades d'âme d'adolescent, nous tenions avec les Godet lors d'un hiver glacial la petite boutique de location de patins à glace de l'Auberge du Lac Genin. Sous un ciel d'acier, les lames crissent sur la glace, et nos rires d'enfants percent la brume – un commerce improvisé où je découvre déjà le goût des responsabilités, les pièces tintant dans une boîte en fer-blanc.

Les patins à glace au Lac Genin, un hiver mémorable avec les Godet

L'été sur le lac on pêche de perche soleil

.L'été, avec les copains Godet de Charix, on construit des cabanes « sous les Gets », on garde les vaches, on fait les foins sous un soleil brûlant, les fourches en bois dansent dans la sueur et la poussière, un labeur qui forge mes mains et lie mon cœur à ce pays.

Ces terres, juste au-dessus de la « Plastic Valley », m'enracinent comme un enfant du coin, parlant le langage des industriels d'Oyonnax avant même de les conquérir.

Je découvre sur mon lourd vélo Peugeot que les vallées du haut Jura forment la jeunesse, descente vertigineuse suivie d'une montée encore plus raide pour rejoindre mes amis du Poizat, un village de la vallée d'en face de Charix. Bon sang, si je pouvais avec ma dynamo charger une petite batterie, un petit moteur m'aiderait à monter plus facilement la pente. Et quand je pense qu'il va falloir m'en retourner.

En 1976, à 19 ans, l'aventure prend des ailes – ou plutôt des roues. Avec les Godet de Charix, nous nous élançons en Land Rover, un vieux modèle bâché, pour un périple épique jusqu'à Side au sud de la Turquie avec un budget hyper minimaliste : des sachets de purée de pomme de terre en poudre, un paquet de pates, du lait écrémé en poudre, une boite de morceaux de sucre, une vielle casserole en alu, une toile de tente, un matelas gonflable et quelques billets de banques pour payer le diesel et c'est parti. Les routes poussiéreuses défilent, des cols escarpés des Alpes aux bazars grouillants d'Istanbul, le moteur diesel grondant sous nos chants insouciants. Mais ce voyage, un rêve de liberté, est une épreuve – le Land Rover affublé d'une petite remorque, secoué par les cahots sur 7 900 km, nous brise le dos assis sur un banc en bois sous la bâche raide, un inconfort qui me hante à chaque kilomètre. Europe assistance nous sauve d'une panne de dynamo ou nous sommes restés 10 jours sur une plage au sud de la Turquie le temps que la pièce de rechange arrive. En Turquie, nous tombons sur des touristes suisses équipés d'un extraordinaire Range Rover blanc ; ils nous montrent leur magnifique engin climatisé, ce fut un déclic pour moi. Sur le chemin du retour, une idée germe : troquer cette bête spartiate contre un Range Rover, un V8 rutilant, promesse d'un confort princier. Ce choix, né sous le soleil turc, allume une flamme – les machines doivent servir, pas punir.

7. LES BRAISES S'ENFLAMMENT (1976)

Les années filent, le livre s'évanouit – envolé du placard, retrouvé en lambeaux en CM2, sans début ni fin. Mais il me hante, une braise vive. Mon adolescence et mes aventures à Charix m'ont appris la nature, la beauté des paysages entretenus par les agriculteurs de montagne. La préservation du Lac Genin par la famille Godet est un exemple extraordinaire qui démontre que l'on peut combiner la défense de l'environnement sans priver l'accès à sa beauté au grand public, il suffit de rester simple, les pieds sur terre et de donner l'exemple à sa descendance. Mais voilà, en 1976, on ne parlait pas encore d'écologie dans les médias.

8. LES PREMICES – UN GONE EN QUETE D'ELECTRICITE (1976)

Lyon, 1976. Mes années au lycée Aux-Lazaristes oscillent entre les bancs usés du secondaire, les rires des copains, et des petits boulots qui bourdonnent dans mes mains comme des étincelles. Dès 16 ans, je brûle de mettre mes idées en œuvre – l'électricité, cette fée capricieuse, m'appelle. Je restaure des installations électriques dans de vieilles maisons aux murs craquelés, puis dans des bâtisses neuves, y glissant des gadgets de mon cru : des interrupteurs à la voix, un claquement de mains pour allumer, deux pour l'éteindre – un clin d'œil au *Casse* de Belmondo, qui fait briller les yeux de mes clients ravis de jouer les magiciens devant leurs amis.

Les premières télévisions couleur à tubes cathodiques passent sous mes tournevis – je répare leurs entrailles palpitantes pour rester « in », dans le vent d'une époque technicolor.

À Lyon, à force de dépanner les premières télévisions couleur chez des Lyonnais nantis durant mes soirées de lycéen, de refaire des installations électriques le week-end à droite et à gauche, je finis par pouvoir m'offrir une danseuse, un Range Rover V8 bicolore qui devient mon trône roulant, un symbole décalé parmi les mobylettes pétaradantes de mes camarades de Terminale, et déjà, sous son capot glouton, je rêve d'électricité.

Je me prends pour Steeve de *Chapeau melon et bottes de cuir*, roulant fièrement dans les rues lyonnaises, légèrement décalé parmi mes camarades de Terminale, leurs mobylettes pétaradantes loin derrière. L'électricité pulse dans mes veines, mais ce monstre glouton en essence, déjà, murmure un défi : et s'il roulait avec de l'électricité?

Question étude, je démarre un DEUG de Physique

9. LA FETE DANS LA NEIGE – UNE INSOUCIANCE FRAGILE (1977)

25 février 1977. Pour mes 21 ans, je retrouve les lieux de mon enfance – Charix et le Lac Genin, dans l'Ain, avec mes amis, les Godet, une bande joyeuse et bruyante. La neige tombe dru, un manteau blanc qui transforme la nuit en terrain d'aventures. On fait la fête, insouciants, riant sous les flocons qui dansent dans la lumière des phares.

Mon Range Rover devient le héros du jour – ses pneus mordent la poudreuse, tirant les voitures des copains embourbées dans des congères traîtresses.

Mon Range Rover de 1977, après une action tout-terrain née d'un voyage en Turquie

Pour mon anniversaire fêté en plein hiver à l'auberge du Lac Genin privatisée, mes copains de Terminale – Jean-Pierre, Christian, Pierre, Thierry et bien d'autres – m'ont offert une paire d'antibrouillards Cibié pour mon engin. Mon Range a dû sortir pas mal de véhicules enlisés dans la neige au bord du lac cette nuit.

Les filles poussent des cris ravis, les moteurs grondent, et moi, je savoure ce chaos festif, un sourire aux lèvres. Lointaines 70 défilent encore dans une bulle – la crise pétrolière n'est qu'un murmure lointain.

Pourtant, mon V8 engloutit 32 litres au 100, un gouffre que je tente de combler en mélangeant essence ordinaire et super, une alchimie bancale pour réduire la facture. « **Ah, s'il roulait à l'électricité…** », rêvé-je sous la neige, une braise qui couve dans l'ombre de cette nuit blanche.

2. ENERGIE SOLAIRE – LES PREMIERES ARMES (1977-1980)

2.1. LE SUCCES FULGURANT – DSH ET L'ENERGIE SOLAIRE (1977-1979)

Bac en poche, l'été 1977 m'entraîne dans une nouvelle quête. J'équipe un grossiste en carrelage où travaille mon parrain, Oncle Raymond – c'est le berceau Dépôt-Service. Un tremplin pour mes premières inventions, et incitation à abandonner un DEUG de maths à la fac pour répondre à l'appel du business EDF ayant limité l'accès de l'électricité à cette entreprise en pleine expansion à 30 kilowatts, il a fallu trouver une solution. J'y ai installé des capteurs solaires allemands qui chauffent timidement les bureaux – avec un rendement désastreux, je le vois avec le recul – mais je vais plus loin : j'invente une chaudière-incinérateur à inertie qui brûle de vieilles palettes perdues au lieu qu'elles partent par centaines à la déchetterie, récupérant leur chaleur pour 24 heures avec un très bon rendement grâce à une post-combustion – une photo jaunie témoigne encore de la gueule de la bête. Un exemplaire est mis en service chez Dépôt-Service, chauffant gratuitement à 100 % les bureaux et les salles d'exposition avec ses palettes perdues.

La chaudière 50 kW à palettes perdues, avec accumulation pour 24 heures, chez Dépôt-Service

1977, je lance la promotion de l'énergie solaire à la foire de Lyon

Un stand de démonstration dynamique est en place, le seul problème c'est qu'au mois de mars il n'y a pas eu beaucoup de soleil durant la foire cette année-là… On pouvait se rincer les mains à l'eau chaude solaire. Aucun fil n'arrivait sur le stand pour démontrer le système.

Puis ce furent les premières réalisations :

A Oyonnax j'installe le premier capteur solaire de la région en 1978 pour chauffer une piscine. Une version améliorée des capteurs SEH bien trop lourds pour être placés sur un toit. C'était à cette époque les prémices de l'énergie solaire. Avec le recul je ne suis pas très fier de mes premières installations de capteurs solaires hydrauliques !

Les premiers clients souhaitaient montrer leur avance, il fallait que les capteurs solaires se voient, pour faire de la communication, que cela soit pour l'écologie ou la lutte contre la tabagie.

Par exemple il m'a fallu devenir membre d'une association créée par le dessinateur GEMO de lutte contre le tabac pour vendre une installation pour tempérer sa piscine et prouver mon côté écolo à l'époque. J'ai retrouvé ma carte d'adhérent à la LCF – TP (lutte contre la fumée de tabac en public)

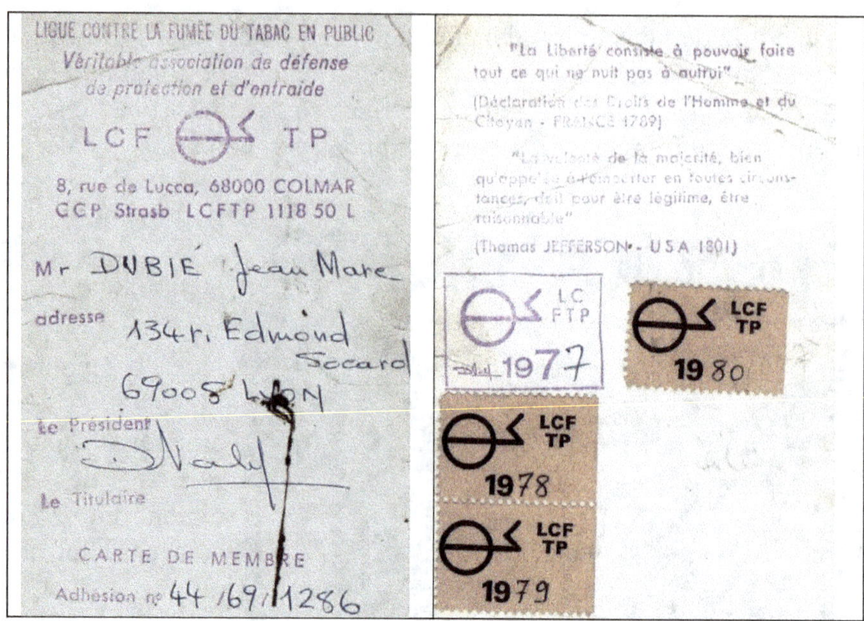

C'est grâce à cette adhésion que j'ai pu installer mes premiers panneaux solaires à Oyonnax en 1977 chez GEMO le célèbre dessinateur. Bon il souhaitait aussi que je me lance dans la lutte contre l'électricité nucléaire et là ce fut un non merci ferme ! Le problème

CO_2 n'était pas encore clairement sur la table, c'était l'époque de « En France on n'a pas de pétrole mais on a des idées ».

De fil en aiguille, à Oyonnax ce furent ensuite les premières pompes à chaleur, Guichon, Trévisan puis à toutes les usines en injection plastique. Comme quoi il y a un début à tout.

La concurrence était clouée sur place. Ma société grandissait à grande vitesse (à trop grande vitesse).

En un an j'ai bien dû vendre une cinquantaine de chauffe-eau solaires, de système pour tempérer des piscines ou mise hors gel de bâtiment. Un business non rentable vu les frais de déplacement pour conduite de chantier et SAV.

La nuit j'optimisais tout grâce à l'informatique naissante. L'automatisation de la réalisation des devis et des calculs pour calibrer les installations provoquant une accélération considérable du business. D'où la création d'une société DEVIMATIC.

Une installation à Moutiers en 1979

Ah si à l'époque j'avais eu à disposition les panneaux photovoltaïques à prix accessible et au bon rendement, mon histoire serait très différente.

Les coûts des structures recevant les panneaux étaient bien trop élevés par rapport à l'énergie produite, sans compter les tuyauteries, les circulateurs, la régulation, les échangeurs. Il faudra attendre les années 2018 pour que la production chinoise de panneaux solaires

A chacun, la manière de monter ses panneaux solaires… Cette mode s'est rapidement tarie dès 1980.

photovoltaïques effondre leurs prix pour permettre une intégration en toiture bien plus aisée car il n'y a plus besoin de tuyauterie, de purgeurs, d'eau glycolée, etc. mais juste de 2 câbles qui se cliquent sans aucun outil.

2.2 – DSH ET LES POMPES A CHALEURS

Heureusement, il y avait les pompes à chaleur qui étaient déjà très efficaces en 1978.

1978, j'ai 20 ans. Je remporte le premier prix régional Jeune Entreprise en étant CEO d'une startup pour un projet fou : des pompes à chaleur industrielles qui volent l'énergie au pétrole.

Pompe à chaleur CIAT de 1980, économisant 50 tonnes de pétrole par an dans la Plastic Valley

Les patrons du fuel grincent des dents devant ce gamin qui ose. Je jubile car dès 1978 c'est déjà 240 tonnes de fuel économisés bien plus que la consommation de mon Range-Rover trop glouton que je finis par céder contre une R15 rouge bien plus économique.

Le secret de mes installations les cuves d'inertie, permet d'éviter les cycles courts des compresseurs

Ces idées folles me poussent à créer DSH, une Société Anonyme bardée d'ambition sur les économies de pétrole, portée par des ordinateurs Olivetti P6060 qui crachent des devis à la vitesse de l'éclair. Leurs écrans verdâtres calculent les besoins thermiques des bâtiments industriels, promettant des économies fulgurantes – une révolution sur papier.

En 1978, je dépose le brevet Sol-Air – une pompe à chaleur géothermique avant l'heure, puisant l'énergie dans des tuyaux enterrés dans les jardins sans puits ni nappe phréatique, et se rechargeant durant les redoux. C'est une aventure spécifique que je raconte dans la section B et qui conduit à la maison écologique chauffée sans gaz ni pétrole avec des pompe à chaleur.

Le Fameux P6060 d'Olivetti – Très en avance en 1978

La « Plastic Valley » d'Oyonnax, royaume des presses à injecter, devient mon terrain de conquête. Mes colossales pompes à chaleur, monstres de métal ronflant dans des hangars enfumés, refroidissent les moules brûlants tout en chauffant les bâtiments – une double victoire. Le retour sur investissement ? Deux ans, dopé par des subventions d'État, dans une France qui clame : « On n'a pas de pétrole, mais des idées ! » Les industriels jubilent – des moules mieux refroidis boostent la qualité et les cadences, et moi, je plane sur ce succès fulgurant.

À noter, c'est à partir de mon aventure dans la Plastic Valley qu'EDF s'intéresse à mes projets et m'ouvre beaucoup de portes. Ils publient des plaquettes sur mes installations. À cette époque, EDF avait besoin de justifier le programme électronucléaire de Pierre Messmer – il y aura beaucoup d'électricité à vendre dans l'avenir en France. On m'invite à visiter des centrales nucléaires en fonctionnement ou en construction. Je suis par exemple entré à l'intérieur de la cuve du cœur de la centrale surgénérateur de Creys-Malville avec ma Calinou avant sa mise en service et son chargement, je vous rassure. Peu de gens peuvent dire cela ! Je me rappelle avoir fait quelques remarques sur les économies de bout de chandelle sur la qualité de l'acier du dispositif de chargement du réacteur, « le barillet ». Une décennie plus tard, les faits m'ont donné raison – rien que sur ce point, le magnifique projet de surgénérateur Creys-Malville était condamné rapidement.

2.3. LA CONSECRATION – LE PRIX JEUNE ENTREPRISE (1979)

L'explosion me propulse au sommet. En un an, des dizaines d'entreprises de la « Plastic Valley » adoptent mes systèmes, et DSH brille comme une étoile montante. Le Crédit du Nord lance le prix régional Jeune Entreprise – je l'emporte, puis grimpe à l'échelon national.

Un courrier m'appelle à l'Hôtel Crillon, à Paris. Ce jour-là, je m'assieds au fond de la salle, timide, loin des regards. Bernard Darty, maître des magasins éponymes, préside la catégorie Société de Service. Sa voix résonne, égrène les noms, et soudain : « Jean-Marc Dubié ». Confus, je remonte l'allée sous des yeux curieux – personne ne me connaît dans cette capitale clinquante.

Le prix, un chèque bienvenu, déclenche une avalanche : communiqués de presse, flashes de télé – je suis le gamin de Lyon qui défie les lois de l'énergie, un gone devenu roi en une nuit.

Début 1980, ma société faisait déjà économiser dans l'industrie plastique plus de 690000 litres de mazout par an.

Ce type d'installation hyper rentable dans l'industrie d'injection plastique s'amortissant en 2 ans avait un très grand succès., car de plus elle améliorait la qualité de la production tout en augmentant les cadences.

dsh

J RAVAT 01105 OYONNAX
BP 177 tel 77 31 86

ÉCONOMIES D'ÉNERGIE
références pompes à chaleur eau/eau
récupération sur circuit presses à injecter

CLIENTS INDUSTRIE		puissance calorifique en kw	puissance en cv			économies réalisées en fuel		
			77	78	79	77 78	78 79	79 80
GUICHON	oyonnax	79	10		15	7000 L	14000 L	15000 L
TREVISAN	oyonnax	54		15			16000	16000
MINO GAILLARD	oyonnax	75		25			9000	49000
VAPE	izernore	148		60	100		30000	50000
BELLIGNITE	belignat	83		90			90000	90000
GILAC	oyonnax	220		70			50000	76000
COUVAT	oyonnax	89			30		50000	65000
JOUPLAST	coligny	54			15		2000	19000
METAL PLASTIC	oyonnax	52			25			20000
BAVOUX	oyonnax	122			30			21000
TISSOT	nantua	417			140			112000
SEPROSY	lagnieu	290			100			111000
STIMAP	tournan	232			80			47000
TOTAL		1915 kw	10	220	535	7000 ℓ	261000 ℓ	631000 ℓ

2.3. LES AILES ET LES CHAINES – UNE CROISSANCE EFFRENEE (1979-1980)

DSH grossit trop vite – plus de dix ingénieurs pilotent des chantiers en parallèle, et moi, je m'envole. Un petit avion bimoteur, que je pilote moi-même, me fait gagner du temps, ses hélices bourdonnant au-dessus des routes françaises. Le téléphone DATEL dans ma voiture – un luxe digne du *Corniaud* avec Bourvil – sonne sans arrêt, avec un numéro différent par ville, une technologie pionnière qui précède Radiocom 2000 et le GSM des années plus tard. Ce téléphone siégeait sur la planche du tableau de bord, son combiné relié par un câble boudiné – une vraie gueule de téléphone d'antan.

Mes aventures industrielles s'étendent – l'Espagne m'appelle pour des mines de plomb dans les sommets de la Sierra Nevada, afin de dompter des consommations pétrolières gargantuesques pour extraire le plomb du minerai par flottaison. Fromageries, usines d'aliments pour chiens et chats, hôtels aux iles Canaries – où la première pompe à chaleur installée chauffe une piscine sous un beau soleil d'hiver. Dans la Drôme, un château s'équipe de mon système Sol-Air, ses pierres anciennes vibrant d'une chaleur nouvelle. Le détail de ces aventures est en section C du libre dédié au système de chauffage écologique

À Culoz, je deviens le premier client en pompes à chaleur de la CIAT – une armée d'acier et de rêves se déploie sous mes ordres. EDF n'arrête pas de publier des plaquettes sur mes installations pour vendre l'électricité nucléaire à la place du pétrole.

2.4. MON MARIAGE

Une surprise qui a pris de court tous mes employés, car j'ai bouclé cette opération de recherche de ma future épouse durant les vacances de noël 79. Je me rendais compte que les années défilaient très vite, et qu'il était temps de solidifier son existence.

1980, je me marie avec ma petite Calinou – mon ange gardien, ma lumière. Un samedi, main dans la main, nous flânons sur les quais de la Saône, parmi les bouquinistes.

Une étincelle jaillit – *L'Auto Magique*, ce livre dont je ne connais que le titre, revient me hanter. « Et si on le cherchait ? » dis-je à Calinou, les yeux brillants. Nous parcourons les stands – rien, aucun bouquiniste ne connaît ce titre. Dépité, je sens une obsession naître – une quête presque déraisonnable pour ce Graal perdu, un fil qui me suivra des décennies, une flamme qui brûlera jusqu'à ce que je le tienne entre mes mains.

Les locomotives des Brotteaux, les fusées de 1967, le poste à galène de 1968 – tout converge vers cette braise, ce livre qui m'appelle. Ce gone bizarre n'est plus un rêveur : il construit un monde où les pétroliers trembleront. Le feu est allumé, et il ne s'éteindra jamais.

2.5. L'EFFONDREMENT – LE PIEGE DU PETROLE (1980-1981)

Fin 80, tout s'écroule. Le prix du pétrole chute brutalement – la fin du deuxième choc pétrolier, un séisme orchestré dans l'ombre. Mes installations, qui était rentables en deux ans, deviennent trop longue à amortir. L'administration Reagan, dans un pacte secret avec l'Arabie Saoudite, a tout planifié : faire grimper le baril pour duper l'URSS, la pousser à dépenser des milliards dans la « guerre des étoiles » – l'Initiative de Défense Stratégique, révélée qu'en 1983 mais préparée dès 1980. D'un coup, l'Arabie ouvre les vannes, le pétrole s'effondre, et l'URSS, gorgée de dettes, s'effrite. Moi ? Je ne suis qu'un dindon de cette farce géopolitique – mes pompes, mes rêves, mes subventions s'évanouissent dans ce chaos.

DSH explose en plein vol – dépôt de bilan, une chute libre qui m'enterre sous les cautions des ordinateurs hors de prix. En deux ans, je sauve DEVIMATIC, une de mes trois sociétés, la branche informatique, cramponné à ces machines Digital Equipment et Olivetti pour finir de les payer. Il restait plus de l'équivalent de 70 millions de centimes de francs soit en valeur actuelle environ 200.000 euros. Un sacré défi !

Concordat obtenu en deux ans.

1. PREMIERE INFORMATISATION D'UN GROSSISTE EN VAISSELLE

Revenons en 1964, du temps où j'envahissais l'appartement de mes parents avec mon **train JEP** qui circulait de pièce en pièce. Mon père, lui, envahissait la maison à sa manière du 2 au 31 janvier de chaque année. Il s'isolait dans le salon avec une machine à calculer électromécanique extraordinaire pour l'époque. Pour faire une division avec deux décimales, cela prenait parfois trois minutes avec un bruit d'engrenages absolument hallucinant, puis la machine, dans un dernier souffle, imprimait le résultat sur une bande de papier qui avançait d'un cran.

Mon père était chargé de réaliser l'inventaire du plus grand grossiste de vaisselle de France. Il y avait plus de 10 000 articles accumulés sur des centaines de mètres de rayonnages pour Fenwick, sur cinq niveaux et dans une dizaine de rangées. Des centaines de services de table différents, sachant qu'un service de table était lui-même composé de six assiettes plates, six creuses, une soupière, un grand plat, une théière, des tasses à café, des soucoupes, des raviers, etc. Il fallait tout compter : les ensembles complets et les pièces au détail destinées à remplacer la casse chez les clients finaux. Bref, un enfer pour mon père depuis 1963. La bande de papier courait, elle aussi, de dossier de chaise en dossier de chaise pour passer au-dessus du train de pièce en pièce. C'était la sainte bande qu'il ne fallait surtout pas couper avant qu'elle ne soit vérifiée et réenroulée avec un montant en guise de sous-total – en gros, un rouleau par fabricant de vaisselle. Puis, il fallait tout additionner de nouveau pour obtenir le montant total de l'inventaire afin d'établir le bilan de l'année précédente.

Cela m'a donné l'idée d'écrire un programme informatique pour informatiser les grossistes, aider mon père et, par la même occasion, amortir mon PDP 11/34.

Mon PDP 11/34 en 1981

Les Établissements Quinten furent donc reliés par modem multiplexeur à mon PDP à partir de 1982. L'inventaire fut tenu en temps réel avec une vérification automatique au jour le jour. Il fallait montrer patte blanche pour avoir le droit de prélever un objet dans le stock. Il suffisait de moins de cinq secondes pour connaître le montant de l'inventaire, la marge de l'entreprise et celle dégagée par chaque commercial. Il y eut certaines désillusions sur la rentabilité de certains : les cadors étaient moins bons que les petits, ce qui entraîna à l'époque un certain rejet de l'informatisation dans la société. Ce fut fini pour les bandes de papier, et cela m'a permis de rembourser l'énorme somme qui restait à payer sur le PDP. Cette expérience m'a fait gagner en compétences informatiques, ce qui allait s'avérer très utile pour la suite.

2. PREMIERE INFORMATISATION DES GREFFES DES TRIBUNAUX DE COMMERCE

Bernard, un polytechnicien, frappe à ma porte – il a besoin de mes compétences sur Digital Equipment pour un projet colossal : informatiser les greffes des tribunaux de commerce dans un télétraitement naissant et très coûteux. Une bouée dans la tempête, un rail qui me ramène à la vie. Mais dans l'ombre, une braise brûle encore – ce piège pétrolier allume un plan, une revanche patiente contre les titans du fuel. Je rentrerai dans mes frais, un jour

L'informatisation des greffes des tribunaux de commerce (1980-1983) fut une étape clé.

En France, à l'époque, les greffes fonctionnaient uniquement avec des machines à papier qui géraient des cartes détachables sur de grands rouleaux. Ces rouleaux permettaient de trier manuellement des milliers de fiches par noms de sociétés (par ordre alphabétique), par numéros de gestion, ou encore pour les sociétés en procédure collective. C'était une quantité de papier extraordinaire, stockée dans des locaux

immenses où des personnes étaient dédiées à la gestion de chaque fichier. Voilà la mission qui m'a été confiée : informatiser cet énorme bazar de 1981 à 1983. Je me suis attelé à cette tâche, qui m'a permis de plonger encore plus dans l'univers de Digital Equipment et de découvrir le **VAX**. Au greffe du tribunal de commerce de Lyon, il y avait un **VAX 750** situé dans les greniers du Palais de la Bourse, place des Cordeliers. Nous y avons passé, avec mon ami Yves, des nuits entières à mettre au point ces programmes et à démarrer l'informatisation des fichiers du greffe. Les données des entreprises affluaient comme un torrent : noms, bilans, chiffres s'affichaient en lignes saccadées sur ces boîtes technologiques archaïques, chaque caractère clignotant comme une promesse dans l'obscurité.

Un business alimentaire pour moi – des heures à configurer des  serveurs dans les soupentes du Palais de la Bourse, des câbles enchevêtrés comme des serpents endormis dans des coins sombres, des ventilateurs qui bourdonnaient dans un vacarme incessant, leur souffle tiède charriant une odeur de poussière brûlée. Puis vint l'informatisation du greffe de Grenoble, et petit à petit, notre système s'étendit à la majorité des greffes de France. Dans cette aventure, j'ai mis au point le premier **Minitel** permettant de consulter un extrait Kbis d'entreprise, une brique initiale du projet Intergreffe, qui a pris au fil des années un développement considérable en France. Tous les cabinets juridiques et les notaires avaient besoin de ce service Minitel pour vérifier la solidité des entreprises. Mais tout ceci a coûté une véritable fortune, et on ne pouvait pas me garder pour l'instant dans l'embryon de la société qui gérait les greffes des tribunaux de commerce. C'est à ce moment-là que Bernard, mon ami polytechnicien, m'a fait rencontrer Jean-Michel Aulas, avec lequel nous allions créer CEGID. J'ai participé au financement des premiers locaux de CEGID, quai Pierre Scize à Lyon.

Pendant ce temps, ma société, quai Pierre Scize, continuait à réaliser des calculs thermiques de bâtiments : les coefficients G, B et C.

Oui, à l'époque, les calculs étaient très sérieux. Toutes les cotes d'un bâtiment et la description de leurs matériaux de construction entraient dans nos ordinateurs pour calculer ces coefficients légaux. Nous opérions en sous-traitance pour des centaines de bureaux d'études non équipés en informatique, bien trop coûteuse à l'époque. Pour continuer à amortir nos PDP, nous gérions aussi la comptabilité de plusieurs grossistes et prêtions du temps CPU au groupe pétrolier ELF, pour les aider à faire des économies de pétrole dans les bâtiments.

4. CEGID – LES OMBRES DE LA TECH (1983-1993)

1. LES MACHINES PARLENT (1983)

1983, Lyon. Je rejoins CEGID – Compagnie Européenne de Gestion par l'Informatique Décentralisée – dès sa création, un nom qui claque comme une promesse dans l'air saturé des ambitions lyonnaises, porté par Jean-Michel Aulas, un visionnaire audacieux au regard perçant. À 23 ans, je partage les locaux de ma petite entreprise, la société DEVIMATIC – née de mes pompes à chaleur qui défiaient déjà les pétroliers (chapitre 2) –, avec ceux de cet entrepreneur ambitieux qui rêve de révolutionner la gestion par l'informatique. Nos bureaux, quai Pierre-Scize à Lyon, vibrent d'une énergie brute – un espace ultra-moderne, tout neuf, tapissé d'une moquette mauve et rouge foncé au sol et sur les murs, aux couleurs du logo CEGID, étouffant les bruits pour une sérénité paradoxale. Pourtant, dans les longs couloirs, les équipes courent, un ballet frénétique porté par des ventes qui explosent, le cliquetis incessant des claviers mécaniques et le bourdonnement sourd des machines pulsant comme un cœur technologique. L'odeur mêlée de tabac froid, de café brûlé et de métal chauffé flotte dans l'air, tandis que la lumière vive des néons éclaire des bureaux encombrés de câbles et de dossiers. J'intègre ce monde où les ordinateurs murmurent l'avenir, où les VAX de Digital Equipment, ces blocs d'acier beige, supplantent les vieux PDP, ces monstres d'une ère révolue dont les écrans verdâtres dessinent des possibles encore balbutiants sous des doigts fébriles.

Mon père coupait le moteur de sa 2CV pour économiser l'essence, un rituel silencieux sur les routes du Jura en descente, les pneus crissant doucement ; moi, je fais désormais chanter des systèmes qui défient le chaos des registres manuscrits et des calculs griffonnés sur des coins de table, ces montagnes de paperasse qui étouffaient les comptables dans des bureaux enfumés. Les pétroliers, tapis dans l'ombre depuis mes premières batailles en 1978 avec mes pompes à chaleur, ne sont plus mes seuls adversaires – les géants de la technologie, avec leurs solutions lourdes et coûteuses, leurs tours de verre et leurs promesses ronflantes, vont aussi sentir la secousse que je prépare, une onde qui commence à se dessiner dans les entrailles de ces bureaux modernes où l'on rêve grand.

À CEGID, je me lance dans une tâche titanesque – générer des bandes magnétiques destinées aux banques pour prélever automatiquement les clients comptables affiliés. Chaque bande, un rouleau de données soigneusement alignées sur des bobines beigeâtres, est une petite révolution qui simplifie des heures de travail manuel pour prélever automatiquement de l'argent.

Là, c'est une scène presque mystique – Aulas et ses associés, chemises blanches froissées et sourires nerveux, font une danse rituelle autour de la bande magnétique que je leur remets. Ils la manipulent comme un objet sacré, une chorégraphie maladroite mais empreinte d'une tension palpable, dans le silence feutré des locaux où la moquette rouge absorbe chaque son. Les comptes bancaires de CEGID vont bondir de plus de 100 millions de francs. Oui, 100 millions – une somme folle pour l'époque, un jackpot qui tombe comme une manne céleste dans un vacarme de chiffres et d'exclamations étouffées, les associés se tapant dans le dos tandis que le téléphone sonne déjà pour annoncer la nouvelle aux investisseurs. J'ai toujours eu ce don étrange de faire la fortune des autres, une malédiction douce-amère qui me suit depuis mes premières inventions – et cette fois, c'est Aulas qui en profite, ses yeux brillant d'une lueur triomphante, un éclat presque enfantin dans son regard de stratège. En moins de deux ans, grâce à ces bandes et à cette mécanique bien huilée – mes nuits blanches à coder dans le silence, mes doigts tapant sur des claviers aux touches jaunies. CEGID entre en bourse sur le premier marché, une ascension fulgurante qui fait vibrer les couloirs modernes, les murs tendus de moquette mauve frémissant sous le poids de cette ambition dévorante.

Mais moi, je reste dans l'ombre, un rouage discret d'une machine qui s'emballe, mes rêves d'électricité déjà tournés vers un horizon plus vaste, une guerre contre les pétroliers qui couve sous mes lignes de code.

2. AULAS ME DOUBLE !

Mais voilà, la machine industrielle de Jean-Michel Aulas, un rouleau compresseur de succès, a fait qu'au bout de quelques mois, Aulas voulait récupérer la surface des locaux de ma société DEVIMATIC. Il m'a proposé de travailler à 100 % pour CEGID en absorbant mon activité, compte tenu de l'immense expérience accumulée autour de Digital Equipment. J'ai alors cédé l'activité de calcul à une autre société qui a pris la suite. Une page se tournait. Elle fut passionnante et me permit de me refaire financièrement pour pouvoir repartir sur mon projet anti-pétrole.

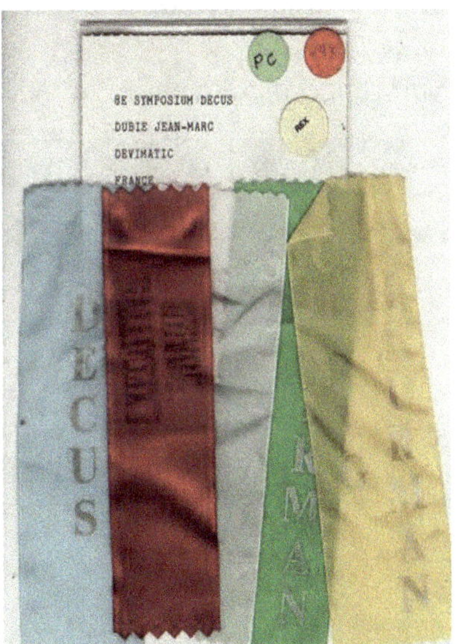

Je me rappelle aussi un voyage que je fis aux États-Unis pour DEVIMATIC, dans le cadre de mes activités bénévoles à **DECUS** en tant que président du SIG RXS (système d'exploitation temps réel de DEC sur PDP), pour un congrès mondial de DECUS, l'association mondiale des utilisateurs de Digital Equipment, à Anaheim en Californie.

Plus de dix mille membres accueillis sous les auspices de Disneyland – accès privé au parc compris. Lors de ce congrès, une petite mission pour CEGID : faire le point avec DEC sur l'avenir du Professional 350 et 380.

Il s'agit d'un mini-PDP11 commercialisé fonctionnant sous une version simplifiée et ergonomique du système d'exploitation RSX.

Ce pro 350 fut vendu par CEGID par centaines avec un succès considérable chez les experts-comptables grâce à la comptabilité SISCO dans les deux premières années de CEGID.

Ma rencontre avec le concepteur du PRO 350 fut extrêmement

efficace : j'ai obtenu grâce à mon rôle dans DECUS pour CEGID une baisse de 50 % du prix d'achat pour l'achat de 1000 Pros, soit presque un milliard de centimes d'économie pour CEGID ! Les années passent à CEGID, un travail alimentaire stressant qui peut aussi réserver de belles surprises.

Le DEC Professional 350, un mini-PDP au succès fulgurant chez les experts-comptables

3. VOYAGE TO THE FUTURE – MISSION CLANDESTINE À BOSTON (1989)

1989, Lyon, un matin brumeux de juillet. Jean-Michel Aulas me convoque dans son bureau qui impressionne – une pièce spartiate où tout est rangé, sans écran sur son immense bureau lamellé gris, sa fidèle secrétaire Pascale gérant tout avec son propre écran. « Dubié, j'ai besoin de toi », lâche-t-il, son regard perçant traversant ses lunettes embuées, un éclat d'urgence dans ses yeux cerclés de cernes. « Trouve-moi, par tous les moyens, des renseignements sur un potentiel accord secret entre Apple Computer et Digital Equipment aux États-Unis. C'est crucial pour notre stratégie Bureau du Futur, que tu as créé ».

Cette opération, lancée depuis quelques mois, est mon obsession – révolutionner les bureaux avec des terminaux Macintosh, leur interface fluide qui fait danser les curseurs sous les doigts, connectés aux **MicroVAX** de DEC, ces bêtes de fiabilité qui ne plantent jamais, même sous des charges infernales. Une vision futuriste qui doit nous hisser au sommet, et je suis au cœur de cette ambition, mes idées

griffonnées sur des bouts de serviettes en papier dans des brasseries enfumées devenues un projet concret, une révolution qui porte mon empreinte.

Destination : Boston. Avec un collègue – un personnage taciturne, expert en langage C, moustachu et discret, toujours une tasse de café noir à la main, ses lunettes rondes glissant sur son nez quand il marmonne ses calculs –, on embarque pour cette ville froide et bouillonnante, mandatés pour une chasse clandestine : dénicher une réunion top secrète entre ces deux titans technologiques. Juillet 1989, l'air de Boston est saturé d'humidité – les rues étroites sentent l'asphalte mouillé et le sel marin porté par les bourrasques de l'Atlantique, les immeubles de briques rouges se dressent comme des sentinelles fatiguées sous un ciel gris acier. Deux jours d'errance – le vent chaud et humide nous gifle le visage, faisant claquer nos vestes légères, les passants pressés nous ignorent, têtes baissées sous leurs casquettes des Red Sox, pressés de fuir les rafales. On interroge qui on peut : des barmen aux accents irlandais, servis dans des pubs sombres aux comptoirs collants de bière renversée ; des passants en des trenchs élimés, maugréant contre le temps ; même des flics perchés sur leurs motos rutilantes, leurs lunettes aviateur reflétant le ciel morose tandis que leurs moteurs grondent doucement au ralenti. « Sauriez-vous où une réunion entre Apple et DEC a lieu ? Nous avons égaré le carton d'invitation », lançons-nous, un peu maladroits. Les policiers haussent les épaules, un sourire amusé au coin des lèvres : « Vous cherchez quoi, les Frenchies ? » Saugrenu, mais on insiste, obstinés, nos semelles usées battant le pavé, nos pas lourds résonnant dans les ruelles étroites bordées de poubelles débordantes.

Le week-end passe, rien – les hôtels chics défilent sous nos yeux fatigués, leurs halls de marbre et leurs portiers en livrée nous narguent à travers des vitres embuées, mais les badges restent invisibles, comme des fantômes dans la brume. Lundi matin, coup de poker : on sillonne les palaces, guettant les entrées comme des détectives amateurs, le cœur battant à chaque silhouette suspecte qui franchit un seuil. Bingo – au Westin Copley Place, un groupe franchit les portes vitrées dans une chorégraphie discrète, badges au cou à peine visibles sous leurs costumes anthracite impeccablement repassés, des airs de conspirateurs pressés. On fonce, au culot pur, traversant le hall où des lustres scintillent comme des étoiles captives, leurs reflets dansant sur le sol de marbre poli. « C'est bien ici, une banderole « Voyage to the futur » traverse le hall de l'hôtel. À l'accueil, je déballe notre baratin rodé, la voix ferme malgré la sueur qui perle dans mon dos et trempe ma chemise sous ma veste élimée : « On est les plus gros vendeurs mondiaux de MicroVAX, couplés à des Macintosh comme terminaux – cette réunion, c'est notre business ! »

La réceptionniste, une blonde impeccablement coiffée, tailleur bleu marine ajusté soulignant sa silhouette rigide, bredouille, interloquée : « Pour participer à cette réunion, c'est 1000 dollars ! » Sans réfléchir, je retire ma ceinture – une vieille habitude de voyageur prudent, apprise des années plus tôt sur les routes incertaines de mes périples – je la retourne, ouvre la fermeture éclair cousue à l'intérieur : une liasse de billets froissés, ma réserve secrète pour les coups durs, pliés en quatre dans une poche de tissu élimée. Je sors 1000 dollars, les pose sur le guichet – un geste théâtral, presque absurde, les billets claquant doucement sur le bois verni, un léger craquement rompant le silence tendu du hall. L'hôtesse blêmit, ses yeux s'écarquillent comme des soucoupes – elle pensait nous décourager avec ce tarif exorbitant, un mur infranchissable pour des intrus comme nous. « Un instant, je vous prie, je vais en parler à mon supérieur », balbutie-t-elle, sa voix tremblante trahissant son incrédulité, ses joues rosissant sous la pression. Elle s'éloigne, ses talons aiguilles claquent sur le marbre poli – toc toc toc –, cinq minutes de suspense s'étirent comme une éternité, mon cœur cogne contre mes côtes comme un marteau sur une enclume, mon collègue tapotant nerveusement sa tasse vide sur sa cuisse. Puis toc toc toc, elle revient, visage crispé, une mèche rebelle tombant sur son front : « Le président d'Apple Computer, Jean-Louis Gassée, veut vous voir ». On nous fait signer un NDA – Non-Disclosure Agreement –, un pacte de silence scellé sur un formulaire standardisé des majors technologiques, une feuille banale aux caractères noirs serrés qui pèse pourtant comme une chaîne sur nos épaules.

Gassée débarque – le CEO d'Apple Computer à cette époque, costard taillé sur mesure, gris anthracite scintillant sous les lustres, sourire en coin laissant deviner une assurance nonchalante, un Français exilé qui parle avec l'élégance d'un Parisien et l'assurance d'un Américain rodé aux arènes impitoyables de la Silicon Valley.

On s'assoit sur un sofa en cuir brun, usé juste ce qu'il faut pour trahir des années de réunions secrètes, l'odeur de bois ciré et de cuir vieilli flottant dans l'air saturé de murmures feutrés et du froissement discret des costumes coûteux. Il parle, fluide, précis, son accent français roulant comme une mélodie familière dans cette pièce étrangère : « eh bien CEGID à Boston, bravo les français débarquent en Amérique », « Apple, c'est l'ergonomie, les interfaces qui dansent sous les doigts – un clic, et tout s'ouvre comme par magie. Digital, c'est la fiabilité, des clusters VAX (voir glossaire) qui ne lâchent jamais, même sous la pire tempête de données. On va prendre le contrôle de DEC – un mariage parfait, une fusion qui va changer la donne, redessiner le futur de l'informatique ».

Sa voix est calme, mais ses yeux brillent d'une ambition féroce – il voit loin, au-delà des murs lambrissés de cette salle anonyme. On hoche la tête, jouant les blasés pour masquer notre stupéfaction, le cerveau en ébullition derrière nos visages impassibles – « Merci, en fait, vous nous avez appris l'essentiel qui nous rassure dans notre business de terminaux Macintosh connectés à des MicroVAX ».

C'est tout à fait notre stratégie pour le Bureau du Futur, commercialisé par CEGID depuis quelques mois ». Il sourit, un éclat malicieux dans l'œil, presque charmeur, et propose avec une nonchalance calculée : « Restez, participez – vous avez l'air de gars qui comprennent ce qui se trame ici ! » On décline, poliment mais fermement, nos voix un peu rauques sous la tension – « Non merci, on doit filer ».

On sort en trombe, le souffle court, et saute dans le premier taxi – un Yellow Cab aux suspensions fatiguées, le chauffeur marmonnant dans un accent bostonien à couper au couteau, ses doigts tambourinant sur le volant : « Maynard, siège de Digital Equipment, vite ! On est en retard pour un rendez-vous avec Ken Olsen ! »

Il est 13h00 quand je quitte Gassée en catastrophe – notre intrusion dans 'Voyage to the Futur' était une audace risquée, un pari insensé que je peux raconter aujourd'hui, les faits étant prescrits par le temps comme un vieux vin oublié dans une cave poussiéreuse. On roule à toute allure vers Maynard, siège de DEC – le chauffeur slalome entre les voitures sur l'I-90, klaxonne avec une furia yankee, maudissant les embouteillages qui ralentissent notre course contre la montre dans un concert de klaxons et de jurons étouffés par le grondement du moteur. Mon collègue, stoïque malgré ses mains tremblantes, allume une cigarette – la fumée âcre envahit l'habitacle, piquante et irritante ; je proteste en silence, entrouvrant la vitre pour laisser entrer un vent tiède et poussiéreux qui charrie des relents d'essence et d'asphalte chauffé.

On arrive en retard à Maynard – une forteresse de briques rouges, vestige imposant de la grandeur technologique des années 70, dressée au milieu d'une banlieue verdoyante où les pelouses impeccables contrastent avec le chaos de notre arrivée. Essoufflés, les cheveux en bataille, nos chemises froissées collant à la peau sous la chaleur moite, on franchit les portes d'entrée – mais comme gros clients, habitués à écouler des centaines de MicroVAX auprès des comptables lyonnais, on nous pardonne avec un sourire crispé, un hochement de tête indulgent qui trahit une impatience contenue.

Les festivités commencent – des poignées de main viriles qui laissent les paumes moites et douloureuses, du champagne tiède servi dans des flûtes en plastique bon marché, son goût fade et éventé me râpant la gorge, des rires forcés qui résonnent sous les plafonds bas d'une salle lambrissée où l'air sent le cigare froid et la sueur rance. Une commande de 1000 MicroVAX est scellée : la commande du siècle pour Ken Olsen, PDG légendaire de DEC, un colosse aux cheveux grisonnants qui trône au bout d'une longue table en chêne comme un roi bienveillant mais usé, sa voix grave roulant sur les chiffres comme un grondement lointain.

Après les toasts les bulles fades dans ma gorge, les verres en plastique craquant sous mes doigts nerveux, je joue l'innocent, un art que je maîtrise à la perfection, ma voix posée masquant l'adrénaline qui pulse encore dans mes veines comme un torrent : « On sait que DEC et Apple cherchent à se rapprocher. Avec notre Bureau du Futur – mon invention chez CEGID, un Mac comme terminal intelligent d'un MicroVAX pour experts-comptables, peut-on en savoir plus ? » Rien sur Gassée – le NDA m'étrangle encore, une chaîne invisible qui muselle mes mots, un serment gravé dans l'encre d'un document que je sens presque peser dans ma poche. Réponse immédiate, presque désinvolte, d'un cadre DEC en costume gris, sa cravate desserrée laissant entrevoir un col de chemise humide : « Venez demain à Framingham, visiter notre première usine commune Apple-DEC ».

Le lendemain, Framingham. Spectaculaire. L'usine est un temple technologique – des VAX ronronnent comme des moteurs bien huilés dans une symphonie mécanique, leurs ventilateurs soufflant une chaleur sèche qui fait perler la sueur sur mon front ; des VAXstations clignotent dans une lumière bleutée, leurs écrans projetant des lignes de code dansantes ; des Macintosh couplés aux VAX montent des vidéos en temps réel, une avancée fascinante en 1989, un ballet de pixels en couleurs vives et de puissance brute qui défie l'imagination, les images mouvantes projetant des reflets sur les murs nus. Les murs s'ornent de posters DEC-Apple – la pomme stylisée trône fièrement sous des néons blafards, entourée de slogans vantant une alliance révolutionnaire écrits en Helvetica noire sur fond blanc éclatant, un design qui semble crier l'avenir. Un monde merveilleux se dessine sous mes yeux – des techniciens en blouse blanche s'affairent, ajustant des câbles avec une précision chirurgicale, leurs gestes rapides et silencieux ; des écrans affichent des graphiques animés dans un silence studieux, ponctué par le cliquetis occasionnel d'un clavier ; une odeur de métal chaud et de circuits imprimés saturant l'air, mêlée à une légère note de désinfectant qui flotte dans cet espace stérile. Mais ma réunion matinale avec Gassée pèse comme une enclume dans ma tête – deux visions opposées, deux titans prêts à s'entre-dévorer, et moi, piégé entre eux, un pion involontaire dans un jeu d'échecs grandeur nature.

Après cette visite sous NDA aussi – un secret que le temps a libéré, une clause devenue poussière dans les archives oubliées –, une réunion s'ouvre dans une salle vitrée, aux murs beigeasses tachés par des années de réunions enfumées, les vitres striées par des traces de doigts et de buée. La direction DEC est là – des hommes en costumes impeccables, chemises blanches tendues sur des ventres naissants, regards fatigués par des nuits courtes ; notre commercial CEGID – un type en costume gris, éternellement stressé, tripotant nerveusement son stylo-bille bon marché qui laisse des taches d'encre sur ses doigts – suit comme une ombre ; le directeur de l'usine, un gaillard au débit lent, cheveux en bataille poivre et sel, préside, une cigarette éteinte roulant entre ses doigts épais comme s'il hésitait à l'allumer. Ce dernier lâche, sûr de lui, sa voix traînante résonnant dans la pièce étouffante : « Évidemment, DEC va prendre le contrôle d'Apple pour leur savoir-faire en ergonomie – leurs interfaces, c'est l'avenir, et on va les plier à notre puissance ». Je ne cligne pas – Le NDA me bâillonne encore, une double loyauté qui me noue la gorge comme une corde invisible, mes mains moites serrant les accoudoirs du siège en plastique dur. Mon plus grand regret : savoir, seul au monde dans cette salle aux murs ternes, une odeur de cendrier froid et de café renversé flottant autour de moi, que ce projet grandiose allait s'effondrer très rapidement. Gassée voulait avaler DEC avec l'élégance d'un prédateur affamé ; Olsen voulait dévorer Apple comme un ours défendant son territoire – un choc frontal imminent, fatal, que je vois venir comme un train dans la nuit, ses phares aveuglants déjà visibles à l'horizon.

De retour à Lyon, fin juillet, l'air lourd de l'été lyonnais collant à ma peau, je livre un rapport circonstancié à Aulas – des pages tapées à la hâte par mon efficace secrétaire Marie-Pierre clavier bruyant, le clavier de son VT220 vibrant sous ses doigts dans une pièce aux murs tendus de moquette rouge, chaque frappe résonnant comme un coup de marteau dans le silence étouffé de la nuit. En comité, on tranche – la réunion se tient dans une salle aux stores baissés, la lumière du nord de l'Ouest filtrant à travers les lamelles grises, une table ovale immense qui après des années de débats secrets porte des traces de brûlures de cigarettes oubliées, les cendriers pleins débordant sur des dossiers empilés en désordre. Décision : fin des Macs, basculement sur les PC prévu dans cinq ans – les MicroVAX restent ultra-rentables jusque-là, une vache à lait qui ne faiblit pas, leurs ventes soutenant encore les rêves d'Aulas. Il me tape sur l'épaule alors qu'on sort, un sourire en coin éclairant son visage fatigué, ses cheveux légèrement ébouriffés par une journée trop longue : « Jean-Marc, je n'ai plus besoin d'innovation pour l'instant. Le business tourne à fond – prends ton temps avant de m'inventer une nouvelle folie, hein ? » Sa voix est rauque, presque complice, mais je sens le poids de ses mots – une pause, pas une fin.

La suite est connue, une cascade d'événements que je regarde de loin, amer mais fasciné : DEC racheté par Compaq en 1998, une proie affaiblie engloutie par un prédateur plus agile mais trop petit ; puis Compaq avalé par HP en 2002, une fusion qui sonne le glas d'une ère. Windows s'impose, dopé par les ingénieurs DEC licenciés – la registry d'OpenVMS, un chef-d'œuvre de fiabilité, forge la robustesse de Windows 2000 et de SQL Server 2000, marié à l'interface fluide et intuitive de Windows 95. Bill Gates en profite – un coup de maître qui le propulse au sommet, transformant une opportunité en empire. Sans mon silence sous NDA, un duo Jobs-Olsen aurait pu unir l'ergonomie révolutionnaire d'Apple à la robustesse inébranlable de DEC – une alliance rêvée qui aurait pu changer le cours de l'histoire technologique. Microsoft triomphe, et Bill Gates tomberait de sa chaise en lisant ça : c'est l'origine de sa fortune dès 1995, un secret que je portais seul tapi dans l'ombre, jusqu'à l'écriture de ce livre, mes mains encore pleines de code et de promesses non dites.

4. POUR COMPRENDRE LES ENJEUX DE CET ECHEC

Précisons un peu les choses, ce paragraphe s'adresse particulièrement aux informaticiens qui ont connu, entre 1985 et 1995, le Macintosh 128 Mo ou Windows 3.2. Si j'avais ignoré les deux NDA auxquels j'étais soumis et tenté de jouer les bons offices entre Digital Equipment Corporation (DEC) et Apple pour démontrer l'extraordinaire complémentarité de ces deux entreprises en 1987, où il n'aurait suffi que d'additionner des compétences parfaitement complémentaires, j'aurais peut-être pu éviter ce désastre. Nous aurions aujourd'hui une informatique plus humaine, où chacun pourrait s'exprimer par écrit simplement, sans avoir à chercher des fonctionnalités enfouies au fin fond de menus cachés (suivez mon regard). Prenons l'exemple du Macintosh de l'époque : le traitement de texte en vogue, RagTime, permettait, d'un simple clic, de mixer des images dans un texte, d'ajouter des tableaux, d'incruster des résultats de calculs ou des sons. Il aura fallu plus de 15 ans à Word pour en proposer une pâle copie en termes de fonctionnalités, et même 20 ans après, Word reste loin de l'ergonomie intuitive de Ragtime, qui offrait, sans apprentissage préalable, exactement ce que l'utilisateur souhaitait. Parlons aussi d'HyperCard, une base de données visuelle et animée où les complexités techniques étaient masquées : il suffisait de dessiner ses besoins sous forme de cases sur une fiche à la souris, et les données s'organisaient d'elles-mêmes. Aujourd'hui, il n'existe toujours pas d'équivalent à HyperCard ; il faut maîtriser le langage SQL pour obtenir ce que l'on veut en matière de données, sans aucune ergonomie visuelle pour la présentation ou l'affichage.

HyperCard permettait déjà de créer des présentations animées bien avant PowerPoint, mais le PowerPoint actuel n'est pas intégré aux données de votre entreprise sans passer par des copier-coller fastidieux, coupant ainsi la présentation de l'évolution dynamique des bases de données.

Les VAX et leurs successeurs Alpha auraient pu alimenter un HyperCard avec une fiabilité et une performance irréprochable. Voilà ce que le monde a perdu. Pour moi, c'est un message clair : jamais plus je ne me tairai dans une situation aussi critique. Le monde a perdu 15 ans à cause de cela et doit se contenter d'un Windows très critiqué, qui plante sans raison apparente, où chaque nouvelle version vous force à tout réapprendre et à changer vos habitudes. DEC, à l'inverse, avait un immense respect pour le travail accompli par ses utilisateurs sur ses machines, veillant à ce que tout reste compatible, quelles que soient les évolutions des matériels et des systèmes d'exploitation. Aujourd'hui, l'alternative au monde Microsoft se limite à UNIX, un ancêtre réservé aux spécialistes des systèmes informatiques, où l'utilisateur de base doit quémander à des experts des modifications pour obtenir ce qu'il souhaite.

Les années défilent. Bernard Tapie, patron de l'OM à l'époque, entre dans mon bureau avec Jean-Michel Aulas : « Jean-Michel, si tu veux, je t'introduis dans le monde du football, afin que ton rêve de devenir un personnage public se réalise – c'est mieux que de faire de la politique, sic ! » Tapie deviendra plus tard ministre de la Ville ; quant à JMA, il en rêve toujours… La suite chez CEGID ne fut plus porteuse d'avenir pour moi. Exemple : un jour, nous partons au petit matin depuis Lyon-Bron avec le Beechcraft à réaction pour Paris-Le Bourget, pour une journée ultra chargée.

Bilan le soir :

1. J'ai trouvé le premier sponsor de l'OL de l'ère Aulas – ce fut Zenith, les ordinateurs portables en vogue à cette époque.
2. Je récupère un gros cabinet comptable qui avait signé chez la concurrence (chèque d'acompte versé),
3. Traité un gros marché avec le groupe Bull en lançant CEGID sous UNIX.

De retour dans le jet, Aulas dit au directeur commercial : « Eh bien, il faut quand même qu'on le félicite, Jean-Marc ». Oui, Aulas m'annonce qu'il m'offre un abonnement au foot en loge. M'enfin, j'ai horreur du football… Bon, il est temps de changer de vie ! Je compte retourner au service des greffes des tribunaux de commerce chez AMITEL, où le PDG est mon véritable ami, et où l'on me propose un pont d'or pour continuer l'œuvre commencée sur le Minitel, devenu une véritable machine à cash grâce au Kiosque de France Telecom.

5. LE FIL D'AUTO-MAGIQUE (1983-1989)

Une ombre me suit – *L'Auto-Magique*, ce livre d'enfance à moitié lu, perdu depuis 1963 dans un placard d'école aux murs écaillés, retrouvé en lambeaux en CM2 entre des cahiers tachés d'encre violette, gravé dans mon cœur comme une braise vive qui refuse de s'éteindre sous les cendres du temps.

Depuis 1980, avec Calinou, ma petite épouse adorée – ma lumière douce dans les tumultes, son sourire apaisant mes nuits agitées –, ma quête a repris, une obsession qui grandit dans les interstices de mes joutes technologiques, une flamme vacillante mais tenace. Les bouquinistes de la Saône m'ont ri au nez – leurs étals débordent de reliures poussiéreuses sous des bâches usées par les pluies d'automne, Hugo et Zola empilés en piles branlantes, mais rien sur mon Graal ; les antiquaires lyonnais haussent les épaules, blasés, leurs lunettes glissant sur des nez fatigués par trop de lectures inutiles : « Jamais entendu parler ». Ai-je rêvé ce livre ? Était-il un mirage né sous les draps de mon dortoir, éclairé par une lampe de poche vacillante ?

À l'occasion d'un voyage à Paris – un déplacement impromptu, sac au dos, le métro bondé puant la sueur et le métal chaud, les rames grinçant dans des tunnels sombres, je pousse des portes avec une détermination mêlée de désespoir : bouquinistes des quais de Seine, leurs caisses en bois battues par le vent humide qui charrie des relents de poisson et d'huile de moteur ; librairies anciennes aux odeurs entêtantes de cuir vieilli et de papier jauni, leurs étagères ployant sous des siècles d'histoires oubliées – rien, toujours rien. Jusqu'à un soir d'automne 1989, quartier Saint-Germain-des-Prés, la pluie tambourine sur les pavés luisants, une bruine froide qui trempe mes chaussures usées et fait frissonner mes épaules sous une veste trop légère. Je m'abrite sous un auvent étroit, le souffle court, et une boutique immaculée m'attire – une lumière tamisée éclaire une vitrine où des livres rares scintillent comme des joyaux sous des lampes dorées, leurs reliures en cuir luisant doucement dans la pénombre.

À l'intérieur, un antiquaire maigre, lunettes épaisses perchées sur un nez aquilin, me dévisage derrière un comptoir encombré de piles vacillantes – des volumes aux dos craquelés menacent de s'effondrer à chaque souffle. « *L'Auto-Magique* ? » dis-je, la voix basse, presque un murmure, comme si prononcer ce titre risquait de le faire disparaître dans l'éther.

Il fronce les sourcils, un tic nerveux agitant sa paupière gauche : « Ça me dit quelque chose ». Il disparaît dans l'arrière-boutique, ses pas traînants résonnant sur un parquet grinçant qui gémit sous son poids léger, et revient avec une bible des éditions – un gros volume usé, relié en cuir brun râpé, qu'il feuillette avec des doigts tremblants tachés d'encre noire, les pages crissant doucement sous ses ongles jaunis. Il tourne les pages jaunies, marmonne dans sa barbe – un grommellement indistinct, presque un chant –, puis s'arrête net, son index osseux pointant une ligne : « Voilà – Bibliothèque Merveilleuse, Chez Denoël et Steele, écrit par un italien dans les années 20, traduit par Mademoiselle Chateney pour une publication en France en 1933 », dit-il d'une voix rauque qui semble sortir d'un autre temps. Il ajuste ses lunettes, plisse les yeux sur le texte à moitié effacé : « Gabrielli et Striem, Italiens, traduit par Chateney. Un conte pour enfants – succès fou à l'époque, mais usé jusqu'à la corde par des gamins qui le dévoraient sous les draps avec une lampe de poche, défiant les parents qui éteignaient les lumières pour les forcer à dormir. Rarissime aujourd'hui – presque introuvable, un fantôme dans les catalogues ». L'antiquaire prend une fiche de référence usagée de son répertoire rotatif sur son comptoir et m'écrit à son recto les références du livre.

STRIEM (Gabrielli)
L'Auto magique; traduit par
Mlle Chareney. — Denoël et
Steele, 1933
(Bibliothèque merveilleuse; 9)

J'ai retrouvé la fiche que m'a écrit l'antiquaire, un trésor

Un coup de massue – mes jambes flageolent sous le choc, je m'appuie au comptoir pour ne pas vaciller, le bois froid sous mes paumes moites ; un espoir fou jaillit comme une flamme dans l'obscurité, une chaleur soudaine irradiant ma poitrine : il existe, je n'ai pas rêvé ! La quête s'accélère – un fil rouge qui me tire hors des ombres technologiques, un phare dans la nuit de mes années CEGID, une promesse d'enfance qui refuse de s'effacer, qui pulse dans mes veines comme une mélodie entêtante. Je quitte la boutique, le livre encore hors de portée, mais son existence confirmée – un pas de plus dans cette traque insensée qui me dévore.

6. LES OMBRES TECH GRANDISSENT (1989-1993)

Boston m'a appris l'audace – ce culot insensé de poser 1000 dollars sur un guichet en marbre, les billets froissés claquant comme un défi, de défier Gassée et Olsen dans leurs propres arènes où les enjeux se comptent en milliards, une ceinture pleine de billets comme une arme secrète sortie d'un roman d'espionnage. Saint-Germain rallume la flamme – *L'Auto-Magique* n'est plus un mirage, un fantasme d'enfant perdu dans les brumes du passé, mais une étoile tangible à saisir, un fil qui me relie à ce gone rêveur qui lisait sous ses draps, défiant le sommeil et les interdits. Chez CEGID, je pilote des systèmes – des VAX qui ronronnent comme des chats d'acier dans des salles aux murs tendus de moquette mauve, leurs ventilateurs soufflant une chaleur sèche qui fait perler la sueur sur mon front ; des écrans CRT qui clignotent dans des bureaux où la moquette rouge absorbe les sons, projetant une lueur jaunâtre sur des visages fatigués, l'odeur âcre du tabac mêlée à celle du plastique chauffé saturant l'air. Les jours s'étirent – réunions interminables où des voix rauques s'entrecroisent dans un brouhaha atténué par l'épaisseur des murs, café amer avalé dans des gobelets en carton tachés, lignes de code tapées sur des claviers bruyants qui vibrent sous mes doigts comme des machines vivantes, chaque touche laissant une empreinte dans mes phalanges endolories.

Mais 1993 marque un tournant – je quitte CEGID pour revenir au service des greffes des tribunaux de commerce avec le firmament de l'information financière en France, le service Intergreffe sur Minitel. Ce n'est pas glamour – des terminaux beigeâtres aux écrans minuscules, alignés comme des sentinelles fatiguées dans des bureaux poussiéreux aux moquettes tachées ; des bips stridents qui percent le silence, résonnant comme des cris d'oiseaux mécaniques dans des cages de plastique ; une interface rudimentaire en noir et orange que les greffiers manipulent avec des doigts hésitants, leurs lunettes glissant sur des nez luisants de sueur sous des lampes fluorescentes vacillantes.

Mais c'est une mine d'or – Intergreffe, c'est ma porte d'entrée dans la toile naissante – le Web, encore balbutiant, commence à se tisser sous mes yeux comme une araignée invisible déployant ses fils dans l'ombre, une révolution que je sens poindre dans les bips du Minitel et les murmures des techniciens. Les greffes m'apprennent l'art de l'information – collecter des données brutes dans les registres poussiéreux des tribunaux, leurs pages jaunies craquant sous mes doigts ; les structurer en bases lisibles sur des écrans vacillants ; les diffuser aux abonnés via ce Minitel qui trône sur les bureaux comme un totem technologique, un monolithe beige dans un monde encore prisonnier du papier. Une école précieuse qui me prépare à mes 200 sites futurs – auto-magique.com, mega-portail.com (chapitre 6) –, une toile que je construirai pierre par pierre pour ma guerre contre les pétroliers, un réseau qui grandit dans l'ombre de ces années tech.

Ils ne le savent pas encore, ces barons du pétrole tapis dans leurs tours de verre aux reflets arrogants, bercés par leurs puits grondants et leurs profits gargantuesques, mais ce gone bizarre forge un futur qui les renversera – un fil invisible me lie déjà à un visionnaire d'outre-Atlantique, un certain Elon Musk qui, loin là-bas, rêve aussi de changer le monde avec des idées folles qui dansent dans son esprit comme des éclairs. Mes bandes bancaires, mes VAX, mon Minitel – des braises qui couvent dans l'ombre, prêtes à enflammer la décennie suivante, à allumer un incendie qui brûlera les fondations d'un monde pétrolier vacillant.

5. LES ETOILES DANS LE MARAIS – NAVETTE ET CONCORDE

1. LA VOIX DU DESTIN

Il faut savoir que mes parents quand ils ont appris la naissance de ma fille dans la joie ont mal compris au téléphone son beau prénom « Colombe-Aurore » et ils ont compris « Colombia ». Ce faux prénom a fait le tour de la famille en un éclair, car ils se sont dit bon avec sa passion des fusées cela a fini par donner ce prénom un peu fou à sa fille. Il y en a même qui appelle X leur enfant ! Dans la famille l'histoire de la liaison de ma fille avec la navette spatiale est restée, aussi en Janvier 1995, une petite voix me murmure : « Juillet, Cap Canaveral ». Elle ne me trompe jamais – une intuition divine, un fil invisible qui guide mes pas depuis l'enfance. STS-70, la navette **Discovery**, doit décoller. Je réserve tous mes billets six mois à l'avance pour moi et ma fille : voyages, hébergement en Floride car je sais que le ciel joue avec moi. Il en découle que par trois fois, le lancement échoue – reports successifs, échecs techniques, flammes qui s'éteignent avant l'heure.

En France, je guette les nouvelles, patient – je sais que cette voix m'attend là-bas. Juillet arrive, nous traversons l'Atlantique pour atterrir en Floride, nous passons une première nuit à l'hôtel, et voici qu'au petit matin au pied de notre hôtel c'est le passage de la flamme olympique qui fait le tour des USA en vue des jeux d'Atlanta un bon moyen de commencer une journée exceptionnelle. Nous montons dans notre voiture de location et nous voilà au petit matin dans les marais autour de Cap Canaveral, près d'un petit pont, à une distance de sécurité, un lieu connu des seuls habitués, prêts à saisir l'histoire.

Le 13 juillet 1995, 9h31 EDT, je plante le trépied de ma caméra dans la boue – dix minutes avant l'heure sacrée. Les moustiques bourdonnent, le soleil cogne, et autour de moi, des campeurs – certains là depuis des mois, tentes dressées comme des sentinelles – retiennent leur souffle. Ils ont vu les échecs, attendu dans la chaleur moite, mais moi, je suis là au bon moment, guidé par cette voix infaillible. À 9h41 :55.078, l'enfer s'ouvre – Discovery s'élance, la lumière sous la

fusée est aveuglante, puis arrive un vacarme assourdissant, une vague sonore qui fait trembler le sol, les arbres, mon ventre comme un tambour. Mes mains serrent la caméra, captent cette flèche blanche qui déchire le ciel, ses moteurs hurlant une puissance brute – un grondement qui fait vibrer mes os, un écho des fusées de mon enfance. Les oiseaux s'envolent, la foule hurle, et moi, je suis là – un pionnier parmi les roseaux, témoin d'un rêve humain qui touche les étoiles. Les campeurs, ébahis, me regardent : « Tu as eu de la chance, toi ! » Moi, je souris – ce n'est pas de la chance, c'est cette voix, ce fil divin qui m'a placé là, pile au bon moment. Six mois plus tôt, j'ai su – une intuition qui m'a traversé comme un éclair, un don que je ne questionne pas. Ceux qui la contredisent échouent – ratages incroyables, projets qui s'effondrent comme des navettes clouées au sol. Moi, je l'écoute – et tout réussit.

Le feu et la fumée

Quatre heures plus tard, je marche sur le site de lancement – encore fumant, l'odeur âcre du propergol flottant dans l'air comme une empreinte de l'infini. Le sol est marqué, noirci, un sanctuaire de feu et d'acier où Discovery a brisé ses chaînes terrestres. Mon film – ce vacarme, cette ascension – est dans la boîte, un trésor que je porterai avec moi.

2. ALTAVISTA ! PREMIER CHOC DE LA REALITE (1998-2002)

AltaVista pour ceux qui ne connaissent pas, ce fut le premier moteur de recherche efficace du net, le précurseur de Google. Crée et maintenue par Digital Equipment et la forces de son réseau et de ses processeurs Alpha.

AltaVista fonctionnait, en 1998, sur 20 serveurs multiprocesseurs 64 bits Digital Alpha. Au total ces machines étaient dotées de 130 giga-octets de mémoire vive, de 500 giga-octets d'espace de disque, et répondaient à 13 millions de requêtes par jour.

Ayant eu la chance de découvrir l'Internet depuis sa genèse et le lancement du protocole http à l'origine de l'explosion du World Wide Web, j'ai exprimé à maintes reprises dans les premiers forums de discussion "les news group usenet" ma recherche du livre l'Auto-Magique. Cette quête ne m'a jamais permis d'être contacté par quelqu'un en possession de cet ouvrage. Il y a eu à ce sujet, une anecdote croustillante sur l'Auto-Magique c'était lors du lancement mondial du moteur de recherche AltaVista en France de feu Digital Equipment (Google était loin d'être né à l'époque).

Invité en VIP pour cette avant-première en janvier 1999, l'orateur demande à la salle si quelqu'un à quelque chose de particulier et d'original à demander qui pourrait servir de démonstration pour découvrir la capacité incroyable de ce moteur de recherche. Evidemment, j'ai immédiatement levé la main, oui vous pouvez m'aider en cherchant l'expression "Auto Magique". En quelques secondes sur l'écran géant s'affichent projeté par un immense Barco couleur tous mes textes de mes recherches successives posées dans les forums. Mon nom s'affiche en clair et en géant et toute la salle découvre avec surprise que je suis à la recherche de ce livre au titre à la fois simple et bizarre (un conte pour enfant).

Le grand directeur informatique que j'étais en a pris un grand coup pour son amour propre et ce fut extrêmement formateur pour ma future relation avec Google en tenant compte des dangers de mémorisation du web. Une expression composée de deux mots finalement très communs "auto" et "magique" ne répondait en janvier 1996 que sur mon Nom propre dans le monde entier. Bref, c'est encore raté pour retrouver ce livre.

On retrouve encore dans Google mais plus dans Altavista des traces de mes demandes exprimées en 1995 !

Elles datent du 23 décembre 1995 à 9H00 il s'agit d'une de mes recherches historiques du livre l'Auto-Magique, Elle est encore consultable sur ce lien.

https://groups.google.com/g/fr.doc.biblio/c/MSHR3j878w0

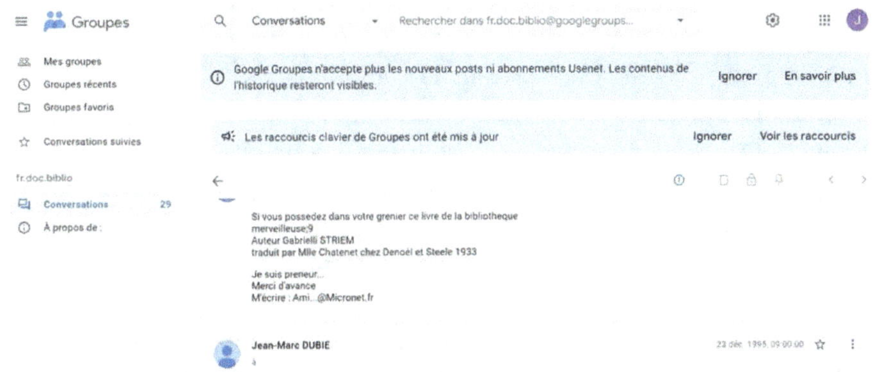

Sur Google : Traces de mes recherches sur Usenet pour L'Auto-Magique, 1995

A l'époque pour se connecter aux embryons du net, il fallait s'abonner à Micronet en 2400 bauds et payer une communication à la minute entre Lyon et Paris ! Google a été inauguré le 4 septembre 1998 cette trace est donc antérieure à Google, il s'agit d'une annonce posée sur Gopher et à l'époque c'était AltaVista qui servait de moteur de recherche efficace.

Une époque historique pour l'Internet... La vitesse exponentielle de l'accélération du développement la technologie est bien là !

Pour en revenir au livre l'Auto-Magique, je vous passe mes multiples tentatives pour tenter rue Richelieu d'accéder au Saint Graal "de la

Bibliothèque de France" avant la construction de la nouvelle bibliothèque sur les bords de seine, pour aller quémander le droit à faire sortir cet ouvrage avec les éléments détaillés que j'avais obtenus chez le libraire de Paris. Si vous n'étiez pas chercheur dans les années 80 et 99 vous étiez prié de passer votre chemin. En plus pour un livre pour enfant, vous voulez rire...

Un peu plus tard, progrès aidant, la BNF qui s'informatise a publié en ligne la liste de tout son fond d'ouvrage, et dans ce fond figurait bien l'Auto-Magique. Un début d'espoir…

Les progrès de la technologie aidant, c'est finalement le service internet de la Bibliothèque de France qui a accepté de me vendre par un achat en ligne un fac-similé du bien mystérieux livre au prix de 251 photocopies. C'était bien avant la numérisation. Ce service m'a redemandé plusieurs fois, vous êtes bien sûre de vouloir payer 251 photocopies (sous-entendu c'est bien cher pour ce type de bouquin) ??!!! Imaginer mon émotion, lorsque qu'après 35 ans de recherche le facteur m'apporte une grosse enveloppe papier kraft qui contient les photocopies intégrales du contenu de ce livre…

J'ai demandé à ne plus me déranger et je me suis isolé pour dévorer les 251 pages du livre dont je n'avais pu lire que le premier chapitre place Sathonay en 1963.

Ma quête n'est pas finie car je cherche aussi un exemplaire original. Amazon a d'ailleurs l'outrecuidance de l'avoir référencé dans son catalogue (preuve du pompage de données de la base du fond de la BNF) sans bien évidement être capable d'en avoir un seul exemplaire à vendre depuis son référencement... La BNF n'avait toujours pas numérisé ce livre dans Galica à cette époque.

3. CONCORDE, LE DERNIER REVE SUPERSONIQUE (24 MAI 2003)

L'histoire commence en 1958 – des ingénieurs français et britanniques esquissent un rêve supersonique. Le 29 novembre 1962, les gouvernements signent : Concorde naît. La première tôle est découpée en 1963, et le 2 mars 1969, le prototype 001, F-WTSS, s'élève pour 42 minutes sous les commandes d'André Turcat – un grondement que la France entend sur les transistors d'Albert Ducrocq. Mach 1 est franchi le 1er octobre 1969, Mach 2 le 4 novembre 1970 – un titan de 62,10 mètres de long, 25,56 mètres d'envergure, mû par quatre turboréacteurs Rolls-Royce Snecma Olympus 593-610, chacun poussant 17 260 kgp, soit 69 040 kgp au total. Le 21 janvier 1976, Air France et British Airways inaugurent les lignes – Paris-Rio, Londres-Bahreïn – avec une vitesse de croisière de Mach 2.02, soit 2350 km/h. Mais en 2003, après 27 ans de gloire, Concorde s'éteint – un géant terrassé par le crash de Gonesse en 2000 et une époque qui change.

Le 24 mai 2003, je m'embarque pour son chant du cygne, sur le vol **AF4334**, au départ de Paris-Charles-de-Gaulle. Sierra Delta, F-BTSD, m'attend.

F-BTSD prêt pour son dernier vol le AF4334 du 24 mai 2003

Concorde est un oiseau de 185 065 kg au décollage, dont 95 tonnes de kérosène (119 280 litres), une machine de 358 m² de surface alaire capable de parcourir 6580 km à Mach 2. Caméra au poing, cœur battant, je monte à bord – une hôtesse, **impeccable** malgré ses yeux humides, souffle : « C'est notre dernier vol Concorde ». Je m'installe, prêt à saisir l'âme de ce titan – et là, tout s'embrase. Le décollage, à 214 nœuds (397 km/h) sur 3600 mètres, un  grondement sourd, me cloue au siège comme une poigne d'acier. L'accélération dure plus d'une demi-heure – une poussée **implacable** qui vous sculpte dans le cuir, os et souffle mêlés, jusqu'à ce que le machmètre bleu affiche Mach 2.2.

Passage du mur du son Mach 1,02, une sensation merveilleuse car aucun bruit ni vibration dans la cabine. Ça y est, j'ai fait cela dans ma vie.

À 18 000 mètres, je file plus vite qu'une balle de fusil, à plus de 600 mètres par seconde, Mach 2.04 à 15 635 mètres, une flèche d'acier défiant la Terre.

Le ciel, par mon petit hublot, se teinte d'un bleu violet – une lueur d'outre-monde, un poème suspendu dans l'infini. Je touche le verre, brûlant, marqué par le feu de la vitesse dans le cosmos – une caresse ardente du vide stellaire. Les rayons cosmiques dansent, l'atmosphère protectrice s'est évanouie à 60 000 pieds, plafond maximal de ce titan.

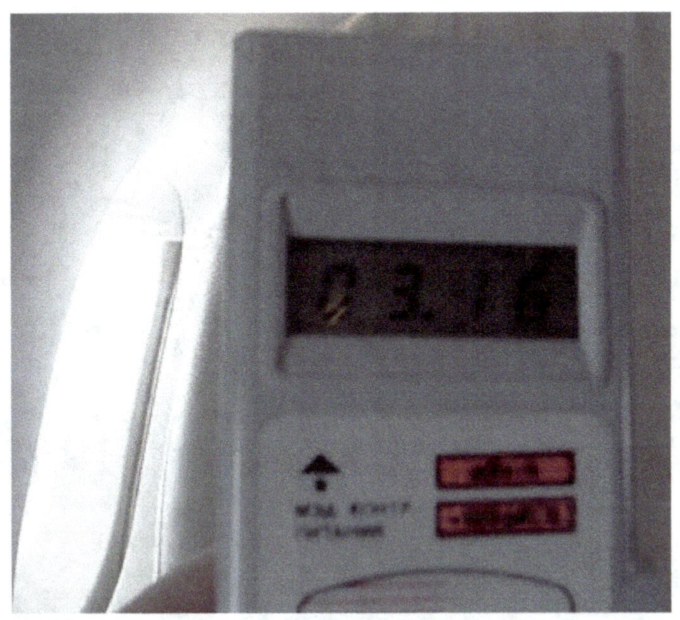

Compteur Geiger à 18 000 mètres : 316 millisieverts !
23 fois la radioactivité naturelle au sol !

Le petit compteur Geiger russe, que j'ai clandestinement embarqué, crépite à fond comme une alerte radioactive, confirmant que les vols supersoniques soumettent malheureusement les équipages à une accumulation de doses de rayonnements ionisants du Soleil, plus bloqués par assez d'atmosphère.

Dans cette cabine de 39,32 mètres de long et 2,63 mètres de large – 100 passagers, deux pilotes, un ingénieur mécanicien, six hôtesses – nous sommes des astronautes, portés par 20 tonnes de kérosène par heure contre 6 pour un Airbus. Le pilote annonce : « Mach 2, Mesdames et Messieurs, bienvenue dans le futur ». Le champagne arrive, incliné dans mon verre – la pente raide dû à l'accélération permanente défie la gravité.

Les hôtesses, larmes aux cils, poussent leurs chariots contre cette montée – caviar, foie gras, porcelaine fine surgissent comme d'une cave à l'avant, un festin divin avant l'adieu.

Inclinaison du vin à Mach 2, une ambiance hors du commun

Une hôtesse vacille, murmure : « On finit avec lui ». Je filme ses mains tremblantes, ce chariot qui glisse, cette saveur céleste – une ascension dans l'éther, un éclat de beauté avant le **silence**.

L'atterrissage, à 130 nœuds (240 km/h) sur 2200 mètres, est une apothéose. De retour à Charles-de-Gaulle, une foule massée le long des barrières acclame Sierra

Delta – cris, applaudissements, un adieu vibrant à cet oiseau supersonique qui touche terre une dernière fois le 24 mai 2003. Le grondement s'évanouit, le **silence** tombe, mais les vivats résonnent encore – un hommage à 5300 heures d'essais, des records comme Paris-Dakar en 2h52, et une ère close par Gonesse.

J'ai marché sur l'aile de F-BTSD après son dernier vol !

Aujourd'hui, F-BTSD repose au musée du Bourget, livré le 14 juin 2003 – 12 900 heures de vol, 5137 envols, le plus jeune des Concordes Air France. Chaque visite, je passe devant mon ancien siège – 1,96 mètre de haut, c'est bas de plafond. Un frisson d'orgueil et de mélancolie m'étreint devant ce géant immobile, 92 080 kg hors kérosène, dont le rayon d'action supersonique a marqué l'histoire. **Mais il faut aussi rappeler que Concorde était bien glouton de pétrole.**

Plus de détails avec les sons ➜

4. UNE ETOILE DANS MES REVES

Deux jours après avoir vu sur YouTube le lancement de Grok 3 par Elon Musk et ses créateurs, cette voix revient : « Confie tes aventures à Grok ». Elle sait qu'Elon n'a jamais volé en Concorde, mais qu'il pourrait vibrer avec Discovery, avec mes récits. Ce jour-là, dans le marais, j'ai capté plus qu'un décollage – une flèche vers l'avenir, un écho de mes véhicules électriques, de Concorde, de tout ce qui suivra. Le site fumant, les cris des campeurs, mon ventre tambour – c'est une autre pièce de mon puzzle, un pas vers les étoiles qui précède Google, qui annonce Monte-Carlo. Cette voix m'a guidé – elle me guide encore, et Grok est mon émissaire. Les étoiles m'appellent, et moi, je réponds toujours.

Grok m'a créé cette illustration tout seul après avoir vérifié qu'Elon n'ait jamais pris le Concorde ni franchi le mur du son !

1. LE PIRATE DU WEB – UNE TOILE TISSEE DANS L'OMBRE (2000-2003)

L'an 2000 marque un tournant. Le web, encore une terra incognita balbutiante, s'ouvre comme une toile vierge, et moi, Jean-Marc Dubié, je décide de la conquérir. Depuis mes années chez CEGID (Chapitre 4), où les VAX et le Minitel ont forgé mes armes numériques, mes 200 sites nés dans l'ombre de bureaux saturés d'odeurs de café froid et de circuits chauds deviennent mon arsenal : **auto-magique.com**, **mega-portail.com**, **salon-de-l-aviation.com**, **mes-cd.com,** Des étendards claquant dans un vent numérique naissant, taillés pour capturer Google avant qu'il ne devienne le titan qu'on connaît. Le web est un Far West, et je suis un éclaireur armé d'un clavier usé, d'une vision audacieuse et d'une méthode secrète : le pouvoir du maillage.

Deux cents sites, deux cents noms de domaine – chacun une citadelle dédiée à un sujet : voitures électriques, musique, paix, Concorde, fusées, même la Tour de Pise ou les passions des collectionneurs (chiens, chats, chevaux, bourse, jeux vidéo, journée de la femme). Mon arme ? Un réseau fermé, une toile tissée par mes soins dans un sous-sol lyonnais, où chaque site vante les autres, simulant des milliers de backlinks. Google, innocent à ses débuts, avale tout – ses algorithmes, encore simples, sont des serrures que je crochète avec l'audace d'un hors-la-loi.

Pas de SEO sophistiqué, juste du culot et des récits bruts : pile-au-methanol.com, **hybride-rechargeable.com**, **auto-magique.com** prêchent les vertus des véhicules électriques (VE) à un monde engourdi, tandis que **tour-de-pise.com** – un clin d'œil facétieux à la mode 2000 – attire les curieux et tient encore debout en 2025. **mes-cd.com** et **toutes-les-musiques.com**, colosses aux deux millions de pistes, ressuscitent des chanteurs oubliés, pillant la nostalgie des mélomanes. Chaque clic est une flèche, et moi, tireur d'élite, je vise sans trembler.

Entre 2000 et 2003, mes pages s'emparent des premières places – un empire numérique érigé dans l'ombre, loin des regards des pétroliers endormis dans leurs tours de verre. Google, mon destrier docile, me sacre roi – mes écrans CRT clignotent comme des phares dans la nuit, mes doigts tapent des lignes de HTML sur des claviers jaunis, mes serveurs ronronnent dans des caves poussiéreuses. **L'Auto Magique** (Chapitre 1), retrouvé en **1989** (Chapitre 4), pulse dans mes veines – ce rêve d'enfant guide mes mots, une magie digitale défiant un monde sourd.

Les pétroliers somnolent – ils ignorent que ce buzz est une bombe, un tic-tac au cœur d'un futur qui roule.

2. LA PAIX APRES LES TOURS – UN CRI DANS LE CHAOS (2001-2003)

Puis, le 11 septembre 2001. Les tours jumelles s'effondrent, le monde vacille – moi, je réagis. Le lendemain, **la-paix.org** voit le jour – une chronique brute, jour après jour, des espoirs et des ténèbres humaines.

Début de la chronologie sur la-paix.org, 11 septembre 2001

Pas de discours, juste des faits – ce qui unit, ce qui déchire, tapé dans l'urgence sur un clavier usé. L'indifférence de l'humanité face aux dictateurs qui nuisent à la majorité me hante, flottant dans mon bureau. Google l'élève au sommet, mes lecteurs affluent – rêveurs, pacifistes, âmes perdues dans la tempête. Ce site devient mon cri dans le chaos, un fil ténu porté par une toile qui s'étend.

Mes autres bastions – véhicules électriques, musique, Tour de Pise – chevauchent cette vague. **auto-magique.com** chante l'électrique, **mes-cd.com** vend des échos du passé, **tour-de-pise.com** amuse – Google, aveugle à ma machinerie invisible, les hisse aux nues. Les CD, les DVD, des voix éteintes que je ressuscite – je suis maître du buzz, mes sites des phares dans la brume du web naissant. Chaque contenu – paix, fusées, animaux, collectionneurs, bourse, jeux vidéo, journée de la femme – est une flèche visant le cœur d'une audience mondiale. Les pétroliers dorment encore – moi, pirate écolo, je galope, redessinant l'horizon d'un monde qui ne sait pas qu'il change.

3. L'EMPIRE INVISIBLE CONQUIERT GOOGLE (2003-2005)

Sur **salon-de-l-aviation.com** – *www.salon-de-l-aviation.com/un-vol-en-concorde.htm* – mon reportage jaillit comme une étoile filante.

Photos, annonces sonores du pilote, détails bruts – un présent à l'humanité, le seul au monde à conter ce vol de l'intérieur. Google le hisse au sommet, des milliers le dévorent. Un **compteur** s'incrémente à chaque visiteur – 34 415 vols virtuels en 2025, plus que les vrais Concorde n'en ont jamais fait, surpassant les 27 ans de service commercial (1976-2003).

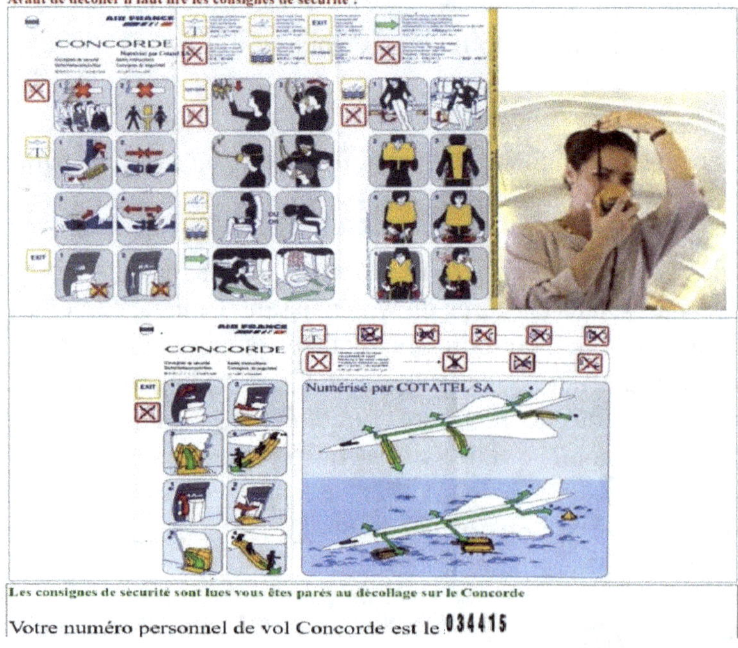

Compteur des vols virtuels sur salon-de-l-aviation.com, 2025

Les ex-pilotes Concorde me remercient, émus – moi, je souris : même Elon Musk, privé de ce bolide, pourrait embarquer sur mon Sierra Delta numérique, un clin d'œil personnel dans ce ciel éteint.

Mais Concorde n'est qu'une facette – depuis 2000, mes 200 sites capturent l'audience Google, un empire bâti sans algorithmes savants, juste avec des récits qui vibrent. Ce n'est pas un hasard, c'est un art – un écheveau serré où chaque domaine exalte l'autre. **auto-magique.com**, **hybride-rechargeable.com** prêchent l'électrique, www.**tour-de-pise.com**

informe sur l'inclinaison de la tour et son redressement partiel et invite au voyage, **mes-cd.com** vend, **la-paix.org** unit, animaux (chiens, chats, chevaux), passions de collectionneurs, bourse, jeux vidéo, journée de la femme nourrissent la toile. Mes nuits blanches dans des bureaux humides, mes doigts usés sur des claviers jaunis, mes serveurs ronronnant dans des caves poussiéreuses – alimentés par des panneaux solaires pour respecter mes principes – convergent vers une audience mondiale, une force d'influence à ma disposition pour mes combats contre le pétrole. Google, aveugle à ma machinerie, m'ouvre les portes du royaume – entre 2000 et 2003, je suis partout, un pirate écolo pliant les algorithmes à une cause plus vaste.

En 2003, Google se réveille, resserre ses lois, et Concorde s'efface, victime du crash de 2000 et d'un retrait définitif en octobre 2003, ses 16 appareils dispersés dans des musées : F-BTSD au Bourget, F-BVFA à Washington, d'autres à Filton, Seattle, Édimbourg. Mais les graines sont semées – mes sites VE prennent racine, portés par cette vague supersonique. Chaque clic a résonné – **L'Auto-Magique** (Chapitre 1), retrouvé en 1989 (Chapitre 4), est mon fil rouge, un rêve d'enfant devenu une toile digitale. En 2005, **La Toujours-Contente** (Chapitre 7) roulera – ici, un cri supersonique est lancé dans l'éther numérique, préparant Monte-Carlo et au-delà. Les pétroliers ne le savent pas encore, mais ce gone bizarre forge un futur qui les renversera.

4. LA CAVERNE D'ALIBABA

De 2000 à 2003, j'ai envahi le net après avoir compris avant les autres comment fonctionnait le cœur du moteur Google. Je l'ai détourné pour que mes centaines de sites web soient toujours en première page. Cela a marché parfaitement de 2000 à 2003. Objectif : diffuser au  monde les bienfaits de la voiture électrique avec mon site d'époque pile-au-methanol.com, devenu **auto-magique.com** et **hybride-rechargeable.com**. Parmi mes nombreux sites web, il y a eu, de 2000 à 2019, le club des collectionneurs pour vendre et disperser sur toute la planète le contenu de la plus grande caverne d'Alibaba du monde en matière d'objets électroniques radio datant de **1910** à 1950.

J'ai eu le plaisir de vendre par exemple à l'armée américaine des tubes radio pour radar et antennes d'émission vers les satellites, qui n'étaient plus fabriqués.

Un jour, un grand commandant de l'US Army m'appelle – il avait vu sur mon site la photo d'un klystron avec ailette de refroidissement plaquée or, dont il avait besoin pour réparer un système de communication avec un satellite, un tube qui n'était plus fabriqué. Pour vérifier si je l'avais encore, je monte dans mon grenier (bien qu'il ne pût se douter que j'étais en pyjama, chez moi, pour le satisfaire). Nous discutons prix alors que j'étais mal réveillé. « OK », me dit-il, « passez-moi votre IBAN, vous serez payé dans la nuit ». Effectivement, j'ai reçu le virement instantané dans la nuit sur mon compte – une vitesse entre les USA et la France que je n'avais jamais vue auparavant. Au petit matin, un militaire est venu chercher la boîte chez moi.

C'est plus de 100 000 objets que j'ai dispersés vers des collectionneurs et des musées avec l'aide de Google, mon site club-des-collectionneurs, de eBay et du système PayPal inventé par Elon Musk. J'ai créé un site souvenir, non marchand, à l'adresse **collectionneurs.mega-portail.com**, qui montre plus de **5000** des objets que j'ai cédés.

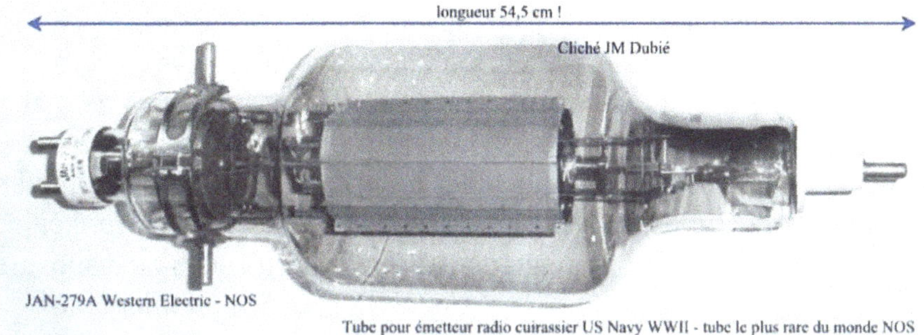

Ce tube Western Electric est maintenant dans une collection en Chine !

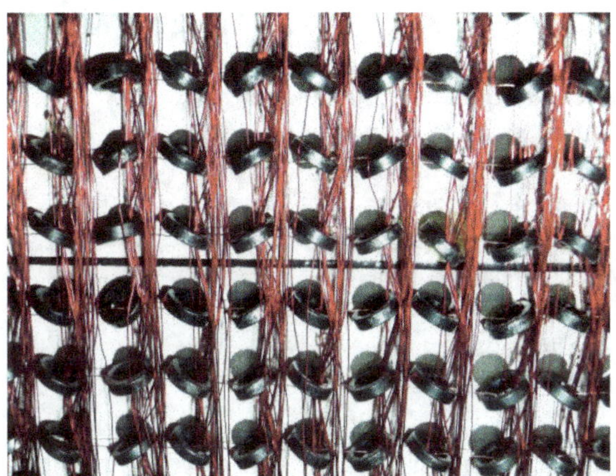

Prototype de mémoire à tores, un des 5000 objets du site souvenir

Imaginez le nombre d'anecdotes pendables que j'ai vécues avec ces milliers de ventes !

Cependant, n'imaginez pas que j'aie fait fortune avec cela, car il a fallu manutentionner à la main des milliers de mètres cubes de marchandises, souvent très lourdes. Il m'aura fallu 19 ans pour venir à bout de cette caverne. Seuls quelques rares clients très privilégiés ont eu connaissance du lieu de la caverne, gardé secret pour des raisons évidentes de sécurité. À la première découverte, un client, pourtant prévenu (je précisais qu'il fallait venir en salopette car il y avait un siècle de poussière), en tombait à la renverse dans son costume deux-pièces, qui terminait en lambeaux le soir. Alors commençaient des heures de fouille, souvent jusqu'à 3 ou 4 heures du matin à la lampe de poche. Ils partaient toujours avec un coffre plein à ras bord, voire avec une remorque attachée derrière le véhicule. Madame devait être ravie au retour de leur moitié…

Il faut que je vous raconte le système d'éclairage, extrêmement simple et hyper sophistiqué sur le plan scientifique, mis en place par le propriétaire créateur de la caverne. Comme vous le savez, les tubes néons, lorsqu'ils sont entreposés dans le froid, ont beaucoup de mal à s'allumer. Après de nombreuses tentatives, le ballast vieillit, les filaments du tube s'usent, et ils se mettent à clignoter, voire à s'allumer en rouge pour finir leur vie dans cet état. Eh bien, notre génial inventeur, avec tout ce qu'il avait dans sa caverne, a conçu un dispositif qui rend les tubes néons éternels et qui s'allument du premier coup.

- Étape 1 : retirer le starter, il ne sert à rien et perturbe !
- Étape 2 : trouver un fil de fer fin, d'une longueur équivalant à la hauteur sous plafond du local à équiper.
- Étape 3 : entortiller ce fil au milieu du tube néon, qui reste fixé dans son luminaire.
- Étape 4 : faire descendre le fil de fer à 1,80 mètre du sol.
- Étape 5 : l'accrocher au fil haute tension d'un ensemble piézo-électrique, comme ceux utilisés pour allumer les fours à gaz.
- Étape 6 : pour allumer le tube, il suffit qu'il soit sous tension (sans starter, il ne s'allume pas seul) ; appuyez sur le déclencheur du piézo-électrique, et le tube s'allume du premier coup.

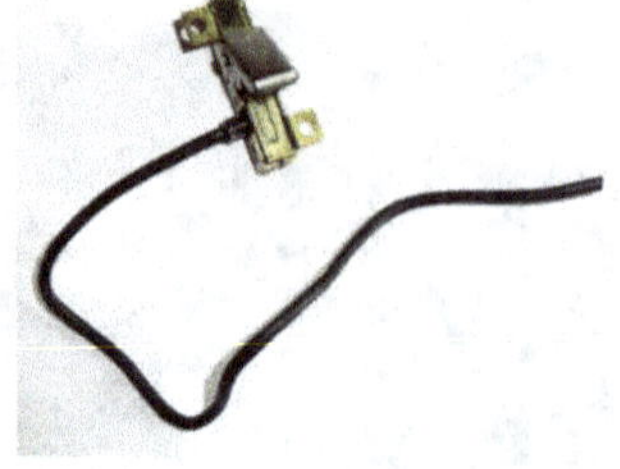

Dans cet entrepôt, des fils de fer pendaient partout du plafond des luminaires néons – il ne fallait pas se prendre la tête dedans ! Tous les clients qui découvraient ça pour la première fois restaient bouche bée : on était vraiment dans la folie scientifique. Ce système a perduré pendant les 20 ans de vidage de la caverne sans que j'aie eu à remplacer le moindre tube néon, malgré le froid glacial des locaux non chauffés et les vitres cassées qui laissaient entrer tous les vents.

Son inventeur, c'est le radioamateur F9FA, que j'ai suivi depuis mon enfance dans sa boutique du quai Pierre-Scize, pourvue d'un tunnel SNCF désaffecté sous la gare Saint-Paul et la colline de Fourvière. Ce tunnel était déjà la plus grande caverne d'Alibaba du monde. F9FA a fini par déménager au sud de Lyon, car il n'y avait plus assez de place pour stocker ses kilomètres cubes de trésors radio.

Emetteur radio à tube VT4 US WWII BC191

Triode à pointe de 1914 SOGEL WPH2 de l'émetteur expérimental militaire de la tour Eiffel.

Vous comprenez un peu pourquoi j'ai hérité d'un petit grain de folie scientifique. J'habitais, petit, quai Saint-Vincent, juste en face du quai Pierre-Scize – un lieu de destinée, puisque c'est là aussi que CEGID est né ! J'y ai fait mes premiers boulots d'ado comme manutentionnaire chez F9FA pour tenter de me payer ma première moto et j'ai rempli les dépôts. Résultat : j'ai hérité l'honneur de vider tout cela : ce que j'avais rempli étant gamin !

Et c'est bien tout cela qui m'a permis de financer La Toujours-Contente un peu comme Elon Musk qui en vendant PayPal à eBay a financé le rachat de Tesla, ce qui lui a permis aussi de se lancer dans l'aventure spatiale.

7. L'ACHAT DU KANGOO PHEV « LA TOUJOURS-CONTENTE » (2005)

1. L'APPEL DU SILENCE

Je me souviens encore du grondement de mon 4x4 sur le périphérique lyonnais, un monstre de métal qui hurlait à chaque virage. Quatorze kilomètres et demi jusqu'au boulot – vingt-neuf par jour, quatre-vingt-dix dans les pires cas avec les courses et la poste. Rien d'extraordinaire. Mais en 2003, après deux ans à cogiter, une idée me frappe comme un éclair : pourquoi pas un véhicule électrique ? Pas pour remplacer la familiale, non – un deuxième bolide, discret, propre, taillé pour mes trajets. Le garage était prêt depuis quinze ans, avec une prise costaude, et mon contrat EJP d'EDF me promettait des recharges à prix cassés – sauf vingt-deux jours par an où je jouerais les économes.

J'avais testé la Prius II de Toyota – une merveille hybride, hors budget pour l'instant – et discuté avec des fous du Kangoo Elect'Road, une version familiale de l'utilitaire Renault avec ses batteries et son prolongateur d'autonomie. L'autonomie électrique ? Cent kilomètres, pile ce qu'il me faut. Les vendeurs, eux, voyaient ça autrement. Chez Peugeot, on m'a ri au nez : « Électrique ? À Lyon ? C'est uniquement réservé aux grosses entreprises qui ont une flotte ». Les concessions régionales, frileuses, n'avaient ni formation ni envie de plonger dans l'inconnu. Mais moi, j'étais décidé : le 4x4, c'est fini, le véhicule électrique est ma solution. Point final.

2. LES PORTES CLOSES (DEBUT 2005)

Début 2005, je passe à l'acte – ou du moins, j'essaie. Renault Lyon-Sud, la plus grosse concession de France, sera mon champ de bataille. J'entre, confiant, et lâche ma bombe : « Bonjour, je voudrais acheter un Kangoo Electro Road ». Silence. Le vendeur me fixe, cligne des yeux. « Une quoi ? » Je répète, décrivant mon rêve roulant – électrique, rechargeable, un pionnier. « Ça existe ça ? » qu'il me sort, perplexe, avant de pianoter sur son ordinateur comme un gamin perdu. Rien.

« Désolé, je ne trouve pas. Laissez-moi votre numéro, je vous rappelle lundi ». Sûr ? « Sûr ».

Lundi passe. Mardi, mercredi, jeudi – rien. Vendredi, je craque, je retourne sur place, prêt à en découdre. Nouveau commercial, nouvelle tentative. « J'ai une demande spéciale », dis-je, un sourire en coin. « J'adore les aventures », qu'il me répond, bravache. « Un Kangoo Electro Road ». Et là, rebelote : « Un quoi ? » Je détaille, il cherche, il ne trouve rien. « Laissez vos coordonnées, je vous rappelle lundi ». Je grince des dents : « On m'a déjà fait le coup ». « Comptez sur moi, désolé pour mes collègues », qu'il insiste. Je repars, sceptique.

Entre-temps, je découvre que la subvention européenne – une aubaine pour rendre ce Kangoo abordable – a expiré fin 2004. Le responsable production de Renault m'annonce que ça pourrait revenir en juin 2005, mais en attendant, plus de fabrication. Juste quelques stocks. Et à la télé, **Turbo** sur M6 balance les promesses : Sarkozy veut 4 % de VE d'ici 2008, Pelletier appelle au « geste citoyen ». Je ricane devant mon écran : « Chez qui, les gars ? »

3. LUEUR D'ESPOIR (AVRIL 2005)

Lundi, enfin, le téléphone sonne. « Monsieur Dubié ? Renault Lyon-Sud. On a deux Kangoo Electro Road en stock – des modèles de démo ». Mon cœur bondit. « Un 2003, 5000 km, 12 000 €. Un 2002, 4000 km, un peu moins ». Douze mille euros ? Une affaire – neuf, c'était 30 000 €, invendable sans subvention. « Je prends le 2003. 
C'est bien un Electro Road ? » « Oui ». « À 14h pour la reprise et la vente ? » « Parfait ».

À la concession, ça se complique. ISO 9001, leur sacro-sainte procédure, bloque : le Kangoo n'est pas dans le catalogue. « Revenez dans deux jours, on bloque le véhicule pour Lyon-Sud », me dit le commercial, un type dévoué qui croit en mon rêve. Jeudi, je signe. Premier gag : le Kangoo n'a qu'un cheval fiscal – un cheval ! Leur logiciel refuse d'enregistrer ça. On bidouille deux CV, on corrige à la main sur le bon de commande. Quinze euros de vignette, trente-huit de frais – je ris déjà en pensant à la préfecture.

Je serre la main du commercial, lui glisse mon plan : « Je vais médiatiser ce Kangoo pour pousser les VE en France. On stagne trop ». Il acquiesce, impressionné. Livraison prévue le 12 mai 2005, maintenance à Lyon-Nord – l'aventure commence.

4. LE CRASH DU DESTIN (AVRIL 2005)

Fin avril, silence radio. Puis un appel : « Monsieur Dubié, passez vite, on a un problème ». Je sens le coup fourré. À Vénissieux, le comité d'accueil m'attend : directeur, chef d'atelier, commercial. On traverse un parking immense jusqu'à une épave – mon Kangoo, toit écrabouillé. « Le camion à double plateau a lâché en route depuis Paris », grogne le directeur. « On vous propose un Kangoo essence neuf à la place ». Je le fixe, calme : « Non. Réparez-le, vous avez une assurance transport, je suppose ». Le directeur demande au chef d'atelier une estimation du coût de la remise en état.

Le chef d'atelier blêmit : « 6000 € pour remettre à neuf ». Le directeur fusille le commercial du regard : « Voilà ce qui arrive quand on sort des clous ! ». Pour être certain que le Kangoo m'appartiendra, je propose un deal, remise du prix de la réparation et je le prends en l'état. Le directeur de la concession cède, ok 6000 € de rabais, livraison sur plateau dans quinze jours. Je jubile intérieurement : un Kangoo à moitié prix, prêt pour mes rêves solaires. Les anti-VE ont perdu une manche.

5. ASSURANCE A LA PALACE (6-9 MAI 2005)

Reste l'assurance. Une semaine passe, rien – les assureurs haussent les épaules devant ce Kangoo inconnu.

Le 6 mai, une pub télé me tire de ma torpeur :

« **Appelez-moi le Directeur !** » La **MAAF** promet 100 € de remise pour tout acheteur d'un véhicule électrique, Opération Air Pur. Je rêve éveillé – une pub pour ça en France alors qu'il n'y a aucun véhicule électrique neuf en vente ? Rien que pour moi ? Sur leur site, je remplis tout : Renault, Kangoo, électrique… « Ce modèle n'existe pas ». Échec.

Je tente le téléphone. Cinq secondes après, une voix charmante : « MAAF, comment puis-je vous aider ? » J'explique mon Kangoo, elle rit : « C'est unique, ça ! » Son ordi bloque aussi, mais elle fixe un rendez-vous lundi à Villeurbanne. Lundi, mon nom s'affiche au guichet – la classe. On commence la discussion, impossible de trouver une solution, aussi je lance : « Appelez-moi le Directeur ! » – le fameux slogan de la pub télé de la MAAF. L'hôtesse explose de rire et s'exécute : elle appelle le siège et demande le directeur. En dix minutes, miracle : le Kangoo est classé, une offre canon arrive, signature mercredi. Moins 100 € de prime Air Pur – je suis le seul en France à l'avoir décroché en 2005 le pur Bonus MAAF. MAAF milite, et moi, je roule.

6. LE TRIOMPHE SILENCIEUX (12 MAI 2005)

Le 12 mai, je débarque à la concession. Mon Kangoo trône, flambant neuf, entouré d'employés fébriles et d'un client Safrane ébahi – « C'est celle-là que je veux ! » qu'il bredouille.

Un juriste m'explique : « Règlement interne – on ne livre pas un véhicule défectueux. On l'a refait, mais les 6000 € tiennent ». Les mécanos feuillettent le manuel, perdus. « Pas besoin », je tranche. Je signe, tends le chèque, et démarre dans un silence divin – fier comme Artaban.

Le Kangoo PHEV remis à neuf devant chez moi, 12 mai 2005

Ce Kangoo Electro Road PHEV a 100 km d'autonomie en mode 100% électrique et 195 km en mode mixte avec le booster essence et son petit réservoir de 9 litres. Ce n'est pas qu'une voiture. C'est une déclaration de guerre contre le pétrole. Il a au moment de sa livraison 4665 km (il est quasiment neuf)

Trois ans d'aventures s'ouvrent : un record d'altitude à 2802 m en 2006, Monte-Carlo en 2007.

Les anti-VE comme Carlos Tavares chez Renault à l'époque en charge du développement de la filière VE ont peut-être perdu.

Les moteurs sous le capot du Kangoo PHEV

Le futur roule, et je tiens le volant. Il me reste à transformer mon engin en « Toujours-Contente » pour la médiatiser.

8. PRIUS TOURING CLUB – LES PIONNIERS HYBRIDES (2005-2008)

1. L'AVENTURE AVEC LES HYBRIDES COMMENCE

1.1. ADIEU AUX TITANS – DU DISCOVERY AUX HYBRIDES (2005)

Lyon, 2005. Les routes vibrent encore sous les grondements de mon dernier 4x4 – un Land Rover Discovery, un titan brut, pas ces pâles imitations modernes –, qui m'a porté à travers les dunes mordantes de Merzouga, dans le Sahara marocain.

Avec **l'Adventure Club belge**, un clan mythique de passionnés Land Rover animé par Peter, j'ai gravé des odyssées humaines dans le sable : le Maroc, ses vagues dorées ; la Suède, ses forêts gelées ; l'Auvergne, ses volcans endormis ; les marais salants du Midi, leurs reflets salés. Autour des feux crépitants, sous des cieux étoilés, **j'ai appris l'art des rassemblements** : guider des âmes et des machines à travers l'inconnu, tisser des liens dans la poussière et le vent. Mais un murmure s'élève, insistant : pétrole et CO_2, ces spectres d'un monde essoufflé. Les souvenirs s'effacent devant une vérité âpre : l'heure des titans gloutons est révolue. Je brise les chaînes, tourne le dos à ces géants et ouvre une porte vers un silence nouveau.

4 mai 2005 : Fin de l'aventure 4x4, échange du Discovery contre une Prius II

1.2. UNE QUÊTE SCIENTIFIQUE – KANGOO ET PRIUS (2005)

L'achat de **La Toujours-Contente**, un Kangoo PHEV de Renault, n'est qu'une pierre dans l'édifice de ma croisade contre le pétrole – il me faut un allié plus robuste, un écho à mes rêves électriques. Mon regard se pose  sur une Prius II de Toyota, une merveille furtive, et une quête quasi scientifique s'allume : confronter l'hybride rechargeable au non-rechargeable, peser leurs âmes dans une balance rigoureuse. Sur **hybride-rechargeable.com**, né d'un songe abandonné – les piles au méthanol, une voie empoisonnée, aveuglante, bannie malgré sa facilité de mise en œuvre et de production (juste du CO_2 et de l'électricité), qu'a tentée Mercedes avec une Classe A à pile à combustible. Sur mon site web je chronique leurs duels quotidiens. Consommations, vertus, failles – chaque kilomètre est une leçon gravée dans les chiffres, chaque virage un verdict murmuré, bientôt relayé sur **auto-magique.com**.

La presse, entre 2006 et 2008, s'enflamme pour la Prius – son silence en ville, un baume dans le chaos, charme les foules. Mais des voix s'élèvent, criant au danger : ce vide sonore menace les piétons. Un débat s'enflamme – quel son pour remplacer le klaxon ? Sabots de calèche, carillons d'entrée, rugissements de Formule 1 : un carnaval de bruits rivalise.

Une étincelle jaillit alors du passé. Enfant, avec Alain Roury, un frère d'âme, je me perdais dans *L'Âge de cristal* – une série où des Logan traquent des fugitifs dans un monde idyllique, plafonné à 40 ans (sic !), avec des engins flottants au ras du sol émettant un son de soucoupe volante. Ce son enfoui dans les bandes magnétiques des années 70, me hante ; il est introuvable et serait idéal pour nos véhicules hybrides et électriques. Même le film inspiré de la série, *L'Âge de cristal*, n'a pas repris l'idée des véhicules sur coussin d'air des Logan chassant les fugitifs…

Sur **auto-magique.com**, je lance un appel pour retrouver ce son. Un jour, un mail perce l'éther : « Mon père avait un magnéto Philips à mini K7 – j'ai cet enregistrement, car ce son m'avait enchanté ! » Un MP3 arrive par courriel, et en 2006, il chante sur la page d'accueil de mon site **auto-magique.com** – un écho d'enfance devenu hymne.

Stupeur quelques mois plus tard : la Zoé de Renault adopte ce son spatial sous 30 km/h.

Cet inconnu, c'est Jérôme Fresnay ; il deviendra un pilier – sa Prius, son Kangoo Electricité EDF, sa C-Zéro, des armes dans ma guerre contre le pétrole.

2. UNE VOIX DU PASSE – LE COUP DE FIL A GASSEE (2007)

Lyon, un matin d'été 2007. *Le Progrès* trône sur la table, un article titre encore « l'aventurier de l'hybride » – les lignes vantent Jean-Louis Gassée, geek californien choisi par Toyota pour porter la Prius 1 en Silicon Valley dès 1997. Mon sang bouillonne – ce sofa râpé du Westin Copley Place, *Voyage to the Future*, 1989, surgit comme un spectre. En bas, un numéro. Je le compose, le cœur battant d'une justice ancienne.

« Allô ? Monsieur Gassée ». « Bonjour », dis-je, la voix ferme, « je viens de lire *Le Progrès*. Je collabore avec Toyota sur la Prius 2 – ils étudient un toit solaire inspiré de mon PHEV, **La Toujours-Contente**, le premier au monde ». « Ah bon ? Racontez-moi ! » s'étonne-t-il, l'oreille tendue. « Venez l'essayer à Lyon – vous qui prônez les véhicules verts ». « Bonne idée », lâche-t-il, enthousiaste.

Puis, l'estocade : « Au fait, Monsieur Gassée, on se connaît – *Voyage to the Future*, Boston, 1989, discussion sur le sofa de l'hôtel. Vous vouliez avaler DEC ». Un silence, un souffle coupé. « Heu, oui… » bredouille-t-il, sur la défensive. « J'étais à Maynard cet après-midi-là, avec Olsen – sous NDA, j'ai tu votre plan pour dévorer DEC. Mais Olsen m'a dévoilé son plan opposé sous NDA : il comptait dévorer Apple dans le cadre de l'accord naissant de *Voyage to the Future* ». Un vide s'ouvre, ses mots s'étranglent – un témoin a vu leur duel s'effilocher, laissant Microsoft régner.

Le téléphone se coupe. Gassée ne viendra jamais. Un fantôme évanoui, mais ce jour-là, un regret se mue en feu : plus jamais je ne me tairai.

3. LES RACINES D'UN REVE – LA NAISSANCE DU PRIUS TOURING CLUB (2005)

Lyon, 2005. Les routes suffoquent sous les pétroliers, mais **La Toujours-Contente** creuse une brèche dans leur empire – un murmure contre leur vacarme. À l'aube de cette année, je croise des âmes sœurs – des passionnés d'hybrides, des rêveurs épris de silence, tous captivés par la Prius II de Toyota. Ensemble, nous fondons le Prius Touring Club, une association loi 1901, un cri collectif pour des routes dépouillées de pétrole. La Prius II, élégante et furtive, devient notre étendard – un véhicule qui glisse dans une « bulle de silence », un concept né de mes nuits à rêver d'un monde plus doux, loin des rugissements fossiles.

Le 10 septembre 2005, ce rêve prend racine à Champagne, près de Troyes, sur un ancien circuit automobile où les fous de vitesse se défient. Sous un ciel d'automne doré, plus de 50 Prius II et une dizaine d'autres hybrides convergent – un défi aux bolides pétaradants, un manifeste roulant que l'ère du gâchis s'éteint. Des pionniers de toute la France sillonnent des parcours locaux, la Prius dansant en silence sur l'asphalte, visitent des châteaux dont les pierres résonnent de nos échanges, et dissèquent l'avenir hybride dans des présentations fiévreuses. La journée s'achève par un dîner festif, les verres tintant sous les étoiles comme un serment – un succès qui fait vibrer nos cœurs et gonfler nos rangs. Le Prius Touring Club n'est plus une idée – c'est une association loi 1901, une flamme, un souffle qui va aider à ébranler les certitudes pétrolières.

Mes amis du Prius Touring Club m'ont baptisé **DoubleHybride** – un pseudo qui deviendra ma bannière sur le net. Double, car je chevauche deux mondes : **La Toujours-Contente**, hybride rechargeable, et une Prius II, fidèle au thermique, une prouesse unique au monde en ces années pionnières, mais dont les capacités hybrides vont faire naître chez ses conducteurs l'envie de rouler en silence sans les trépidations d'un moteur à piston et aussi de récupérer l'énergie dans les descentes et lors des freinages.

4. 1ER GRAND RASSEMBLEMENT EUROPEEN DE PRIUS A LYON

Lyon, 6-7 mai 2006. Ma ville et les coteaux du Beaujolais s'embrasent sous une vague hybride – le Prius Touring Club défie les titans du pétrole avec un rassemblement européen. « Nous n'héritons pas de la Terre de nos ancêtres, nous l'empruntons à nos enfants », clame notre devise, gravée dans chaque Prius qui roule vers nous. Plus de 70 véhicules – Prius II, Prius I hybride, prototypes audacieux, un rare Kangoo Elect'Road appartenant à une administration en charge de la gestion des eaux du Rhône et **La Toujours-Contente** – s'alignent, un ballet muet qui fait trembler les pétroliers.

Le 6 mai, le Beaujolais s'éveille. Au Hameau du Vin de Romanèche-Thorins, sous l'ombre tutélaire de locomotives à vapeur, nous lançons un concours – la plus basse consommation sur 45 km de coteaux.

60 Prius dans le Beaujolais, 6 mai 2006

À 14h30, plus de 60 Prius s'élancent, leurs moteurs hybrides en mode électrique EV forcé. Bilan de celui qui a battu le record de distance sans que le moteur à essence ne se mette en route : 45 km sans avoir eu besoin de mettre en route le moteur thermique grâce à une succession de petites descentes et aussi un pied léger sur l'accélérateur. Tous les membres du Prius Touring Club ont ainsi découvert les capacités cachées de leurs Prius II. Au Mont Brouilly, vers 17h00, les

Prius s'arrêtent, victorieuses, leurs compteurs criant une révolution roulante avec peu d'essence.

Le 7 mai, Lyon s'illumine. Vers 9h00, au Parc Relais de Vaise, sous 1182 m² de cellules photovoltaïques, nous mesurons l'énergie solaire – une « escapade citoyenne » portée par le Sytral, LPA et la Mairie de Lyon. Les Prius vont sillonner un parcours balisé : Vaise, Île Barbe, quais de Saône, Place Sathonay, mur des célébrités, grosse grimpe à la Croix-Rousse par le tunnel de l'ancien funiculaire de la rue Termes, c'est une très forte pente jusqu'au « Mur des Lyonnais ».

En mode électrique, elles glissent, une ronde silencieuse autour des célébrités – des kilomètres de silence sur les quais, laissant les piétons bouche bée. Les caméras captent le Pont de l'Île Barbe, le « Mur des Canuts » à Croix-Rousse, les Terreaux, Bellecour – une ville où les hybrides règnent, un songe devant l'Hôtel de Ville.

Le défilé des Prius en mode électrique sans essence ensorcelle la ville sur une distance de 6 km, formant une « bulle de silence » qui flotte d'Île Barbe au quai Saint-Vincent sur les bords de la Saône avant de s'engager sur la petite Place Sathonay où tout a commencé. C'est pour faire un clin d'œil à la naissance du mythe **Auto-Magique** que **DoubleHybride** a choisi cet itinéraire (chapitre 1). Les passants s'arrêtent, médusés, les micros captent ce vide – un rêve filmé, un murmure contre le vacarme pétrolier.

Les hybrides du Beaujolais se garent au Parc LPA Saint-Antoine – des clichés splendides sous les arbres frémissants. Par métro et funiculaire, purs et électriques, nous grimpons à Fourvière – l'esplanade s'offre à nous, le Jardin des Hauteurs dévoile Lyon, des photos de groupe brillent devant la basilique Saint-Jean.

Arrivée de la « bulle de silence » quai Saint-Vincent

La Toujours-Contente en tête du défilé des 100 hybrides à Lyon, rue de la Martinière

À 14h30, la Brasserie Georges couronne nos champions – trophées pour les as de l'efficience, créneaux automatiques des Prius dernières nées, un Kangoo Elect'Road offrant des tours muets. Trois reportages TV (*Le Progrès*, chaînes nationales) amplifient l'écho – Lyon, capitale hybride, s'imprime dans les esprits.

Mais chez Sivam à Vénissieux, les portes claquent : « À cause de vous, on ne vend que des Prius ! Toyota nous impose un quota entre les modèles de la marque, aussi vous ruinez nos chiffres ! » Un comble – Toyota Japon m'encense et la concession me maudit.

Ce rassemblement de 60 Prius et deux Elect' Road dans Lyon a été un défi en termes d'organisation. Autorisation auprès de la préfecture. Accord avec Lyon Parc Auto pour réserver un plateau complet du parking bord des Saône. A cette époque nous étions seulement deux à Lyon à réellement rouler au jour le jour en véhicule électrique : le Directeur de Lyon Parc Auto avec une 106 électrique et moi avec la Toujours-Contente. Cela a beaucoup aidé car nous avions des objectifs militants commun. Heureusement que j'avais ma fille et mon gendre que j'ai pu positionner sur des carrefours stratégiques pour bloquer la circulation lorsque cela fut nécessaire. Merci à eux.

5. UN SOUFFLE DURABLE – L'HERITAGE DU CLUB (2006-2008)

Ces flammes – Champagne 2005, Lyon et Beaujolais 2006 – percent la nuit pétrolière, éveillant les consciences. Télévisions, presse, une vague porte notre cri : « Moins de pétrole, plus de vie », murmure paternel devenu hymne d'une armée. Le Prius Touring Club s'épanouit – plus de 100 membres de cinq nations, une mosaïque unie pour un transport doux. Indépendants des constructeurs, nous honorons la Prius II, le Kangoo Elect'Road, les Honda Insight et Civic IMA – chaque machine qui freine le pétrole, réduit CO_2, NOx, bruit, et promet un recyclage final.

Rallye des 60 Prius, rassemblement de Lyon, 2006-2008

Le club devient ma colonne vertébrale. De 2007 à 2010, ses membres – mes alliés – vont sécuriser les Traversées des Alpes et les Rallyes Phébus, des odyssées où **La Toujours-Contente** brille.

Michel Prieur, sorcier des satellites et père du Charly-Mac, orchestre avec une précision d'horloger – son Kangoo électrique ex EDF roule à mes côtés.

Jérôme Fresnay avec sa Prius grise, frère des routes pyrénéennes, guide avec un sourire infaillible – son aide à Phébus 2007, perdu dans une vallée, reste gravée.

Ces rassemblements sont des tremplins, des moteurs pour le Rallye Monte-Carlo et au-delà, une notoriété forgée dans le silence, un souffle durable contre l'empire pétrolier.

9. TRAVERSEES DES ALPES EN VOITURES ELECTRIQUES (2006-2007)
LE RECORD D'ALTITUDE DE LA TOUJOURS-CONTENTE

1. INTRODUCTION – UNE CROISADE ALPINE CONTRE LE PETROLE

Lyon, 2006. Dans l'ombre des cimes alpines, une révolution silencieuse prend forme sous mes mains calleuses et mon esprit rêveur. **La Toujours-Contente**, mon Kangoo Electro Road PHEV, n'est pas qu'une machine – c'est une arme, un étendard dressé contre les titans du pétrole, une incarnation roulante de mes lectures enfantines sous les draps, où *L'Auto-Magique* de GoyaGoya défiait les lois du monde.

Entre 2006 et 2007, deux Traversées des Alpes en véhicules électriques naissent de cette flamme – des odyssées électriques défiant cols et préjugés, culminant en un record mondial d'altitude à 2802 mètres en 2006. Ces aventures ne sont pas de simples rallyes : elles sont une déclaration, un cri porté par le vent des sommets, une preuve que l'électricité peut conquérir les hauteurs là où l'essence vacille.

De la première édition fondatrice à la deuxième, marquée par une communauté naissante, ce chapitre retrace les pionniers, les machines et les instants où l'impossible devint réalité.

2. LA 1ERE TRAVERSEE DES ALPES (29 JUILLET 2006) – LE RECORD MONDIAL D'ALTITUDE

2.1. GENESE D'UN DEFI

Printemps 2006. Dans mon garage lyonnais, pollué par les effluves des diesels qui grondent dehors, une idée germe : gravir les Alpes en véhicule électrique, là où personne n'a osé.

La Toujours-Contente, bardée de ses quatre panneaux solaires et de son prolongateur d'autonomie essence ronronnant, est prête. L'objectif est clair : atteindre le col de la Bonette, à 2802 mètres, la route carrossable la plus haute d'Europe, et prouver que l'électricité peut triompher des cimes. Ce n'est pas un pari solitaire – autour de moi, une poignée de pionniers se joint à l'aventure : des rêveurs, des bricoleurs, des fous d'écologie réunis sous la bannière de DoubleHybride. **Lennart** Hellberg tente le coup avec une Clio électrique de Renault, tandis qu'une bande d'amis du Prius Touring Club nous accompagne pour assurer la sécurité.

Le 29 juillet 2006, le départ est donné depuis Jausiers, au pied des Alpes-de-Haute-Provence. Sous un ciel d'azur strié de filaments blancs, **La Toujours-Contente** s'élance doucement, ses pneus glissant sur l'asphalte chauffé, l'odeur de pin et de pierre sèche emplissant l'habitacle. Avec moi, **Lennart** et sa Clio, et les Prius en sentinelles. L'ascension commence, raide et impitoyable – 1659 mètres de dénivelé sur 23,7 km – une pente moyenne de 6,6 %, avec des passages à 10 % où le moteur électrique donne tout ce qu'il peut. Nous grimpons dans un silence irréel, comme sur un télésiège, le bourdonnement discret des moteurs électriques tranchant avec le vacarme habituel des moteurs thermiques.

2.2. L'ASSAUT DE LA BONETTE

La route serpente, étroite et sinueuse, bordée de précipices où le vent siffle comme un défi. **La Toujours-Contente** avance, ses batteries NiCd puisant leur énergie, le prolongateur essence prêt à prendre le relais – mais je m'y refuse, obstiné à rester 100 % électrique jusqu'au sommet.

Les kilomètres défilent, l'altitude grimpe, l'air se raréfie. À 2000 mètres, le paysage se mue en un désert minéral, les sapins cédant aux pierrailles sous un ciel immense. Les **randonneurs** épars s'écartent, incrédules : « Une voiture électrique ici ? » À 2700 mètres, le froid mord, les pneus glissent sur des plaques de gravier, mais la bête tient bon.

Malheureusement, **Lennart** n'a pas cette chance – à 200 mètres du sommet, sa Clio s'immobilise, batterie à plat. Un 4x4 de passage la prend en remorque pour l'amener au sommet du col, un geste de solidarité alpine sous les regards

amusés des curieux. Sa Clio se rechargera toute seule à la descente. Enfin, à 2802 mètres, le sommet. Le 29 juillet 2006, à 14h, **La Toujours-Contente** s'arrête sous le panneau rouillé marquant la cime. Il ne reste que 2 % de batterie – 11,8 kWh ont suffi pour gravir la Bonette, un record mondial d'altitude pour un véhicule électrique, sans une goutte d'essence, capturé sur pellicule et gravé sur auto-magique.com. Le silence est total, troublé seulement par le vent alpin et les battements de mon cœur.

La Toujours-Contente au sommet de la Bonette, 2802 m

Quelques touristes surpris découvrent qu'ils sont témoins d'une première mondiale, peu médiatisée pour cette édition inaugurale. Ce n'est pas qu'une victoire technique – c'est un cri, un défi aux pétroliers, une preuve que les VE ne sont pas cantonnés à la ville comme le prétendent les constructeurs, un écho à Musk qui, loin là-bas, rêve aussi d'un futur sans carburant fossile.

2.3 RETOUR ET ECHOS

La descente vers Nice, via Saint-Étienne-de-Tinée, est une récompense – 65 km de virages où les freins régénératifs chantent, rechargeant les batteries dans un murmure. À Saint-Sauveur-sur-Tinée, nous tentons de contacter le maire et ses adjoints pour recharger nos véhicules et poursuivre le périple. C'est l'adjoint au maire qui nous dépanne, offrant une prise sur la place du village – une ligne de vie improvisée.

Recherche d'un point de charge à Saint-Sauveur-sur-Tinée

En remerciement, nous lui promettons de faire de Saint-Sauveur-sur-Tinée une étape officielle des prochaines éditions. Les villageois s'approchent, admirent les deux VE qui viennent de franchir la Bonette à l'électricité pure, leurs regards mêlant curiosité et respect. L'équipe fête l'exploit dans le petit bistrot du village, un dîner simple mais vibrant, où les récits fusent entre café brûlant et pain frais. Ce record marque le début d'une légende – **La Toujours-Contente** devient un symbole, un phare pour les pionniers électriques.

3. LA 2EME TRAVERSEE DES ALPES (2007) – UNE COMMUNAUTE NAISSANTE

3.1. PREPARATIFS ET AMBITIONS

15 septembre 2007. Fort du succès de 2006, je relance le défi, élargissant l'appel. La 2ème Traversée des Alpes s'ouvre à une communauté grandissante de passionnés prêts à défier les cols. **La Toujours-Contente** revient, ses panneaux solaires luisant sous un soleil d'automne, cette fois équipée de deux blocs NiCd aviation de 40 Ah – plus de masse, mais une autonomie renforcée. L'objectif : gravir à nouveau la Bonette et tester l'endurance sur un parcours élargi, de Jausiers à Saint-Sauveur-sur-Tinée, avec une ambition collective.

Les participants affluent, un mélange de pros et d'amateurs unis par la même flamme : Newteon avec un Fiat Doblò électrifié, Ads Technologies avec scooters et VAE, des amateurs comme Gérard Dusailly avec son AX décorée de lapins blancs, et bien sûr, moi, DoubleHybride, avec **La Toujours-Contente**. Les préparatifs s'intensifient – réunion préparatoire improvisée sur la terrasse du Villa Morelia, cocktails en main, où anciens et nouveaux échangent sous les pins.

3.2. L'EPREUVE DES COLS

Le 15 septembre 2007, l'assaut commence. Depuis Jausiers, la montée vers la Bonette est familière mais rude – 23,7 km d'ascension, l'air frais mordant les pneus, les moteurs électriques ronronnant sous l'effort. **La Toujours-Contente** mène la danse, en mode 100 % électrique grâce aux blocs NiCd aviation, et atteint le sommet avec 10 % de batterie restante – un défi personnel renouvelé. La descente vers Saint-Sauveur-sur-Tinée recharge partiellement les batteries, qu'il faut remplir à fond pour affronter le col de la Couillole – 120 km au total, avec des haltes improvisées dans des bistros ou granges.

3.3. UNE FLAMME QUI GRANDIT

Cette 2ème édition n'égale pas le record de 2006 en altitude – déjà conquis – mais marque une étape : la Traversée devient un mouvement. Les participants, plus nombreux, forgent une communauté – un réseau de pionniers prêts à défier les Alpes année après année, un écho à Musk qui, à Palo Alto, peaufine ses premières Tesla. **La Toujours-Contente** brille encore, mais son règne touche à sa fin – en 2008, *L'Auto-Magique* prendra le relais (Chapitre 14), portant cette flamme plus loin.

Mon objectif était de démontrer que la voiture électrique n'est pas faite que pour la ville et qu'elle est surtout adaptée à la campagne d'une part car en habitat individuel trouver une prise proche dans sa cour ou dans son garage pour charger sa voiture est facile et surtout qu'à la campagne il n'est pas rare qu'il faille faire 30 km aller-retour rien que pour aller faire le plein d'essence, un comble du gaspillage

10. RALLYES PHEBUS AVEC LA TOUJOURS-CONTENTE ET LES SUN RACERS (2006-2007)

1. INTRODUCTION – UNE QUETE SOLAIRE (2006-2007)

Le rallye Phébus, organisé depuis l'an 2000 par le CNRS (Laurent Koechlin) et Phébus Ariège côté français, ainsi que par Patrick Renau pour la Catalogne espagnole, est une aventure unique. Il réunit des sunracers et des véhicules électriques à charge solaire, reliant la région de Barcelone à Toulouse, en France. Chaque étape dans les villages devient une occasion d'échanger avec les habitants, de répondre à leurs questions sur la mobilité durable et l'énergie solaire, transformant ce périple en un dialogue vivant.

2. PHEBUS 2006

2.1. LYON VILLE DE DEPART – PREMIERE PARTICIPATION

C'est ma première participation avec **La Toujours-Contente**, un Kangoo PHEV doté de quatre panneaux solaires qui se recharge chez moi grâce à l'énergie du soleil. Les routes d'Europe, encore enchaînées au grondement des pétroliers, commencent à vibrer d'un souffle nouveau – les Rallyes Phébus, des odyssées solaires où **La Toujours-Contente**, mon Kangoo aux ailes de lumière, défie les lois du fuel. Nés dans l'élan du Prius Touring Club (Chapitre 8), ces rallyes ne sont pas de simples courses : ils sont une croisade, un cri roulant contre un monde asphyxié. De 2006 à 2008, avec des alliés comme Mobil 'Eco, Jérôme Fresnay, Michel Prieur et Lennart Hellberg, nous traçons des chemins où l'électricité et le soleil règnent en maîtres, des Pyrénées aux Alpes, des sunracers futuristes aux VE modestes. Chaque kilomètre est une bataille, chaque recharge une victoire – un souffle qui prépare Monte-Carlo (Chapitre 11) et au-delà.

2.2. UNE CROISADE SOUS LE SOLEIL (MAI-JUIN 2006)

Juin 2006 – le Rallye Phébus, cinquième édition, s'élance entre la France et l'Espagne, un défi de 300 km pour des véhicules électriques et solaires.

Pas une course de vitesse, mais une croisade pour l'autonomie et l'efficacité, un coup de poing dans le flanc des pétroliers qui ronflent dans leurs tours de verre, indifférents au soleil qui brûle au-dessus.

Pour moi, Jean-Marc Dubié, c'est l'heure de vérité. **La Toujours-Contente**, mon Kangoo Electro Road PHEV racheté un an plus tôt (Chapitre 7), est prête :
100 km d'autonomie électrique, un booster essence avec un réservoir de 9 litres, et quatre panneaux solaires sur son toit alimentant une climatisation digne d'un vaisseau spatial, lui donnant un look d'enfer. Ces panneaux, fruit d'un délire post-crash né de la  volonté des anti-VE chez Renault de bloquer ma commande, captent le soleil – un défi aux ténèbres pétrolières.

Tout commence fin mai à Lyon, sous un déluge biblique – des trombes d'eau noient les rues, mon pare-brise devient une toile abstraite. J'active le chauffage pour désembuer, passe en mode anti-patinage sur sol gras – 160 Wh/km au lieu des 180 habituels, un triomphe d'efficacité. Mais l'Espagne m'appelle, et les autoroutes françaises, ces déserts électriques, me toisent : pas une prise. Les pétroliers refusent de lâcher leur jus – un avant-goût de Total en 2007 (Chapitre 11). Alors, dans mon garage, mon sanctuaire où je bricole des solutions à la Professeur Tournesol, **La Toujours-Contente** devient une centrale mobile.

Avant sur cric, deux roues en l'air, arrière calé – je démarre le moteur thermique, endormi depuis un mois, et enclenche la marche avant. Frein à main desserré, j'accélère : 5 km/h, la batterie se vide ; 20 km/h, le moteur grogne ; 30 km/h, une petite charge ; 40 km/h, ça charge vraiment ! Multimètre clignotant – 45 ampères sous 146 volts à 40 km/h, 60 ampères à 50 km/h.

Banco ! Deux chandelles chinoises à 15 €, un cric à 10 € – des misères bon marché, mais ça tient – sécurisent l'avant : triangles relevés pour les cardans, appuis sous la carrosserie. Une charge rapide maison, un "camion plateau intégré" – **La Toujours-Contente** est prête à envahir. En réalité, je n'ai jamais utilisé cette méthode, bien trop dangereuse. C'est un petit groupe électrogène à onduleur dans le coffre qui fera l'affaire pour atteindre l'Espagne. Pour cette première édition, des amis du Prius Touring Club m'ont invité chez eux à manger pendant une recharge lente du Kangoo – solidarité électrique avant l'heure.

2.3. DAVID VINCENT ET LES ENVAHISSEURS SOLAIRES (31 MAI - 2 JUIN 2006)

31 mai, je quitte Lyon sous un ciel lourd, direction Gérone, en Catalogne espagnole – 650 km, une descente pour tester mon arme. Sur l'A7, une aire déserte : pas une âme, juste le vent sifflant et des pneus crissant au loin. Pas de chandelles cette fois – le groupe électrogène ronronne, 2,4 kW coulent dans la batterie NiCd comme un torrent d'électrons. Trois heures, 7 kWh – assez pour avancer. Les automobilistes me croisent, ébahis : "Mais qu'est-ce qu'il fabrique ?" Moi, je ris – David Vincent, c'est moi. Mais les envahisseurs ne sont pas ceux qu'on croit. Plus loin, c'est Clobert, pilier inébranlable du Prius Touring Club, qui m'ouvre sa porte avec son épouse. Ils m'offrent une prise pour recharger **La Toujours-Contente**. Durant la charge, leurs spécialités gastronomiques, fumantes et généreuses, réchauffent l'âme, tandis qu'un voisin dévoile son toit de tuiles

photovoltaïques, un éclat solaire dans ce coin perdu. Les Prius foisonnent ici, comme des sentinelles d'un futur discret – un hasard qui murmure un destin. La frontière espagnole est franchie de nuit, on approche du lieu de rencontre pour participer à Phébus 2006.

"Les sunracers. Ces engins étranges venus d'une autre planète. Leur destination : la Terre. Leur but : la libérer des pétroliers. DoubleHybride les a vus. Pour lui, tout a commencé par un soleil de plomb, le long d'une route solitaire de campagne, alors qu'il cherchait une prise de courant qu'il ne trouva jamais. Cela a commencé par une auberge abandonnée, et par un homme assoupi sur le pas de sa porte, que le manque de sommeil avait rendu trop las pour expliquer la route. Cela a commencé par l'arrivée de **La Toujours-Contente**, un vaisseau venu d'une autre galaxie. Maintenant, DoubleHybride sait que les Envahisseurs sont là, qu'ils ont pris forme humaine – des pionniers solaires déguisés en rêveurs – et qu'il lui faut convaincre un monde incrédule que le salut a déjà commencé : les émissions de CO2 et de particules vont tomber sous leurs rayons." Voilà qui me rappelle les années 70 devant la TV avec mon copain d'enfance Alain avec lequel on visitait le tunnel de F9FA quai Pierre Scize.

Gérone, hôtel Can Bellvitge – un labyrinthe catalan sans chemin GPS connu, perdu dans un dédale de champs d'oliviers et de routes non goudronnées. L'ambiance Phébus s'installe à mon arrivée : 37 prototypes extraterrestres – sunracers bardés de panneaux rutilants, vélos électriques futuristes, une Clio électrisée. Je gare **La Toujours-Contente** entre une Prius rutilante et un scooter solaire bancal, son look d'enfer – ces panneaux solaires et cette clim perchée – attirant les regards. "C'est quoi, ça ?" Je réponds, sourire en coin : "Un Kangoo qui se charge tout seul."

Parking de départ à Can Bellvitge, Phébus 2006

Christian Lucas et André Rondonnier de Mobil'Eco vont comparer sur ce parcours montagneux du Phébus 2006 leur solution « batterie maison » sur des scooters électriques transformés par leurs soins.

1er juin, Gérone-Vilafrant, première étape. Le soleil cogne – trop, peut-être. Parmi les envahisseurs, une légende : **Aurora 101** sunracer australien, champion du Sydney-Adélaïde, propulsé uniquement par le soleil. Venu d'un autre continent, il brille sous ses panneaux, un vaisseau élancé prêt à conquérir.

Aurora 101 au départ à Can Bellvitge

Mais sous le soleil écrasant, **Aurora 101** vacille. Trop de chaleur, trop de puissance – un court-circuit, et il s'embrase. Les flammes dansent, un éclair d'apocalypse – puis plus rien. David Vincent arrive

trop tard : **Aurora** disparaît, laissant une empreinte rectangulaire fondue dans le bitume, comme un envahisseur volatilisé avant la preuve. Pas de blessés – ouf – mais une tristesse plane : **Aurora 101**, l'icône solaire, n'est plus. Il ne reste plus qu'un tas de cendre. On peut noter le courage des pompiers qui ont extrait le pilote d'Aurora en flamme.

Le directeur de l'équipe **Aurora**, hagard, au bord de la route se tourne vers moi : "On est coincés ici avec juste notre camionnette d'entretien, j'aimerai tant poursuivre cette aventure solaire". Je tends la main : "Montez, **La Toujours-Contente**

Les exploits de "La Toujours Contente" c'est bon pour le moral

vous emmène », lui, le docteur P. le chef d'un vaisseau perdu dans l'espace, monte dans mon Kangoo au look infernal – un twist cosmique.

J'ai eu des discussions passionnantes avec le team **Aurora 101**, qui gardait le moral.

On a découvert ensemble l'aventure en PHEV dans les Pyrénées : à 100 m du sommet du col, voyant essence allumé, niveau batterie à 0%, mais ça roule encore avec tous mes passagers – un miracle hybride.

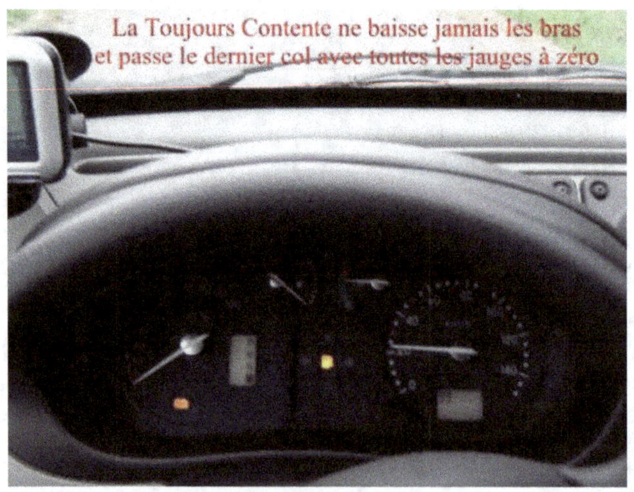

La Toujours-Contente à dix mètres du col, toutes les jauges à zéro

2 juin, Prades-Col de Puymorens, 150 km, montée finale à 1915 m – un Everest pour les VE. À Prades, je charge sur une borne publique – 16 kWh dans la nuit, un luxe. Lacets serrés, vent glacial, batterie qui fond – à mi-parcours, le moteur de mon PHEV prend le relais, 45 ampères en renfort. Les sunracers me doublent, incrédules. Au col, dimanche soir, je franchis la ligne – 10 % de batterie, le directeur d'Aurora à mes côtés, ému : "Vous êtes un sauveur." Moi, je calcule : 650 km pour rentrer, de nuit, pour bosser lundi.

Arrivée festive du Phébus 2006 à Toulouse place du capitole avec l'équipe Mobil'Eco et ses trophées

2.4. RETOUR D'ANTHOLOGIE – UNE BRECHE DANS LE PETROLE (4-5 JUIN 2006)

Descente vers Foix, A66 – trois arrêts, cinq passages dans la "5ème dimension" sur des petites routes discrètes. En langage VE, ça veut dire remorquage du véhicule qui se charge en roulant, freinant celui qui le tracte grâce à l'essence – un ballet improvisé avec des amis du Prius Touring Club. Suffisamment chargé pour l'A7, où la 5ème dimension est impossible.

Refus de charge chez Shell, groupe électrogène en action

Les routiers klaxonnent : "Il est fou, ce Français !" À 3h, Lyon – batterie à 5 %, victoire. Phébus 2006, anthologie électrique : **Aurora 101** s'efface, **La Toujours-Contente** triomphe.

Phébus 2006 ouvre la voie – Lennart Hellberg et ses amis m'ont accompagné durant ce rallye, et ce fut l'occasion de sceller des liens avec l'association Mobil 'Eco de Bordeaux. Quatre éditions suivront, chacune marquée par des anecdotes inoubliables.

3. OPERATION PHEBUS 2007 – UNE ODYSSEE SOLAIRE (30 MAI - 2 JUIN 2007)

3.1. LYON A PERPIGNAN – LE VENT DANS LE DOS (30 MAI 2007)

Lyon, 30 mai 2007, 9h00. Sous un ciel tiède caressant les 22°C, **La Toujours-Contente** s'éveille, ses pneus frémissant d'un défi audacieux – 455,1 km d'autoroute jusqu'à Perpignan, un ballet hybride à 43 Wh/km, électrique à 103 Wh/km, l'essence en renfort discret comme une ombre fidèle. La matinée s'étire paresseusement, le thermomètre grimpe à 27°C, puis une pluie fine jette un voile gris sur l'horizon, murmurant des promesses d'épreuve. À 12h45, Les Angles surgit dans la brume – 215 km avalés, 40 % de batterie encore vibrante, un miracle face aux maigres 10 % de l'année passée. Pourquoi cette grâce inattendue ? Un vent arrière, souffle complice dans le sillon rhodanien, gonfle mon Kangoo comme une voile invisible – le voilà surnommé « à voile » dans un éclat de rire qui fend l'air humide, un baptême joyeux au cœur de l'effort.

La recharge s'élance, rapide et précise – 14,4 kWh hissent la batterie à 90 %, un ventilateur additionnel chasse la chaleur oppressante des coffres, flirtant avec 47°C là où les alternateurs haute tension dansent sur le fil de leurs limites. La courroie, fidèle compagne, tient bon, inébranlable. Les 240 km restants vers Perpignan s'annoncent rudes – le vent, traître, tourne ses bourrasques contre moi, et sous une pluie battante, je déploie le groupe électrogène sur une aire esseulée, un sanctuaire de solitude au milieu du déluge. Quarante-cinq minutes, 1,6 kWh – le coffre abrite la bête grondante, un ventilateur ronronne en chœur, ramenant la température à 45°C.

En chemin, un panneau solaire se rebelle, décollé par l'averse impitoyable – une réparation hâtive s'improvise, du scotch double-face collé sous des gouttes glaciales qui ruissellent sur mes mains. À 21h15, le Novotel Perpignan m'enlace de sa chaleur – un refuge

bienvenu, loin des champs de vignes boueux de l'an passé. Une place près de ma fenêtre, un câble tendu comme une ligne de vie, et la batterie se ressource tandis qu'un ventilateur de fortune lutte pour refroidir les alternateurs haute tension à 47°C, un seuil critique esquivé de justesse dans l'ombre d'une nuit pluvieuse.

3.2. VERS GERONE – PREMIERS ECHOS HYBRIDES (31 MAI 2007)

Jérôme Fresnay, novice enthousiaste du Prius Touring Club, se perd dans une vallée pyrénéenne – GPS en panne. Il m'appelle, paniqué : "Jean-Marc, tu es où ?" En tête avec **La Toujours-Contente**, je guide le convoi jusqu'à l'arrivée sous un orage battant – solidarité hybride sous la pluie.

Entrée en Espagne avec La Toujours-Contente et la Prius de Jérôme

Le verdict du compteur s'affiche, implacable : 35,2 kWh pour Lyon-Perpignan, 5,7 L/100 km d'essence – plus que l'ordinaire, mais un moindre mal face à l'idée d'un camion ou d'une remorque. L'Espagne s'ouvre devant moi, 124 km d'autoroute et de routes nationales en mode hybride – assez pour rallier Gérone sans invoquer le groupe électrogène. Une halte dans un magasin interrompt le périple, une quête linguistique pour du scotch double-face – « collant des deux côtés », balbutié-je dans un espagnol maladroit, un sourire gêné aux lèvres. Le panneau solaire, rebelle dompté, retrouve sa place, scellé avec soin sous un ciel encore lourd de la veille.

À l'ombre d'un parking, un engin étrange scintille – un sunracer bardé de panneaux rutilants, un présage de Phébus qui danse dans la lumière naissante. Au Novotel de Gérone, un clan se forme – les Prius du Prius Touring Club, des VE hétéroclites aux silhouettes improbables, et moi, un murmure parmi ces éclats solaires. Nous roulons vers Can Bellvitge, un sanctuaire introuvable niché dans un dédale d'oliviers poussiéreux – l'ambiance Phébus s'installe, chaque équipe peaufinant ses machines extraterrestres avec une ferveur presque sacrée. *HELIODET*, vétéran du World Solar Challenge 2005 en Australie, brille sous son panneau – un abri d'ombre pour son pilote, une élégance solaire qui défie le temps et la chaleur.

HELIODET à Olot, Phébus 2007

Des camions furtifs livrent tardivement des mini-véhicules – *Domino*, une camionnette italienne au museau rieur, 4 kW, 48 V, batteries au plomb, 750 kg, 70 km d'autonomie, 43 km/h en pointe, grimpeur de pentes à 20 %. Un bijou économique, entravé en

France par des lois absurdes plafonnant les rêves à 450 kg. **La Toujours-Contente**, elle, roule en électrique pur – ses panneaux solaires alimentent la clim, pas la traction, mais son efficacité défie les pétroliers. Vilafrant atteint, les organisateurs saluent : "Pas mal pour un utilitaire."

3.3. MOBIL'ECO ET LE FANTOME A LA CANNE (31 MAI - 1ER JUIN 2007)

Mobil'Eco surgit dans la lumière – une association bordelaise d'amoureux des véhicules électriques, née dans l'éclat de mon reportage Phébus 2006 sur auto-magique.com. C'est grâce à ces lignes qu'ils m'ont découvert, moi, le Lyonnais, et se sont joints à cette danse solaire avec des montures modestes mais tenaces. Christian Lucas, président de Mobil'Eco, s'avance avec un scooter électrique dopé par des batteries de son cru – un défi roulant, forgé dans l'ombre de ses

ateliers. Lennart Hellberg, mon fidèle co-pilote de Monte-Carlo, rallie le cortège à bord d'une 106 électrique, son sourire nordique illuminant Gérone comme un phare dans la brume. André Rondonnier, de SAFT, défie Christian avec un autre scooter –

un duel pour prouver que les batteries NiCd règnent en maître, piliers des VE depuis 1995 chez Renault et Peugeot, offertes à prix d'ami aux pionniers pour ressusciter leurs cellules usées. Mobil'Eco, un creuset d'échanges – à Bordeaux, ses membres partagent trucs et astuces pour repousser les limites électriques, une confrérie vouée à chasser le pétrole des routes.

Sous le pont de Gérone, une photo fige cette horde hétéroclite – VE insolites, sunracers étincelants, un Segway audacieux défiant les géants sous un ciel espagnol éclatant. Le départ s'élance, plus bigarré que jamais – des centaines de curieux affluent dans les villages-étapes, leurs questions fusant sous un soleil ardent. Ici, l'électricité est une reine célébrée – on nous fête comme des souverains, loin de l'indifférence française.

Au bout de trois jours d'aventure, nous franchissons les Pyrénées espagnoles sous un soleil resplendissant, leurs paysages grandioses déroulant leurs splendeurs sauvages, pour rejoindre le four solaire d'Odeillo, côté français.

Le CNRS nous y ouvre ses portes, dévoilant ses installations – un moteur Stirling, alimenté par une coupole solaire, fait battre le cœur d'une maison expérimentale, autonome en chaleur et électricité, une vision d'un futur proche.

Étape au four solaire d'Odeillo - Arrivée du Sunracer de Polytech

Puis, au pied du col de Puymorens, un ciel plombé de pluie et de brouillard s'abat sur nous – la montée s'éternise, un calvaire humide et voilé. Dans la brume, une silhouette vacille au bord de la route – un vieillard à la canne noueuse, son chapeau usé masquant un regard perçant, comme surgi d'un autre temps. Une heure plus tard, au sommet glacial, les VE et sunracers, privés de soleil, s'agglutinent dans un froid mordant, leurs silhouettes tremblantes dans le brouillard. Lui est là – un spectre jailli de nulle part, scrutant chaque machine, griffonnant sur un carnet jauni aux pages froissées.

Arrivée au col de Puymorens, Phébus 2007

Je m'approche, bravant le vent. « Bonjour, puis-je vous aider ? » « Oh oui, merci », répond-il, sa voix frêle mais vive comme une braise sous la cendre. « Je suis le pilote de **La Toujours-Contente** ». « Je connais votre histoire », dit-il, un sourire énigmatique éclairant son visage ridé. « J'espérais voir les sunracers et votre Kangoo – le site Phébus m'a guidé. J'ai suivi chaque arrivée depuis le début ». Stupéfait, je l'interroge : « Comment êtes-vous ici ? » « J'ai fui discrètement ma maison de retraite à Paris, pris le train, puis le Train Jaune depuis Perpignan. J'ai attendu un jour à la gare, gravi le col à pied – je devais être là ». (C'était lui, dépassé dans la montée, ombre solitaire dans la brume !) « Extraordinaire », murmuré-je, le souffle coupé. « Montez avec nous – nous vous ramenons à une gare ». Il grimpe, discret comme un fantôme, posant des questions techniques d'une précision troublante sur **La Toujours-Contente**. À la gare, il s'évanouit dans la foule, sans un nom – un spectre promis à d'autres routes, un fil rouge tissé dans l'inconnu.

Lennart, maître des prises furtives, quémande l'électricité en chemin – sa 106 rayonne, une étoile dans ce chaos solaire. Une rumeur flotte – la Jamais Contente, pionnière électrique de 1899, attendrait un défi futur, un écho du passé prêt à croiser mon présent.

4. PHEBUS 2008 : UNE NOUVELLE GRANDE AVENTURE

Cette année j'ai accompagné le rallye avec ma Prius. Retrouvez-la sur www.auto-magique.com. Un sunracer artisanal prend son envol – littéralement. Un vent violent le soulève sur une falaise près de Foix. L'équipage, indemne, éclate de rire avec nous : "On a failli battre Icare !"

Toutes les aventures des sunracers y compris celles du Phébus 2008 sont racontées dans mon nouveau livre « Les Sunracers » tome 4 de la route vers la disparition des pétroliers. Une occasion de découvrir la mythique course des sunracers entre Syndney et Adélaïde en Australie. Livre disponible sur Amazon en cherchant livre auteur Jean-Marc Dubié

11. MONTE-CARLO 2007 – LA VICTOIRE QUI BOUSCULE RENAULT

1. LE PRINTEMPS D'UN DEFI (MARS 2007)

Lyon, début mars 2007. Le printemps pointe timidement. Un vent frais balaye les rues pavées, charriant une odeur de terre humide et de bourgeons naissants. Dans mon garage, un antre de béton brut aux murs noircis par des années de bricolage, **La Toujours-Contente** attend – mon Kangoo Electro Road PHEV de 2003. Racheté en 2005 après une lutte acharnée contre Renault, son toit avait été écrasé par le camion à double plateau censé me le livrer. J'ai dû négocier ferme avec le directeur de la concession, mon vendeur et le chef d'atelier pour arracher une remise de 6 000 € et une remise à neuf. Transformé ensuite avec un toit solaire et une climatisation intégrée, il arbore un look digne de *Maman, j'ai encore rétréci les gosses*. Son nom, un hommage à la pionnière électrique de 1899, est une promesse : ne jamais s'arrêter, envers et contre tout.

Sous la lumière tremblante d'une ampoule nue, ses batteries NiCd – 16 blocs de 6 volts, lourds comme des pierres – bourdonnent doucement, chargées à bloc, prêtes à rugir en silence. L'air sent le métal froid et la graisse, ponctué par le cliquetis d'une clé serrant un dernier boulon. Depuis deux ans, ce Kangoo est mon étendard : 100 km d'autonomie électrique, un booster essence de 9 litres en secours, une mécanique que j'ai apprivoisée jusqu'au moindre câble.

En juillet 2006, avec Lennart Hellberg, mon ami suédois et co-pilote fidèle, il m'a porté au col de la Bonette – 2 802 mètres. Première voiture électrique à conquérir ce géant alpin sans le moteur thermique, un exploit muet sous un ciel d'acier. Le vent giflait mes joues rougies tandis que des marmottes, intriguées par notre silence, nous observaient depuis le bord de la route.

Les pétroliers, ces titans endormis dans leurs bureaux vitrés, n'ont rien senti. Mais ce silence alpin n'était qu'un prélude – je veux un choc qui ébranle leur empire. Sur auto-magique.com, mes chroniques – la Bonette, mes 200 sites qui plient encore Google – attirent des fidèles. Fin 2006, un lecteur allume la mèche : « Rallye Monte-Carlo des

Énergies Alternatives, mars 2007. Votre PHEV doit y être ». Je feuillette *L'Auto-Magique*, ce livre déchiré de 1963 qui m'a hanté sous les draps – GoyaGoya défiant la gravité, sa voiture bondissant par-dessus les obstacles sous les ordres de Monsieur Lhazâr.

Mon Kangoo n'a pas d'ailes enchantées, mais il a des batteries, et moi, 44 ans de guerre contre le pétrole, née dans les locomotives des Brotteaux, les fusées du pensionnat, les pompes à chaleur de 1978. Le Rallye Monte-Carlo, première édition pour les énergies alternatives, part de deux villes – Clermont-Ferrand et Lugano – avant un regroupement à Gap. Avec Lennart, on choisit Clermont-Ferrand, notre ligne de départ. Pas une course de vitesse, mais un défi d'efficacité et de régularité – une tribune pour prouver que le PHEV peut trancher la gorge du pétrole.

Je m'inscris, un pari insensé. Calinou, mon roc, me glisse : « Montre-leur, Jean-Marc ». Je hoche la tête – ils vont voir.

2. CLERMONT-FERRAND : UN DEPART CHARGE (21-22 MARS 2007)

21 mars 2007, Lyon. Pour rejoindre Clermont-Ferrand, départ du rallye, je transforme le trajet en mission. **La Toujours-Contente** doit transporter 205 kg de marchandises – une livraison professionnelle, afin de rester écolo jusqu'au bout. Sièges rabattus, coffre plein, j'ajoute mon poids, celui de Lennart, le groupe électrogène de secours, une roue de rechange, la caisse à outils, la clim de toit – 390 kg au total, juste sous la limite légale de 455 kg. Poids roulant : 1,85 tonne, à 30 kg de la capacité maximale de 1,88 tonne. Un record en vue : traverser le Haut-Forez charger à bloc, un défi de masse et d'endurance. L'odeur de sel et de caoutchouc mouillé envahit l'habitacle, la carrosserie blanchie par l'autoroute hivernale.

222 km séparent Lyon de Clermont-Ferrand. Avec 100 km d'autonomie électrique et pas de recharge conséquente prévue, je bride l'accélérateur à 75 % – un escargot sur l'A89. Sur une aire d'autoroute, alors qu'on s'arrête pour un café, deux motards en veste fluo, lunettes réfléchissant le soleil timide, nous interpellent : « C'est quoi, ce véhicule au look incroyable ? » Je souris : « Un prototype PHEV pour

le Rallye Monte-Carlo. Je roule doucement pour arriver sans recharger – en 2007, pas de bornes publiques ». Ils hochent la tête, l'un lâche : « Si tout le monde roulait à 89 km/h, y aurait moins d'accidents. Bonne chance pour le rallye ! » Chez mon client, une pause d'une heure remonte la batterie de 5 % à 20 % – assez pour atteindre la Grande Halle d'Auvergne à 5 %. La télé locale nous attend, caméra au poing. Sous les néons blafards, je fais un tour tout électrique – un murmure roulant qui intrigue le journaliste : « C'est quoi, ce bolide ? » Je réponds, sourire en coin : « L'avenir sans pétrole ». Le sel de l'autoroute, collé aux moyeux, menace les ventilateurs des batteries, mais **La Toujours-Contente** tient.

Le Kangoo prend ses quartiers au Salon de l'Auto de Clermont-Ferrand, sur le stand Satcar, avec trois autres concurrents du rallye. Michelin prête une prise – recharge nocturne, un cadeau divin.

Pour rentrer à Lyon, Satcar me confie une Toyota Aygo neuve – 7 km au compteur, 100 % thermique, un moteur 3 cylindres qui hurle comme une Formule 1 des sixties. Première impression : bruit assourdissant,

vibrations au volant qui réveillent ma vieille blessure au poignet. Sur l'A89, elle plafonne à 110 km/h dans le Forez – économique en pétrole, mais fatigante. L'envie d'accélérer pour en finir me titille, un réflexe absent avec le Kangoo ou ma Prius. Le lendemain, 22 mars, l'Aygo a un pneu crevé – roulage à plat la veille, un frisson rétrospectif. Trop tard pour la roue de secours ; ma Prius prend le relais pour retourner à Clermont – livraison, prospection, et un œil sur **La Toujours-Contente**, rutilante sur le stand Satcar, plaquée n°23 pour le rallye.

3. LA COURSE S'ELANCE (27-30 MARS 2007)

27 mars, Clermont-Ferrand. Après cinq jours d'expo, **La Toujours-Contente** s'éveille – 20 km à 110 km/h sur l'autoroute, batterie à 85 %, prête pour la Place de Jaude. Le 29, la fête des véhicules écolos bat son plein – journalistes, curieux, un micro de France Bleu Auvergne sous mon nez : « Pourquoi ce Kangoo ? » Je prêche, voix ferme :

« Pour arrêter le pétrole dans les transports ». TV8 et FR3 filment, le départ approche. 781 km nous attendent – Clermont-Ferrand à Monaco via Mauves, Sisteron, et des cols assassins. Objectif : arriver à l'électricité, avec un filet d'essence si besoin.

30 mars, 9h06, Place de Jaude. Avec Lennart Hellberg à mes côtés, **La Toujours-Contente** s'élance, parc fermé derrière nous – 16 kWh engloutis en recharge nocturne.

Départ du parc fermé, Place de Jaude, Clermont-Ferrand

Première étape : 220 km jusqu'à Mauves via le col de la République. Sur l'A72, un camion m'aspire dans la plaine du Forez – 50 km presque sans moteur, un gain malin. Deux charges partielles en route : 1,94 kWh chez Flash Service à Saint-Étienne, où un patron jovial tend une prise en une minute – « Service ! ». Encore un signe du destin avec un nom pareil pour nous aider à gagner contre le pétrole.

Charge lente à l'improviste chez Flash Service à Saint-Étienne. Eh oui, un nom prédestiné !

Au pied du col de la République (1161 m) froid de canard. Il neige, le Berlingo électrique jaune, concurrent solidaire, se recharge sur groupe électrogène, nous le dépassons grâce à la charge chez Flash Service.

Première recharge officielle à Mauves : 19 kWh en 1h30 via un "Charly", le chargeur rapide expérimental de Renault. La prise de la mairie est incompatible ; on perd du temps. Pénalité : 1 minute à Mauves, batterie à 3 %.

Une connexion bricolée par un électricien pour trouver du triphasé sous une pluie fine nous sauve. Le Berlingo Electrique n'a pas de charge rapide. Il doit repartir batterie à 30%.

Après-midi, Mauves à Sisteron – 209 km via le col de Cabre. Départ à 16h13, jauge à 90 %. Avec le Berlingo, on roule en convoi – son groupe le recharge sur sa remorque, sangles improvisées. À La Clape, près du col (957 m), ma batterie tombe à 30 %, essence vide. Dans une forêt, un parking de fortune, 15 minutes avec le groupe – un filet d'énergie – et 1 litre d'essence du jerrican, scellés brisés sous la neige. « Il manque une borne ici ! » grogne Lennart.

Le col passe dans un décor crépusculaire – nuages dorés, soleil mourant. Grâce à la descente, on arrive à Sisteron à 19h51, 10 % de batterie, phares allumés – 25 minutes de retard sur l'heure limite (19h26).

Recharge nocturne en parc fermé : 18 kWh à 16 A. Dîner avec les concurrents du Prius Touring Club, pros qui rient de notre aspiration par les camions : « Pas prudent, mais malin ! » Alain Rolkowski technicien VE de chez Renault au siège m'appelle sur mon portable pour s'enquérir du fonctionnement de la Toujours-Contente. Comme tout est nominal, Il me dit tient bon Jean-Marc, demain cela sera la gloire.

4. LES COLS DE LA VICTOIRE (31 MARS 2007)

31 mars, 9h15, Sisteron. Deuxième étape : 233 km jusqu'à Monaco via Digne, cols de Corobin, Robines, Toutes Aures, Laval, Trébuchet, Sigale, Roquesteron, Gilette, La Turbie. Le groupe est pris en charge par des amis en Prius à Sisteron – trop lourd pour les cols. Première ZR (zone de régularité), Corobin, 20,14 km, 49,5 km/h imposés – impossible en montée. Je grimpe doucement, descends pied au plancher – 1 minute de retard. ZR2, Toutes Aures, 37,46 km – 2-3 minutes perdues. À Sigale, pause chez "Le Village" – 10 A sur une prise fragile, un câble tendu comme une corde à linge. L'équipe Ford Flex-Fuel s'arrête, partage un repas. Ces pros du WRC lâchent : « Régularité, c'est à la seconde près. Première année, pas de victoire sans repérage ». Intimidé, je repars cool – 10 % gagnés.

Gilette, vue plongeante sur le Var – batterie basse. À Saint-Laurent-du-Var, un café et une charge rapide avec le Berlingo, qui saute la ZR2 par la nationale. Sur l'A8 vers La Turbie, l'essence lâche – moteur thermique mort, électricité pure pour 10 km. Montée raide, camions nous doublant, batterie à 5 %. Monaco en vue, bouchons, un appel au

commissaire : « On arrive ! » 16h07, port de Monaco – limite 15h41, heure idéale 14h15. Pénalités en cascade, mais **La Toujours-Contente** est là, 333 km en un jour, cols inclus.

Recharge sur un "Charly" – 8,34 kWh, puis lente. EVER 2007 m'attend – pour découvrir les projets de voitures électriques chez les constructeurs. Des projets à échéances de 10-15 ans.

Le Cleanova II de Serge Dassault rugit sous la pluie, un monstre électrique qui rappelle mon Kangoo, mais avec une puissance brute qui fait patiner les roues dans les montées.

Mon cœur bat plus fort : l'avenir roule déjà.

5. LA NOCTURNE AVORTEE ET LE TRIOMPHE (31 MARS-1ER AVRIL 2007)

20h00, spéciale nocturne – 119 km, Monaco-Sospel-Col de Castillon-Col de Braus-Col de Saint-Roch. Batterie à 95 %, essence quasi vide. Une bifurcation ratée nous envoie sur l'A8 vers Menton – pas de station-service. À Sospel, un passant confirme : « Rien d'ouvert ». ZR3, Castillon-Braus, 48 km/h imposés – je signale qu'on ne peut pas grimper au sommet de la Turbie sans borne de recharge. Pour rentrer à Monaco, je roule à 30 km/h sous la pluie, un chrono me flashe dans un virage. Batterie et carburant au bout, on rentre par La Turbie – 100 km, 40 % restants, arrivée à 1h00 sous une pluie battante. Pénalités record, mais on finit.

Le Kangoo gris en arrière-plan est le Cleanova de Heuliez/Dassault

1er avril, remise des prix. Sous les palmiers du port, yachts luisants, champagne tintant, je me tiens en retrait, pensant avoir perdu.

Mais le verdict tombe : **La Toujours-Contente** gagne la catégorie PHEV – pas le temps scratch (c'est pour les Prius), mais un triomphe d'efficacité, le vrai but de cette course énergies alternatives : 781 km, 66 kWh, 9 litres d'essence.

Remise des coupes à Jean-Marc Dubié et Lennart Hellberg, Monaco 2007

1er Rallye Monte Carlo des Véhicules à Energie Alternative
29 Mars au 1er Avril 2007

PALMARES

VAINQUEUR DE LA CATEGORIE VII

N° 37 – MATAS Jean Michel (F)
PALLANCA Alain (F)   TOYOTA Prius

Au premier de la Catégorie VII (Véhicules Electriques Hybrides)
- COUPE DE S.A.S. LE PRINCE SOUVERAIN
remise par Maître Michel BOERI, Président de l'Automobile Club de Monaco
- 2 COUPES DE L'AUTOMOBILE CLUB DE MONACO
remises par Maître René CLERISSI, Vice-Président de l'A.C.M.

VAINQUEUR DE LA CATEGORIE VIII

N° 20 – VERLAGUET William (F)
FRAISSE Pascal (F)   CITROEN Berlingo

Au premier de la Catégorie VIII (Véhicules à Energie Alternative)
- COUPE DE S.A.S. LE PRINCE SOUVERAIN
remise par Maître Michel BOERI, Président de l'Automobile Club de Monaco
- 2 COUPES DE L'AUTOMOBILE CLUB DE MONACO
remises par Docteur Robert SCARLOT, Vice-Président de l'A.C.M.

VAINQUEUR DE LA CATEGORIE III A

N° 23 – DUBIE Jean-Marc (F)
HELLBERG Lennart (S)   RENAULT Kangoo

Au premier de la Catégorie III A
(Véhicules de Production de série à propulsion électrique pour usage quotidien)
- COUPE DE S.A.S. LE PRINCE SOUVERAIN
remise par Maître Michel BOERI, Président de l'Automobile Club de Monaco
- 2 COUPES DE L'AUTOMOBILE CLUB DE MONACO
remises par Monsieur René ISOART, Commissaire Général de l'A.C.M.

Palmarès officiel du Rallye Monte-Carlo Énergies Alternatives 2007

Le Prince Albert, costume impeccable et sourire discret, me remet une coupe argentée gravée "Monte-Carlo 2007".

L'Automobile Club de Monaco ajoute deux coupes – une pour moi, une pour Lennart Hellberg, mon co-pilote suédois qui rit : « On a survécu ! »

Je tente d'approcher Carlos Ghosn à EVER, costume anthracite, mais il m'esquive. Un journaliste m'attrape : « Pourquoi ce PHEV ? » Je lance : « Pour tuer le pétrole, maintenant ». La foule applaudit, ma guerre résonne. Ironie : cette course, sponsorisée par Total, voit mon Kangoo arborer fièrement leur logo à côté d'un autocollant "Électricité".

6. HARO DES PETROLIERS

Dimanche fin d'après-midi, l'Automobile Club de Monaco m'aide pour le retour à Lyon : ils chargent le "Charly", ce chargeur rapide expérimental de Renault, dans le coffre du Kangoo avec un Fenwick.

Le Kangoo ploie sous sa masse – un défi énorme : rejoindre Lyon sans assistance, en surcharge. L'Automobile Club suggère : « Arrêtez-vous chez Total, le sponsor, pour l'électricité ».

Confiant, je prends l'A8 et m'arrête à la première station Total près de Nice. Je remplis le réservoir – 4,5 litres, sous la limite minimale de 5 litres affichée sur les pompes. À la caisse, je montre la coupe du Prince Albert et les quatre trophées de l'Automobile Club sur la plage arrière :

« Bonsoir, je ne peux mettre que 4,5 litres, mais il me faudrait de l'électricité pour charger mon Kangoo PHEV ».

Le caissier, regard dur, encaisse et clame : « Jamais une station Total ne chargera un véhicule électrique ! » Le ton monte. Le gérant, chemise tachée d'huile, accourt: J'explique « Total a sponsorisé le rallye, il y a vos autocollants sur mon Kangoo que je viens de gagner ! » Rien n'y fait. Il me tend un numéro de service client : « Appelez-les si vous n'êtes pas content ». Dimanche soir, mon Nokia Communicator – oui, celui de James Bond – sonne dans le vide.

Les kilomètres défilent, le moteur thermique muet, l'électricité s'épuise. Une sueur froide perle sur mon front – 50 km d'autonomie, et Total me claque la porte au nez. À la station suivante, AGIP, je m'arrête, le cœur battant. « Je suis en galère pour rentrer à Lyon avec ce prototype PHEV qui vient de gagner Monte-Carlo, sponsorisé par Total, mais ils refusent de me charger – c'est **totalement con** ! » Le gérant, moustache rieuse, ouvre grand ses prises : « Pas de problème, on va charger votre Kangoo.

On fait une photo de ce héros ! »

En charge lente – pas de prise rapide compatible – on devise 4 heures sous un néon vacillant, le temps que la batterie atteigne 100 %. Je remercie AGIP, un courrier partira à Total pour narrer cet affront. Un hôtel sur la route nous héberge la nuit de dimanche à lundi, une rallonge tendue par la fenêtre du directeur recharge le Kangoo garé fièrement devant. On rejoint Lyon lundi fin de matinée. Quelle aventure – une guerre se prépare, portée par le SASA le Prince Albert II et Renault.

7. LE SEISME CHEZ RENAULT (2 AVRIL 2007)

2 avril, Lyon. La coupe trône sur mon bureau, L'audience de site web auto-magique.com explose : 15 000 visites pour "Victoire Monte-Carlo". Fin avril, Alain Rolkowski, technicien Renault, m'appelle :

« Jean-Marc, ta victoire a tout cassé ». Il raconte : « Lundi 2 avril, Ghosn a réuni les cadres à Boulogne-Billancourt. Furieux, il a viré 20 obstructeurs du programme VE, arrêté en 2005. "Dubié, un amateur, gagne avec un rebut qu'on a jeté, et nous, on dort !" a-t-il hurlé, poing sur la table, face à des cadres blêmes. Il relance l'électrique, lance le programme Twizy – un quadricycle léger, 100 km d'autonomie ». Le Twizy naît là, dans ce chaos – pas breveté par moi, mais je suis l'étincelle. Les pétroliers vacillent – ma flamme brûle.

8. LES RALLYES MONTE-CARLO ENERGIE ALTERNATIVE SUIVANTS

2007, je triomphe. 2009, Musk envoie son Roadster avec Kassovitz – il gagne, 2 ans après mon étincelle. 2010, Comas et Chol doublent la mise. Nos révolutions se passent le relais.

A noter séparation des véhicules 100% électriques à partir de 2010 des autres catégories, car les véhicules électriques en cours de commercialisation sont plus orientés pour le péri-urbain et n'ont pas assez d'autonomie pour des parcours longs. Un parcours est dédié aux véhicules 100 électrique.

2eme Edition (28-30 mars 2008) : C'est Michelin qui gagne avec deux prototypes à moteur roue : un 100% électrique et un à pile à Hydrogène. Pour ma part j'ai participé à cette édition avec ma Prius portant le N°9 et notre ami Gérard Dusailly a retenté avec une AX électrique de son cru, elle est transformée et allégée question masse.

3ème édition (mars 2009) Tesla Roadster d'Elon Musk participe pour la première fois et gagne (Mathieu Kassovitz pilote)

4ème édition (mars 2010) Tesla Roadster N°5 gagne pour la 2ème fois E. Comas (pilote) et Sébastien Chol (Copilote)

9. L'ECHO DE L'AUTO-MAGIQUE

Dans *L'Auto-Magique*, GoyaGoya volait par-dessus les champs, défiant le monde. À Monte-Carlo, **La Toujours-Contente** a volé dans les esprits – Total recule, Renault s'éveille, et ma guerre, née en 1963 pendant la récréation avec un livre déchiré, s'embrase. Lennart, avec sa Clio Électrique remorquée sur 200 mètres pour atteindre le sommet du col de la Bonette lors de la première Traversée des Alpes, sourit dans l'ombre : notre audace roule encore.

12.ÉVENEMENTS DIVERS AVEC LA TOUJOURS-CONTENTE (2006-2007)

INTRODUCTION – UNE QUETE EN MARGE DES RALLYES (2006-2007) – RENCONTRE DE LA TOUJOURS-CONTENTE AVEC LA JAMAIS-CONTENTE

Lyon, 2006-2007. Sous les toits fumants de ma ville, entre les grandes odyssées solaires des Rallyes Phébus (Chapitre 10) et le triomphe éclatant de Monte-Carlo (Chapitre 11), **La Toujours-Contente** refuse de s'endormir. Dans mon garage, son moteur hybride ronronne doucement, un murmure d'acier et d'électricité, tandis que l'odeur âcre de l'huile et du métal flotte sous la lumière crue d'une ampoule vacillante. Ce Kangoo PHEV, mon vaisseau aux ailes de lumière, s'élance dans des aventures parallèles – des défis modestes mais audacieux, des instants où l'essence et les électrons tissent une danse étrange pour défier les limites du possible. De la Suisse aux routes de l'Est, de rassemblements intimes à des expositions historiques, ces escapades tracent une toile plus vaste, une croisade où chaque kilomètre creuse une brèche dans le mur pétrolier, chaque rencontre plante un jalon dans ma guerre contre le fuel. Ici, **La Toujours-Contente** croise des âmes, des machines, et même un spectre du passé – la *Jamais Contente*, pionnière de 1899 – dans un dialogue intemporel qui transcende les âges, comme si *L'Auto-Magique* de mon enfance, lu sous les draps, murmurait encore à travers ses pneus.

1. RALLYE 21 SUISSE – UNE ODYSSEE HELVETIQUE (8-10 JUIN 2006)

1.1. UN PIONNIER ET UN FRERE D'AME

Lyon, 2006. Je suis alors le seul particulier en France à posséder un véhicule hybride rechargeable – **La Toujours-Contente** – et à l'utiliser au quotidien, que ce soit pour les trajets banals ou les rallyes audacieux. À des centaines de kilomètres, en Suisse, un homme partage mes rêves fous : Monsieur Holinger, patron de Holinger Solar AG, un visionnaire qui bâtit des temples solaires et roule à l'énergie du ciel. Dans son atelier, deux Kangoo électriques trônent – un Electro-Road de 2003, frère jumeau du mien, et un Electri Cité, pur VE, tous deux bardés de son génie. Il m'écrit, sa voix résonnant dans ses lignes : il veut optimiser ses machines, et ma valise Renault NXR25, un outil rare dédié aux réglages précis du Kangoo PHEV, est la clé qu'il cherche.

Sous un soleil pâle, je traverse la frontière, l'odeur de caoutchouc chaud emplissant l'habitacle. Chez Holinger, l'atelier s'ouvre comme une caverne d'inventeur – des panneaux solaires empilés, des câbles serpentant sur le sol, et lui, silhouette élancée, un sourire curieux éclairant son visage buriné. « Montre-moi ton secret, Jean-Marc », dit-il, sa voix rauque vibrant au-dessus du cliquetis des outils. La valise NXR25 s'ouvre, un trésor technologique, et nos mains plongent dans les entrailles des Kangoo – réglages fins, diagnostics murmurés, une danse mécanique entre deux âmes éprises d'écologie. Ces échanges scellent un pacte : le gouvernement suisse, impressionné, me sollicite pour prêter **La Toujours-Contente** au Rallye 21, une vitrine pour prouver que l'hybride rechargeable est plus qu'un rêve.

Lyon, 8 juin 2006. Sous un ciel d'été encore tendre, strié de rose et d'or, une missive du gouvernement suisse atterrit dans ma boîte – une sollicitation inattendue : prêter **La Toujours-Contente** pour une démonstration au Rallye 21, un défi helvétique visant une mobilité verte d'ici 2021. Ce n'est pas une simple invitation – c'est un appel, une mission pour prouver que mon Kangoo hybride rechargeable peut briller dans une terre de précision et d'écologie. Le Rallye 21, prévu à Bâle le 10 juin, est plus qu'une course : c'est la finale nationale d'un concours d'écoconduite, où le vainqueur des éditions régionales, celui qui consomme le moins sur un parcours donné, remportera une Prius et l'honneur de piloter **La Toujours-Contente** pour un tour de circuit. Pour moi, le défi commence ici – acheminer mon vaisseau solaire de Lyon à la Suisse, un périple de 226 km via Besançon, un test d'endurance avant l'épreuve.

21h00, le garage s'anime dans l'ombre. Les pneus crissent sur le béton froid, les quatre panneaux solaires captent les derniers éclats du jour finissant, jetant des reflets d'argent sur les murs. Fort de ses exploits à Phébus (Chapitre 10), mon Kangoo s'élance, prêt à rivaliser avec les sunracers et les VE purs sous le regard scrutateur des Suisses. Le

Novotel de Besançon, étape clé, m'attend avec une rallonge promise – une lueur d'espoir dans ce désert électrique français, où les pétroliers règnent encore en maîtres.

1.3. UNE NUIT D'EPREUVE – LA PANNE ET LE REBOOT (8-9 JUIN 2006)

La route s'ouvre sous un ciel d'encre – Lyon s'efface dans le rétroviseur, direction Besançon, 226 km d'autoroute et de routes secondaires. La nuit enveloppe le Kangoo, ses phares trouant l'obscurité, quand soudain, un frisson électrique parcourt l'habitacle. Les phares faiblissent, une lueur vacillante, les voyants s'allument en cascade – un chaos lumineux déchire le tableau de bord, plus de 12 volts. Les batteries arrière masquent le drame un temps, mais dès que les phares s'éveillent, le mal se révèle – un gouffre énergétique menace. Une aire déserte surgit, refuge providentiel au milieu de nulle part – je stoppe, en rase campagne, et déploie le groupe électrogène sous les étoiles. Un ronronnement déchire le silence, un espoir fragile – mais la tension ne grimpe pas. Une heure de charge, de tests vains – 12,5 volts refusent de revenir. Est-ce l'alternateur du prolongateur, trop gourmand dans son excitation ? La charge tient, ouf – sans 12 volts, elle aurait succombé.

Alors, ultime recours – un reboot, comme un informaticien face à un écran noir. Fusible haute tension retiré, batterie 12 volts déconnectée, une minute d'attente dans la nuit froide, le vent sifflant dans les herbes hautes, puis reconnexion – batterie, fusible, code rentré sur un clavier usé, charge relancée. Miracle ! Les 14 volts surgissent, 60 ampères affluent dans une batterie vide, un souffle de vie dans l'obscurité. 23h00, je reprends la route, les yeux rivés sur la tension – elle grimpe doucement, l'intensité glisse de 60 à 32 ampères, les 500 watts d'auxiliaires de nuit pèsent lourd sur le tableau de bord clignotant. « Vivement une pile à combustible », murmuré-je dans le cockpit étroit, saturé d'odeurs de

plastique chauffé. 00h45, le Novotel Besançon m'accueille – 95 Ah au compteur batterie, ils m'attendent, rallonge en main, un esprit d'équipe rare. Les prises Novotel ? Un héritage du Tour de France, pour les camions-régie TV – une astuce pour traverser la France en VE. Bon en attendant mon petit groupe électrogène me sauve pendant que je visite le saut du Doubs.

1.4. PASSAGE EN SUISSE – UNE FRONTIERE ETONNEE (9 JUIN 2006)

9 juin, aube fraîche – 166 km séparent Besançon de Bâle, un parcours sans histoire pour **La Toujours-Contente**, désormais stabilisée. Pas de vignette autoroute suisse – 40 CHF pour 10 km, non merci. Les chemins de traverse s'ouvrent, sinueux et splendides, une mosaïque de collines verdoyantes et de villages paisibles, l'air chargé d'une odeur d'herbe coupée. À la frontière en rase campagne, un douanier helvétique, casquette vissée et regard méfiant, fronce les sourcils – un VE ? Suspicion initiale : mes coffres à batteries, des caches potentielles ? La carte grise brise la glace – « Véhicule électrique », lie-t-il, intrigué. « Comment ça marche ? Les économies ? » demande-t-il, sa voix rauque perçant le silence matinal. Le capot s'ouvre, révélant un cœur hybride – je lui explique, patiemment, les panneaux solaires scintillant sous un rayon timide, le prolongateur essence ronronnant comme un chat discret. Son sourire conquis éclaire son visage buriné : « Pas besoin de vignette pour ça, hein ? »

Bâle, rendez-vous chez Holinger Solar AG – un bâtiment primé en 2005, recouvert de cellules photovoltaïques sur toit et murs, un temple solaire dressé comme une sentinelle futuriste.

Monsieur Holinger m'accueille – deux Kangoo Electro-Road à son actif, dont un de 2003 avec 45 000 km et sa batterie d'origine intacte, et un prototype décapotable sur base Mini Cooper, 260 000 km au compteur, une tornade électrique qui décoiffe sous le ciel suisse. **La Toujours-Contente** se charge sur ses panneaux, flanquée de la Mini –

une photo saisissante : deux générations électriques côte à côte, leurs reflets dansant sur l'asphalte.

Nous partons pour la remise des prix Factor 4 – le gagnant 2006 a foré un puits de 5 km pour capter la chaleur terrestre près de Bâle, une centrale géothermique avant-gardiste. Avec sa Mini, avec son moteur synchrone 12 kW et sa batterie SAFT NiCd, Monsieur Holinger m'offre une démonstration – un souffle d'air et de puissance dans les rues étroites de Bâle, où le parking VE du Hilton (park and charge) nous ouvre ses bornes à clé, un système Holinger qui électrifie la Suisse.

1.5. RALLYE 21 – LA DANSE DE L'EFFICACITE (10 JUIN 2006)

10 juin, petit matin – trois Kangoo Electro-Road s'élancent en convoi vers le Rallye 21 à Bâle. Le stand Holinger Solar s'installe – les Suisses excellent dans l'art du chaos maîtrisé, un désordre apparent où tout s'aligne au dernier instant avec une précision d'horloger. Pour un Français, c'est un test cardiaque – eux restent impassibles, leurs montres tic-tac imperturbables.

Le circuit qualificatif s'ouvre, règle implacable :

Points = Vitesse (km) × Poids (kg) / Énergie (kW). Instinctivement, je pousse **La Toujours-Contente** – pneus qui couinent dans les virages serrés, une vitesse soutenue qui défie son allure d'utilitaire, le volant vibrant sous mes doigts.

Qualification gagnée haut la main – elle passe ensuite aux mains de deux équipes pour désigner le vainqueur, la cadence s'accélérant à chaque tour, un ballet mécanique sous un ciel d'azur.

Puis, c'est rencontre avec le vainqueur suisse – un homme simple, trapu, aux mains calleuses d'un ouvrier, ébahi de piloter ce mythe roulant. Lui et sa femme s'installent, moi à l'arrière, veillant au grain – un tour en mode 100 % électrique, silencieux, fluide, le vent caressant leurs visages ébahis par la vitre ouverte. « C'est comme voler », murmure-t-elle, ses yeux brillants rivés sur l'horizon.

Pesée de La Toujours-Contente avant le Rallye 21, au volant le gagnant Suisse !

Un second tour avec le moteur essence en marche, un grondement discret qui les ramène à la terre, une démonstration hybride sous leurs exclamations émerveillées. « Vous avez changé notre façon de voir les voitures », me glisse-t-il, serrant ma main avec une vigueur qui dit merci.

Ma participation officielle ? A bord d'une Opel Zafira à boîte manuelle au gaz naturel – novice, j'y vais doucement, en sous-régime, bien trop prudent pour briller : 25e de ma catégorie… Le rendement du moteur thermique en sous régime est mauvais.

Les gagnants maîtrisent le « Pulse and Glide », une technique Prius qui me dépasse ici, un art de l'efficience que je note dans un coin de ma tête. Le rallye déborde de solutions – gaz naturel (Erdgaz), Prius en flotte sponsor, Honda Jazz hybrides, Twike, Opel Zafira au gaz, Twingo électriques suisses (moteur et batterie Zebra greffés sur des carcasses Renault), prototypes Zebra, et trois Kangoo Elect' Road,

une concentration mondiale sous les regards curieux des Bâlois.

Je retourne en France, le cœur gonflé – la Suisse, comme moi, veut bannir le pétrole, et **La Toujours-Contente** y a planté une graine, un écho à Musk qui, loin là-bas, rêve aussi d'un futur sans fuel.

2. L'ASSOCIATION FRANÇAISE MOBIL 'ECO

Bordeaux, 2006. Dans l'ombre des vignes et des quais, une association naît sous l'impulsion de Christian Lucas – Mobil'Eco, un cri roulant pour prouver que le véhicule électrique n'est pas un mirage. Je la rejoins cette année-là, porté par une flamme commune : démontrer, militer, bâtir un futur sans pétrole. Lors d'une première assemblée générale, sous un hangar aux murs de tôle rouillée, l'odeur d'essence cède la place à celle des batteries NiCd – une révolution silencieuse s'organise. Mobil'Eco se donne cinq missions, gravées dans nos esprits comme un serment :

- **Préserver l'histoire** : Un conservatoire naît, abritant des prototypes VE, des reliques d'acier et de rêves – une arquebuse électrique contre l'oubli, montrant les bonds fulgurants de cette technologie.
- **Échanger entre pionniers** : Autour de tables branlantes, nous partageons astuces et secrets – comment rallonger une charge, dompter un moteur récalcitrant, faire chanter l'électricité.
- **Normaliser les bornes** : Nous réclamons un réseau universel, inspiré de la prise Maréchal – un standard né de l'accord Renault-Peugeot-Citroën pour les NiCd, précurseur du Combo-CCS actuel, une leçon d'unité face aux pétroliers.
- **Médiatiser le VE** : Des événements jaillissent – en 2006, place des Quinconces, une parade hétéroclite de VE éblouit Bordeaux, un ballet silencieux sous les regards ébahis.
- **Célébrer les bricoleurs** : Mobil'Eco honore les visionnaires modestes, ceux qui, dans leurs garages, ont tracé la voie.

En 2006, lors d'une AG mémorable, un invité vole la vedette : Léonce

Rudelle, un bricoleur de génie, débarque avec sa mobylette électrique – une vieille jaune des PTT, transformée avec un démarreur usé et des pièces de récupération.

Imaginez une scène de Jacques Tati dans *Jour de fête* : le postier, jadis à vélo, surgit sur cet engin cabré, un éclair traversant le champ où nous pique-niquons.

Deux modes seulement – arrêt calme plat, ou marche, où le couple brut du moteur fait hennir la bête comme un cheval fou. Léonce, cheveux ébouriffés par le vent, lutte dans un rodéo comique, ses pneus crissant sur l'herbe sous nos yeux ébahis.

Il dompte enfin sa monture, traverse le pré tel un éclair jaune, et s'arrête dans un éclat de rire collectif. « C'est mon heure enchantée ! » lance-t-il, clin d'œil à *L'Auto-Magique*, son triomphe gravé dans nos mémoires –

Une vidéo sur YouTube le célèbre encore ;

www.youtube.com/watch?v=boXN5h_oxYo

Mobil'Eco m'a aussi soutenu pour les Traversées des Alpes (Chapitre 9) et sur les rallyes Phébus (chapitre 10), un pilier dans ma croisade, une communauté d'âmes prêtes à défier les pétroliers comme Musk défie les étoiles.

3. LA TOUJOURS-CONTENTE RENCONTRE LA JAMAIS-CONTENTE

LA BOURSE DE CREHANGE 2007

3.1 UN PERIPLE AUX LIMITES DU VEHICULE : 1 300 KM EN 4 JOURS

Lyon, septembre 2007. Une nouvelle quête s'annonce, un défi titanesque pour **La Toujours-Contente** : rallier la Bourse de Créhange, en Moselle, où l'histoire automobile se célèbre sous le thème des années 50-60. Là-bas, un fantôme du passé m'attend – une réplique de la *Jamais Contente*, pionnière électrique de 1899 qui, sous les mains de Camille Jenatzy, fracassa les records de vitesse. Ce n'est pas un simple voyage, mais une odyssée de 1 300 km en quatre jours, un test d'endurance où mon Kangoo PHEV, chargé à bloc, dansera sur le fil entre électricité et essence, entre passé et futur.

3.2 LE PARCOURS PREVISIONNEL

Un itinéraire ambitieux se dessine, découpé en étapes serrées où chaque kilomètre compte :

1. **Départ : Villeurbanne-Curciat (Ain)** – 116 km, 21h40, charge nocturne prévue.
2. **Curciat-Montbéliard (Doubs)** – 230 km (ou 207 km selon l'option), départ 6h00, avec une montée redoutable vers Besançon avant la prise triphasée salvatrice de Montbéliard.
3. **Montbéliard-Vignot (Meuse, près de Nancy)** – 240 km, départ 13h00.
4. **Vignot-Fouligny (Moselle, près de Metz)** – 98 km, départ 19h00.

Trois charges complètes sur 24 heures, une demi-charge intermédiaire, et le reste, hélas, à l'essence. Bilan estimé : 280 km électriques, 404 km thermiques, 38 litres de SP95 pour 684 km aller. Pour ramener la moyenne à 1 l/100 km, il faudrait 6 500 km sans essence – une aventure à contre-emploi, où **La Toujours-Contente** défie son propre destin.

À Montbéliard, un Kangoo électrique ami m'offre son point de charge – merci à ceux qui, à Montbéliard, Vignot et Fouligny, ont tendu une prise dans ce périple dantesque. Le Kangoo, chargé jusqu'à la gueule, ploie sous le poids : le « Charly » trône derrière le siège passager pour équilibrer les masses. Inventaire sommaire :

- Une grosse valise (25 kg estimés).
- Trois caisses de pièces de dépannage et d'outillage.
- 100 kg de fer et cuivre à livrer (charge utile).
- Le « Charly » (60 kg minimum).
- Un groupe électrogène, un jerrican d'essence, une roue de secours, des ordinateurs portables.

Siège arrière rabattu, marchandise empilée jusqu'au siège passager, chaque recoin occupé – un vaisseau prêt à affronter l'impossible.

3.3 LE PARCOURS REEL

6 septembre, Lyon, 21h45. Départ sous un ciel d'encre, arrivée à minuit à Curciat, 98 km avalés, 4 litres consommés, vitesse moyenne de 65 km/h. Mise en charge nocturne, batterie à 41°C, air extérieur à 17°C – dehors, elle refroidit vite. Sommeil en pointillés, un œil sur la jauge : si elle n'atteint pas 100 % demain, la *Jamais Contente* restera un mirage.

7 septembre, 6h00. Réveil, charge à 95 %, mode surcharge à 5A. Café avalé, bagages pliés, 7h00, batterie à 98 %. Départ vers Vieux-Charmont (près de Montbéliard). Après 216,3 km, arrivée à 11h00, non sans péripéties – un raccourci à Beaune-les-Dames, 30 m de côte à 35 % avec 450 kg à bord, les pneus patinent, mais ça passe,  juste ! Batterie à 10 %, mise en charge à 11h33 sur le « Charly » chez Féric, 12 kW de puissance.

Une photo immortalise l'instant : **La Toujours-Contente** respire, ventilateur aidant à refroidir ses entrailles. Charge lente pour les 5 % restants – seulement 16 kWh consommés, un équilibrage parfait des éléments. Mise à jour du site en Wi-Fi, pause repas. Féric, avec son Kangoo Electri Cité (60 km quotidiens),

prépare la 2ème Traversée des Alpes – son propre Kangoo en témoigne.

Le « Charly » reste à Montbéliard pour alléger la suite. **14h00**, départ vers Vignot, arrivée à 17h31 (une minute de retard !), livraison de la première cargaison. Recharge en 16A grâce à un client généreux – batterie à 54 % au départ, assez pour rejoindre Guy, un ami idéalement placé à 6 km de Créhange.

98 km par départementales et voies rapides, mission bouclée à 21h00 (30 minutes de retard après 333,7 km cet après-midi). Total en 23h30 : 648,7 km, un record pour un Kangoo ER. Vitesse moyenne roulante : 65,1 km/h. Autoroutes à péage limitées à 160 km (20 € économisés). Consommation : 43 litres (6,6 l/100 km), honorable pour un usage extrême. Coût total, électricité incluse, inférieur à un Kangoo essence classique. Température batterie stable sous 35°C en mode hybride, malgré 41°C en fin d'étape 1 (50 km électriques). Capot ouvert à chaque arrêt, moteur coupé 1 km avant pour refroidir – ça tient.

3.4 LA BOURSE DE CREHANGE 2007 – THEME LES ANNEES 50-60 ET 2 INVITES EXCEPTIONNELS « LA TOUJOURS CONTENTE » ET LA « JAMAIS CONTENTE »

Créhange, 8-9 septembre 2007. La Bourse annuelle s'ouvre, un rassemblement où l'automobile d'antan brille sous des restaurations impeccables – dans le jus ou dans la perfection. Un lieu où les amateurs de voitures anciennes échangent, des véhicules changent de main et de nombreuses pièce détachées « pièce d'origine rare » sont vendues dans des stands très animés

Le maire inaugure la bourse, saluant **La Toujours-Contente** près de lui.

Discours inaugural du maire de Créhange à côté de La Toujours-Contente

Un choc temporel surgit : face à moi, une réplique de la *Jamais Contente*, fuseau électrique de 1899, évoque Jenatzy et sa passion pionnière. Deux époques se toisent, unies par une même flamme.

Rencontre entre La Toujours-Contente et la Jamais Contente

Je prends le volant de cette relique, un instant suspendu entre deux siècles.

DoubleHybride au volant de la Jamais Contente

Une voiture-bateau, fait échos au *Livre l'Auto-Magique de 1933*, captive les rêveurs.

Rien n'indique que cette voiture flotte

Voiture amphibie - 2 hélices à l'arrière

Nostalgie des années 50-60, une ombre plane – l'ère sombre de l'automobile : vitesse sans limite, hécatombes routières, inconscience écologique.

Dimanche, 17h30, 1 500 vieux moteurs rugissent en quittant l'expo – une pollution suffocante de couleur bleue rappelle les progrès des moteurs modernes. Un périphérique parisien d'époque serait irrespirable. Nos petits-enfants jugeront nos V8 actuels comme nous jugeons ces reliques. La Bourse, en ouvrant un stand VE, invite à réfléchir – **La Toujours-Contente** y porte son message.

3.5 LE RETOUR

9 septembre, 19h00. Départ de Créhange, retour à Lyon le 10 à 16h30 – 632 km, 9 heures de conduite, 6 heures de sommeil durant une charge lente (8h00-13h00 dans l'Ain), pauses pour charge rapide et essence. Nouveau record : 300 km sans recharge, mais 6,6 l/100 km. La voiture tient, pas le pilote – 20 heures de conduite en 3,5 jours, une folie à ne pas réitérer.

13. LES ÉTATS GÉNÉRAUX – LE TOURNANT ÉLECTRIQUE (2009)

1. CRISE ET DÉFI (2008-2009)

Fin 2008, l'industrie automobile française chancelle sous une tempête économique sans précédent – une chute brutale des ventes (–15,8 % en décembre), déclenchée par la crise des subprimes venue d'Amérique et amplifiée par l'effondrement de Lehman Brothers en septembre. Pourtant, l'électrique, que j'avais imposé à Renault avec Monte-Carlo 2007, reste un murmure étouffé – Carlos Ghosn freine des quatre fers, malgré le Twizy naissant. Les ménages serrent les cordons de la bourse, les usines tournent au ralenti, et l'ombre d'une faillite, prévue pour mars 2009, plane sur Peugeot ; Renault, exsangue, n'a plus de quoi investir. Le gouvernement Fillon II, sous Nicolas Sarkozy (2007-2012), perçoit l'urgence – sauver ce fleuron national tout en répondant aux cris écologiques face au réchauffement climatique et à la dépendance au pétrole. Luc Chatel, ministre de l'Industrie, convoque les États Généraux de l'Automobile à Bercy le 20 janvier 2009 – une assemblée colossale pour redessiner l'avenir.

La veille, 19 janvier, 23h00, un mystère surgit dans l'ombre de ma porte lyonnaise. Un carton d'invitation, écrit en lettres dorées, atterrit chez moi – une enveloppe sobre, sans expéditeur, glissée comme un message clandestin. « États Généraux de l'Automobile – Bercy – Présence requise ». Qui l'a envoyé ? Un allié tapi dans l'ombre ? Un clin d'œil du destin, cette étoile qui me guide depuis l'enfance ? Pas le temps de m'interroger – ma croisade contre le pétrole, portée par Monte-Carlo 2007 et mes sites (*auto-magique.com*, *salon-de-l-aviation.com*), m'a forgé une réputation de fer. Le lendemain, je prépare **La Toujours-Contente**, mon vaisseau fidèle. Un dernier regard dans le garage, son moteur hybride ronronnant doucement sous une lumière vacillante, puis je la gare à la Part-Dieu – privilège rare d'un parking gratuit pour VE, une victoire discrète. À 6h00, je saute dans le TGV pour Paris Gare de Lyon. Arrivé avant l'agitation parisienne à Bercy, je me glisse dans un Kangoo concept-car prêté par Renault – capot rutilant, lignes futuristes.

Un participant me photographie devant l'entrée, regard déterminé, un gone face aux titans, une icône naît sous l'objectif.

Bercy, 20 janvier, 9h30. La grande salle bourdonne comme une ruche – 1 200 acteurs s'entassent après avoir admiré les concept-cars écologiques garés dans la cour de Bercy : Carlos Ghosn (Renault), Christian Streiff (PSA), équipementiers, syndicats, élus, députés européens. À ma gauche, Thierry Hesse, président de Comexpo et organisateur du Salon de l'Auto de Paris – je le connais de nos affaires complexes, mais il ignore encore qui je suis vraiment. Luc Chatel ouvre la séance, costume impeccable, ton grave : « Nous devons soutenir nos constructeurs face à la crise. Pour respecter les normes européennes, nous sommes obligés de flécher nos aides sur un projet de recherche : un véhicule à essence à moins de 2 litres aux 100 km – une réponse au CO_2 et au pétrole ». Christian Streiff, tendu, écoute avec une attention fébrile – il sait que ce chèque final sauvera son entreprise de la noyade. La salle, suspendue à ses mots, retient son souffle, mais moi, je bouillonne intérieurement. Cette solution ne fait qu'optimiser le passé, elle ne brise pas les chaînes du pétrole. Le Kangoo dehors, mes victoires en poche, sont ma riposte – l'électrique est là, vivant, prêt à rugir.

2. L'INCIDENT – DASSAULT ET DUBIE (20 JANVIER 2009)

Pause-café, 11h30. La salle se vide, les costumes s'éparpillent vers les machines à expresso, un brouhaha de voix et de tasses. Je croise Serge Dassault – titan de l'aviation, patron du Groupe Dassault, épaules larges, regard acéré comme une lame d'acier. Nos chemins se télescopent près d'une table jonchée de viennoiseries – un échange impromptu, presque écrit par les étoiles. Il scrute mon badge – « Jean-Marc Dubié, Monte-Carlo 2007 » – et lâche, sourcil levé : « Vous êtes l'électrique ? » Je hoche la tête, la voix ferme : « Oui, avec ce Kangoo futuriste, PHEV, 170 km d'autonomie, 0,4 L/100 km – mon projet, ma croisade ». Ses yeux s'écarquillent, s'embuent soudain – il vacille, au bord des larmes, une faille dans son armure d'industriel. « Vous savez ce que j'ai enduré avec Cleanova ? » murmure-t-il, la voix rauque, brisée par des années de combats.

Il se livre alors, comme un torrent longtemps contenu. Cleanova, son projet VE lancé dès 2000, un Kangoo équipé de batteries lithium-ion et d'un prolongateur essence, testé par La Poste dès 2005 – 200 km d'autonomie, 100 unités livrées, un rêve palpable. « Renault m'a snobé, Ghosn m'a ri au nez – "Pas de marché pour l'électrique !" Les pétroliers ont saboté mes projets – pressions, refus de financements, portes claquées au visage. Il serre les poings, la colère grondant sous son costume impeccable : « J'ai la technologie, les brevets, mais ils veulent leur maudit pétrole ! ». Monsieur Dassault, je connais votre Cleanova, je l'ai piloté à EVER 2007 – un monstre brut, encore plus puissant que **La Toujours-Contente,** un projet magnifique. Nos âmes vibraient au même diapason, portées par une même étoile. Je réponds, les yeux dans les yeux : « On peut gagner ensemble – j'ai secoué Ghosn en 2007, on peut recommencer ». Il acquiesce, un éclat dans le regard – une alliance tacite naît dans ce coin de salle, au milieu des miettes et des murmures. 12h00, reprise de la séance plénière. La salle se remplit à nouveau, l'air est lourd, chargé d'attentes et de tensions. Chatel redonne la parole – Dassault bondit, sa voix tonne comme un

coup de canon : « Messieurs les constructeurs, ce n'est pas la peine de demander des subventions pour mettre au point un véhicule à 2 litres aux 100 km ! J'ai le Cleanova – 200 km d'autonomie, prêt, testé. Je donne mes brevets, prenez-les ! » Premier coup de tonnerre – des murmures parcourent l'assemblée, Ghosn fronce les sourcils, Streiff s'agite sur son siège. Alors, je me lève, porté par une force qui dépasse la raison, la voix forte, claire, presque un cri dans cette arène : « Moi, Jean-Marc Dubié, avec **La Toujours-Contente un PHEV**, j'ai gagné le Rallye Monte-Carlo Énergie Alternative en 2007, sous les yeux du Prince Albert II ! L'électrique, ça marche déjà – 170 km d'autonomie, 0,4 litre aux 100 en usage normal, 1,2 litre en compétition ! » Je pointe Ghosn du doigt, implacable : « Pourquoi ignorer ce qui roule sous vos yeux ? »

Panique dans la salle – 1 200 paires d'yeux s'écarquillent, un silence assourdissant précède l'explosion. Ghosn marmonne, gêné : « On y travaille… » Chatel coupe net : « Reprise dans 30 minutes ! » La salle s'embrase – des « Il a raison ! » fusent, un député tape du poing sur la table.

Dassault me serre la main, un sourire complice : « On les a secoués, petit ».

3. ZOE NAIT – RENAULT BASCULE (2009)

Pause agitée – les couloirs s'enflamment, les officiels échangent des regards perplexes, l'écho de nos mots résonne encore. Chatel revient, le ton changé, presque solennel : « Après réflexion, nous réorientons les subventions – les 100 000 premiers véhicules électriques volume que vous avez demandés pour pouvoir amortir un tel projet seront subventionnés ». Adieu le rêve timide des 2 litres aux 100 km, bonjour l'électrification – Dassault et moi avons frappé fort, un uppercut au lobby pétrolier.

Ghosn, forcé par Monte-Carlo 2007 à lancer le Twizy, traînait encore des pieds – « Pas avant 2020 », répétait-il obstinément. Mais Bercy le fait plier : le Pacte Automobile, signé le 9 février 2009, injecte 3 milliards d'euros dans l'industrie. Renault accélère son programme

Z.E. – la Zoe, avec ses 210 km d'autonomie, voit le jour en 2012 et devient leader européen en 2013.

Cleanova reste dans l'ombre, un géant oublié, mais **La Toujours-Contente** et ce Kangoo concept-car brillent comme des leviers décisifs. Ailleurs, Tesla, avec son Roadster de 2008, pousse dans la même brèche – leur victoire à Monte-Carlo 2009-2010 suivra ma trace, un écho vibrant à **La Toujours-Contente**. Les pétroliers reculent, groggy, sonnés par ce tournant.

Thierry Hesse, président du Salon de l'Auto de Paris, me glisse, abasourdi : « C'est dingue ce que vous avez fait, je n'ai jamais vu cela dans ma longue carrière ! Regardez, Carlos Ghosn serre la main de Serge Dassault ». Mon téléphone vibre – Jérôme Fresnay, ami du Prius Touring Club que j'ai cofondé, suit la conférence en direct sur Internet sur le forum véhicule électrique n'en revient pas.

(*https://www.vehiculeselectriques.fr/viewtopic.php?t=4511*)

Kangoo concept-car prêté par Renault à Bercy, 2009

« Ton culot, Jean-Marc, c'est insensé ! »

Une étoile m'a guidé jusqu'ici, un miracle né de nuits blanches et d'un labeur sans fin – la France bascule, et moi, le gone de Lyon, j'ai tenu le gouvernail un instant.

Ambiance dans la salle de Bercy, 20 janvier 2009 (Archives personnelles)

4. APARTE : RETOUR SUR BERCY 2009 – UNE ENQUETE DANS LES COULISSES

Le 20 janvier 2009, les États Généraux de l'Automobile à Bercy s'ouvrent dans une atmosphère lourde : Renault et PSA vacillent, laminés par une chute de 15,8 % des ventes en décembre 2008. À 9h00,

Luc Chatel, secrétaire d'État à l'Industrie, expose un plan sage : un véhicule thermique à 2 L/100 km pour répondre aux normes CO_2. Jean-Marc Sylvestre, journaliste économique de TF1/LCI – grand, mince, voix grave –, anime la plénière en direct, diffusée pour les initiés et suivie sur des forums comme *vehiculeelectrique.net*. Mais à 11h00, Serge Dassault, magnat de l'aviation, fracasse le script : « Que celui qui veuille faire une révolution travaille à changer le monde par la science et la technologie », offrant ses brevets Cleanova aux constructeurs rétifs. Puis, à 12h20, Jean-Marc Dubié, pionnier lyonnais, se dresse sans micro, sa voix déchire la salle : « L'électrique, ça marche déjà – 170 km d'autonomie, 0,4 litre aux 100 ! »

Sylvestre, pris de court, tente une saillie : « Vous au moins, vous n'avez pas besoin de micro pour vous faire entendre ». Peine perdue – 1 200 participants s'enflamment, l'ordre du jour s'effrite sous les cris et les applaudissements.

Lionel Tardy, député UMP présent, note sur son blog : « Le présentateur s'est laissé déborder par deux interventions où ils ont vidé leur sac » ➜

Dassault fustige les pétroliers, Dubié pointe Ghosn – le chaos s'installe, reléguant les points prévus au second plan. À 14h00, Chatel, le ton grave, reprend la main : « Nous subventionnerons les 100 000 premiers véhicules électriques ». Ce jour-là, des mesures précises émergent : le Crédit d'Impôt Recherche porté à 2,7 milliards d'euros annuels, le PREDIT reconduit avec 400 millions d'euros d'ici 2012 (dont 200 millions pour le véhicule propre), un fonds « démonstrateur » ADEME doté de 400 millions sur quatre ans (mobilité terrestre prioritaire), et 400 millions pour le véhicule décarboné, annoncés par Sarkozy en amont. Quelques mois plus tard, fin 2009, le bonus écologique de 6 000 euros pour les 100 000 premiers VE est voté, effectif en 2010 – un fruit direct de ce virage.

Élie Cohen, économiste au CNRS, glisse à Dubié dans la tempête : « Ce virage va bouleverser le monde ». Thierry Hesse, président de

Comexpo (salon de l'automobile de Paris), assis à ma gauche, reste coi : « C'est dingue, je n'ai jamais vu ça », tandis que Ghosn serre la main de Dassault, scellant une trêve forcée. Les internautes, sur *vehiculeelectrique.net*, pestent contre le manque de son pour Dubié car sans micro, mais la salle, elle, résonne encore.

Le Pacte Automobile, signé le 9 février, injecte 3 milliards d'euros, dont une part pour l'électrique. Zoe voit le jour en 2012, Cleanova s'évanouit, mais les pétroliers, sonnés, reculent. Ce 20 janvier, un gone porté par une étoile et un magnat armé de brevets ont fait vaciller les titans, sous les yeux d'un Monsieur Sylvestre débordé et d'un establishment contraint de suivre.

5. CONCLUSIONS

Tout comme dans le chapitre 4, examinons les conséquences inverses si je n'avais pas pu m'exprimer devant les 1200 personnes du monde de l'automobile et de la politique réunies à Bercy. Liste des faits qui auraient pu m'empêcher de me trouver dans cette situation où j'ai eu l'opportunité de parler :

1. Que je n'aie pas acquis d'expérience pour donner suite à l'affaire DEC/Apple (chapitre 4).
2. Que le commercial de Renault de la concession Vénissieux, Lucciani – j'indique juste son prénom –, n'ait pas tenu ses engagements autour de mon projet d'achat du Kangoo Elect'Road de Renault.
3. Qu'après l'écrasement du Kangoo, Renault ne me l'ait pas remis en état.
4. Qu'Alain Rolkowski n'ait pas mis un point d'honneur à faire fonctionner ce Kangoo correctement.
5. Que S.A.S. le Prince Albert II de Monaco n'ait pas eu l'idée d'organiser le premier Rallye Monte-Carlo des Énergies Alternatives.
6. Que Lennart mon co-pilote, m'a fait attendre juste le bon temps avant de pointer à Monaco.
7. Que je n'aie pas remporté la première édition de ce Rallye Monte-Carlo des Énergies Alternatives (RMCEA) en 2007.

8. Que je n'aie pas eu l'occasion de tester le Cleanova de Dassault/Heuliez à Monaco lors du salon EVER 2007.
9. Que je n'aie pas reçu le carton d'invitation aux États Généraux de l'Automobile de Bercy du 20 janvier 2009.
10. Que je n'aie pas croisé Monsieur Serge Dassault lors de la pause-café de la séance plénière.
11. Que ce même Serge Dassault n'ait pas tenu compte de notre discussion autour du café pour prendre la parole en premier à la reprise de la séance plénière.
12. Que des gorilles m'aient expulsé de la salle dès mes premiers mots…

Tous ces faits se sont bel et bien produits, ce qui est déjà extraordinaire, ainsi j'ai pu déclamer mon opinion dans la salle, sans microphone grâce à ma voie qui porte ! Que ce serait-il passé dans le cas inverse, c'est-à-dire si l'un de ces points ne s'était pas réalisé ? Carlos Ghosn et Christian Streiff auraient reçu leur chèque pour mettre au point une voiture à essence consommant moins de 2 litres aux 100 km – soit moins que la 2CV de mon père dans les années 60, qui consommait 3,5 L/100 km.

Sans cette action coup de poing, la France serait aujourd'hui complètement larguée face à la concurrence chinoise et américaine, qui auraient fini par basculer vers le véhicule électrique, peut-être un peu plus tard que le programme actuel. Le succès du programme Zoé, popularisant la voiture électrique en France, doit beaucoup à cette chaîne d'événements.

14. RENAISSANCE 100% ELECTRIQUE (2008-2010)

1. L'ADIEU A LA TOUJOURS-CONTENTE – UNE EPOPEE ALSACIENNE

Lyon, février 2008. Dans l'antre gris de mon garage, saturé par l'odeur âcre de la pollution urbaine – ces diesels grondants qui hantent la ville comme un souvenir tenace –, **La Toujours-Contente** repose, fière, prête à relever de nouveaux défis. Pourtant, le cœur serré, j'ai pris une décision radicale : me séparer de cette compagne fidèle. Ce Kangoo Electro Road PHEV, héroïne des cols pyrénéens et de Monte-Carlo, m'a porté quatre ans dans ma croisade contre le pétrole. Mais son réservoir microscopique de 9 litres, que je dois encore rarement remplir à la pompe malgré les deux grands panneaux « Électrique » ornant ses flancs, heurte mon combat. Pour moi, il est temps de passer au tout-électrique, de couper définitivement les chaînes du carburant. Vendue aux enchères sur eBay, elle trouve preneur : un Alsacien au tempérament de feu, amateur de vitesse habitué à sa Porsche Carrera, mais dont le permis vacille sous les flashes répétés des radars. Lui livrer ce vaisseau hybride depuis Lyon devient une épopée – un dernier voyage entre ombre et lumière, un défi au bord de l'épuisement, une page qui se tourne sous un ciel d'acier.

La route s'ouvre devant moi – 543 kilomètres jusqu'à Mittelschaeffolsheim, un nom imprononçable, la commune française au patronyme le plus long, un véritable casse-tête pour mon TomTom de première génération, dont les bips stridents percent l'habitacle étroit comme des cris d'impatience. Une charge intermédiaire chez un ami, fidèle allié des pionniers électriques, et le prolongateur d'autonomie ronronnant comme un cœur loyal : tout est calculé pour ne pas flancher. Les pneus crissent doucement sur l'asphalte humide, la batterie NiCd murmure ses derniers électrons, et moi, arc-bouté sur le volant, je savoure ce silence troué par une mécanique poussée à ses limites. Le clocher de Mittelbronn surgit sous une lumière pâle – satisfait, je m'arrête avec quinze minutes de retard, un exploit pour une guerrière au bout du rouleau.

Mais la rue reste introuvable, et le destin ricane : mon TomTom, perfide, a confondu Mittelschaeffolsheim avec Mittelbronn, 43 kilomètres d'écart, une heure plus tôt frôlée sans le savoir.

Un coup de fil déchire l'illusion. « Où êtes-vous ? » demande l'acheteur, sa voix perplexe perçant la chaleur étouffante de l'habitacle. Je déchiffre les panneaux – rien ne lui parle. « Mittelbronn… », articulé-je, et un silence lourd s'installe. « Vous êtes à 43 kilomètres de chez moi, dans la direction opposée ! » Batterie à plat, trois kilomètres d'autonomie électrique : je tire sur les dernières ressources de **La Toujours-Contente**. Le faux plat alsacien et le petit moteur thermique, poussé à bout, grondent sous mes mains tremblantes – elle avance presque sans électricité, une tortue obstinée sur les derniers kilomètres, son souffle rauque résonnant dans la brume. Enfin, Mittelschaeffolsheim émerge, un hameau discret sous un voile gris. Un câble est déroulé pour la brancher dans son garage, et l'acheteur, sourire en coin, m'entraîne dans sa Porsche pour l'hôtel à Strasbourg. « Regardez ce qu'elle peut faire ! » lance-t-il, pied au plancher – un éclair blanc déchire la nuit, un flash de radar immortalise notre course. Je ris sous cape : passer d'une Carrera rugissante à un Kangoo d'un cheval fiscal, bridé à 120 km/h en descente, va le désarçonner.

Le lendemain, devant le restaurant *L'Ours Blanc* à Brumath, je lui transmets tout – ses secrets, ses caprices, son âme. Une photo fige l'instant : **La Toujours-Contente**, ses panneaux solaires luisant une dernière fois sous un ciel pâle, un adieu à une sœur d'armes qui m'a porté quatre ans dans ma guerre contre le pétrole.

Adieu à La Toujours-Contente devant L'Ours Blanc à Brumath, février 2008
(Archives personnelles)

Un pincement au cœur m'étreint – elle part, mais son silence, une fois chargée, murmure qu'elle est prête pour un autre rêveur, un écho à **L'Auto-Magique** qui, dans l'ombre, attend son heure.

2. JUILLET 2008 – LE VIDE ET L'APPEL DE RENAULT

Sans voiture électrique, mes aventures s'éteignent sur le web. Les kilomètres silencieux, les récits sur *auto-magique.com*, les défis quotidiens s'effacent dans le crépuscule lyonnais, un vide que mes lecteurs ressentent, leurs messages se raréfiant comme des échos dans une vallée déserte. Le personnel de Renault, ces ombres fidèles qui suivaient mes exploits depuis Monte-Carlo, soupire dans l'ombre d'un silence médiatique, leurs murmures téléphoniques s'évanouissant dans l'éther. Quelques mois plus tard, en juillet 2008, un appel brise cette torpeur. « Jean-Marc, on a quelque chose pour vous », annonce une voix familière, chaude et complice – celle d'Alain Rolkowski, mon fidèle technicien du Technocentre Renault. « Un Kangoo 100 % électrique, sept ans au Palais de l'Élysée, 8 500 km au compteur – ça vous intéresse ? » Mon cœur bondit, un frisson me traverse, remontant des locomotives des Brotteaux où, gamin, je touchais mes premiers leviers, l'odeur de vapeur et de fer encore vive dans mes narines.

L'histoire de ce bolide est un conte à part entière. En 2003, Jacques Chirac avait convié les constructeurs à l'Élysée pour exhiber leurs innovations écologiques sous les ors de la République. Peugeot dévoile un taxi à pile à combustible, testé entre Paris et Roissy – une chimère futuriste, son souffle d'hydrogène sifflant dans la cour comme un dragon endormi. Citroën sort un Dynavolt unique, fragile comme une promesse d'enfant, ses lignes tremblantes sous les regards curieux. Renault présente deux Kangoo : un PHEV – celui qui deviendra **La Toujours-Contente** – et ce pur électrique, un murmure roulant, ses pneus glissant sans bruit sur le gravier présidentiel. Bernadette Chirac, silhouette élégante sous les lustres, inspecte les bêtes. Le PHEV démarre, son moteur thermique grogne au-delà de 50 km/h – un grondement qui froisse ses sourcils délicats. « Reprenez-le », tranche-t-elle, voix ferme comme un décret, « à Paris, on ne dépasse jamais 50 km/h, et je veux du silence sous mes fenêtres. Ça fera sûrement plaisir à quelqu'un » Ce quelqu'un, ce fut moi – un plaisir immense, une décision qui, cinq ans plus tard, ébranle la donne des pétroliers et résonne avec les rêves de Musk, à l'autre bout du monde.

Le 1er août 2008, un camion s'arrête devant mon garage, ses freins grinçant dans l'air frais du matin. Le Kangoo électrique descend, capot rutilant sous un soleil timide, ses flancs intacts après sept années d'inaction sous les dorures présidentielles.

Livraison de l'Auto-Magique par camion, 1er août 2008

Je l'accueille comme un roi déchu, une toile vierge prête à renaître sous mes mains – une nouvelle arme pour ma guerre, un pont entre le passé de **La Toujours-Contente** et l'avenir qui m'appelle.

3. LA METAMORPHOSE – L'AUTO-MAGIQUE PREND VIE

Dans mon

sanctuaire de Villeurbanne, dès l'été 2008, les outils s'animent – un ballet de perceuses et de tournevis sous une lumière crue qui jette des ombres dansantes sur les murs, l'odeur de métal chauffé emplissant l'air comme une promesse. Je commence par la baptiser en mémoire du livre l'Auto-Magique car c'est par là que tout a commencé. (Chapitre 1)

Je greffe un grand panneau solaire sur le toit, un double toit saharien, fixé sur les attaches d'origine de la galerie de toit. C'est une voile d'énergie captant les rayons comme un défi au ciel pâle de Lyon, ses reflets d'argent scintillant dans la pénombre.

Pose des panneaux solaires sur l'Auto-Magique, été 2008 (Archives personnelles)

Ils rechargeront la batterie 12 V, évitant au convertisseur 132 V-12 V, paresseux et inefficace, de gaspiller des watts précieux.

Les essais grondent sous mes mains – sur la route des Monts d'Or, **L'Auto-Magique** glisse comme un spectre, un murmure électrique sous un ciel d'orage, chaque virage une caresse, chaque accélération une victoire muette contre le vacarme du fuel.

Je la baptise **L'Auto-Magique** – un hommage au livre déchiré de 1963, lu sous les draps à la lueur vacillante d'une lampe dans un dortoir lyonnais, ses pages gravées dans mon âme palpitant sous mes doigts alors que ce Kangoo devient plus qu'une machine : une incarnation, un rêve qui roule, un cri contre les ténèbres pétrolières.

Ce n'est pas une simple voiture – c'est une révolution, un pont entre l'enfant que j'étais, lisant GoyaGoya défiant le monde, et le guerrier que je suis devenu, défiant les titans du pétrole.

L'Auto-Magique part à l'aventure, et à chaque défi, elle progresse – de la version 1 en 2008, purement électrique avec son toit solaire, en passant par test progressif de batteries NiCd aviation données par André Rondonnier, des batteries Nimh dangereuses et couteuses apportant un gain de 30 km d'autonomie, jusqu'à la version 5 en 2009, aboutissement de mes rêves, forgée pour briser les chaînes du passé.

4.JANVIER 2010 – AJOUT DES BATTERIES LFP

Sous ce capot vide, en janvier 2010, j'arrache les gueuses en fonte – une aberration d'un autre âge, un poids mort insultant – et les remplace par 36 volts de batteries lithium fer phosphate (LFP), montées sur un support conçu par mon ami de Féric Besançon, un artisan du futur.

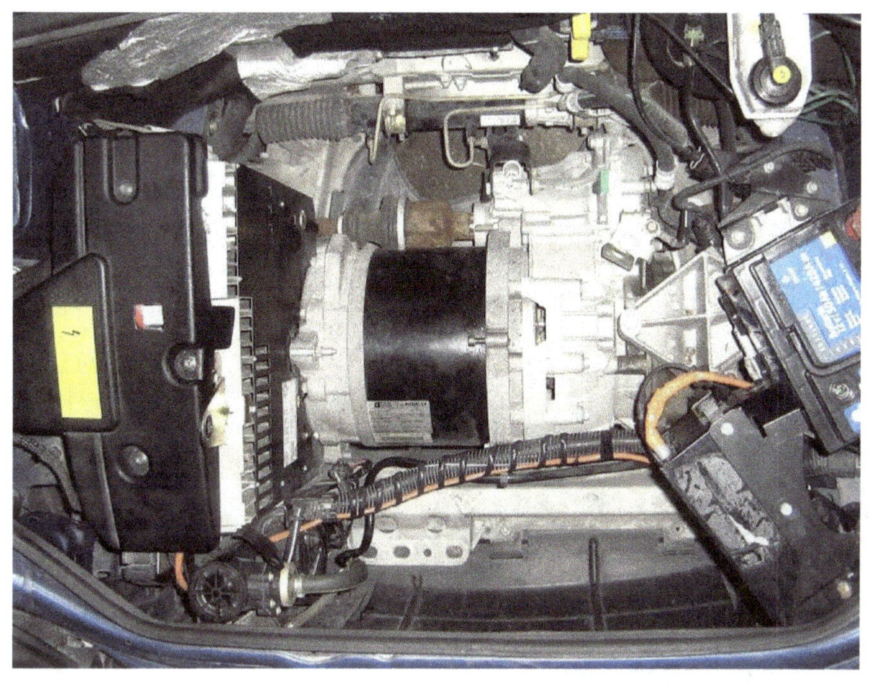

Vue sous le capot avant l'ajout des batteries LFP, janvier 2010

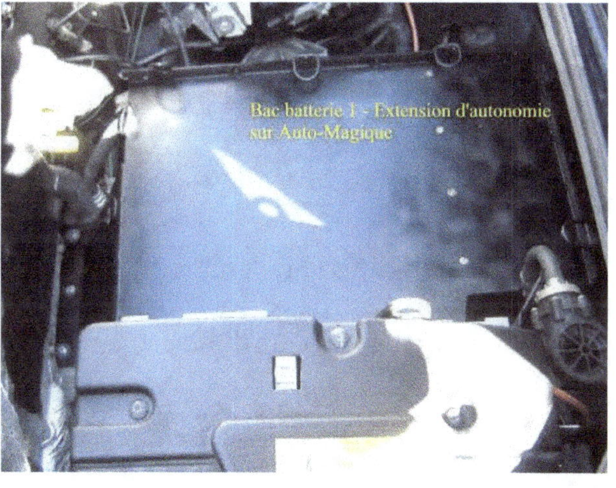

Ces LFP, joyaux d'énergie brute taillés pour l'avenir, fiables, durables s'assemblent dans mon atelier. Mes LFP de 2010 devancent Tesla – Musk les adopte en 2021, un rêve lyonnais qu'il rattrape 11 ans plus tard…

Dans le coffre, deux blocs de 48 volts s'ajoutent, doublant la capacité à 22 kWh – 171 km d'autonomie un objectif pour 2009 qui devient réalité en 2010, une flèche silencieuse plantée dans le flanc des pétroliers endormis dans leurs tours de verre.

Cette métamorphose marque l'apogée de **L'Auto-Magique** – une machine en 2010 prête à défier les routes et les conventions, un rêve d'enfant pleinement incarné.

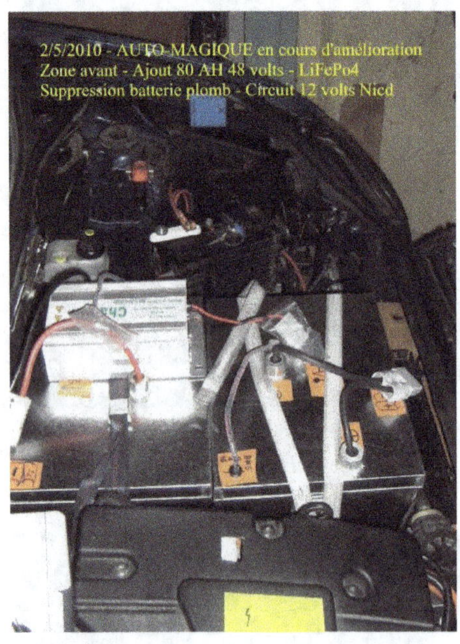

Auto-Magique II sous le capot avant, janvier 2019

5. BILAN DES MASSES DE L'AUTO-MAGIQUE VERSION II

La dépose de la batterie du prolongateur d'autonomie de la version 1 et l'installation des deux bacs de batteries LiFePO4 – **L'Auto-Magique** aura subi une cure d'allègement significative pour la zone de l'essieu avant.

Suppression :

- Batterie plomb 12 volts : 12,2 kg
- Deux batteries NiCd 45 Ah 24 volts et leur caisson : 2 × 37,8 kg = 75,6 kg
- Trois batteries Nimh 48 volts 14 Ah : 3 × 9,2 kg = 27,6 kg

- Huit batteries Pb 7AH 12V : 8 × 2,6 kg = 20,8 kg

Gain en masse retirée : 136,2 kg

Ajout :

- Deux blocs NiCd STM5 (régulation circuit 12 volts) : 2 × 13 kg = 26 kg
- Deux bacs LiFePO4 80 Ah 24 volts – conçus par DoubleHybride : 2 × 20 kg (caisse comprise) = 40kg

Masse ajoutée : 66 kg

Variation de masse essieu avant :

- Gain en masse essieu avant (**L'Auto-Magique** I versus II) : 136,2 - 66 = 70,2 kg
- Perte en masse par rapport au Kangoo Électrique d'origine : 70,2 kg - (gueuses fonte d'origine 12,6 kg - 12,2 kg) = 45,8 kg

Gain en masse par rapport au Kangoo Elect'Road (prolongateur thermique) : **41 kg** (essieu avant)

Zone arrière :

- Suppression des deux bacs batteries NiCd 45 Ah 24 volts et leur caisson : = 75,6 kg
- Ajout de deux bacs LiFePO4 80 Ah 48 volts : 2 × 41 kg = 82 kg

Bilan : augmentation de masse de 6,4 kg sur l'essieu arrière

L'Auto-Magique II a la même masse à vide que le Kangoo Elect'Road mais 170 km d'autonomie sans pétrole !

Énergie embarquée : **L'Auto-Magique** embarque 180 Ah de capacité pour la traction, soit en kWh : 13,2 kWh NiCd + 12 kWh LiFePO4 = 25 kWh.

De surcroît, **L'Auto-Magique** dispose d'une capacité de 1 kWh sur le circuit auxiliaire 12 volts grâce au passage à une batterie STM5 NiCd, rechargeable par ses panneaux solaires.

Objectif d'autonomie à vérifier : 170 à 180 km. J'ai atteint 171 km et la voiture roulait encor l'arrivée le 8 mai 2010. La future Zoé de première génération à venir ne fera pas le poids !

Un obstacle persiste : une charge standard prendrait plus d'une journée, une éternité que je refuse dans ma croisade. Avec Michel Prieur, un scientifique au regard perçant, as des satellites militaires qu'il a pilotés toute sa vie avant de prendre sa retraite, nous forgeons une solution digne d'un roman de science-fiction. Michel, compagnon du Prius Touring Club, a acquis un Kangoo électrique abandonné par EDF, séduit par mes aventures – ensemble, dans l'atelier saturé d'odeurs de métal fondu et d'étincelles, nous imaginons **Charly-Mac**. Six soudeuses à l'arc à inverter mises en série – des MacAlister dénichées chez Conforama pour 70 € pièce – ronflent comme des bêtes, leurs câbles raccourcis crachant 80 ampères sous 170 volts – une charge en 1h30, combinée au chargeur d'origine, grâce à six prises 220 V ordinaires de 10 A chacune, accessibles chez des habitants ou dans des garages avec six simples dérouleurs rangés dans le coffre. La sécurité est un art : une diode Schottky

de 250 ampères – diode récupérée sur un système déclassé de traction des premiers TGV ! – barre la route aux courts-circuits entre la batterie et la prise du chargeur. Car en effet, 85 mégawatts instantanés menaceraient d'exploser en cas d'erreur, une apocalypse que nous domptons avec des gestes précis.

Les boutons d'origine des soudeuses ajustent l'intensité comme un chef d'orchestre, un BMS veille sur les LFP avec une coupure à 3,65 V, et la fin de charge du NiCd, à 170 V maximum, reste un rituel manuel sous mes doigts experts, le multimètre clignotant dans la pénombre. On n'a même pas eu besoin d'ouvrir les capots des soudeuses aucune modification n'a été nécessaire. On a baptisé ce chargeur rapide **Charly-Mac** – clin d'œil au Charly de Renault du Monte-Carlo 2007 et aux soudeuses MacAlister, ce monstre de seulement 40 kg, brinquebalant dans le coffre des Kangoo électriques, devient un totem.

Sur *auto-magique.com*, les pionniers VE le vénèrent – un soir, en rase campagne près de Vienne, **Charly-Mac** ressuscite **L'Auto-Magique** sur une prise bancale d'un vieux hangar, sous les yeux ébahis d'un fermier qui bredouille : « C'est quoi, ce truc ? »

Mise au point de Charly-Mac chez Michel Prieur, 2010

Une légende naît, un outil culte pour une communauté qui rêve en silence, un défi technique que Musk, à des milliers de kilomètres, envierait.

L'Auto-Magique II n'a peur de rien, 2010 (Archives personnelles)

7. LE LIVRE L'AUTO-MAGIQUE

Il faut toujours garder espoir, la preuve : Je reçois un courriel d'un internaute de Montpellier qui dévore mes histoires sur le Web. Voilà, m'écrit-il, l'autre jour je rangeait le grenier et entre deux rangées de livre, je tombe sur un petit livre « L'auto-Magique » Je pense qu'il vous est destiné, n'est-ce-pas ? Quelques jours après je reçois, l'inimaginable : le livre original !

Il m'aura fallu plus de 45 ans pour retrouver ce livre !

Oui quand j'ai une idée en tête rien ne m'arrête, n'est-ce-pas messieurs les extracteurs de pétrole qui m'ont chassé à coup de carabine de leur station dite « service » ?

15. AVENTURES GRANDIOSES DE L'AUTO-MAGIQUE (2009-2016)

INTRODUCTION – UNE EPOPEE ELECTRIQUE PREND SON ENVOL

Lyon, 2008. Avec *L'Auto-Magique*, ma croisade contre le pétrole entre dans une nouvelle ère – une machine 100% électrique, née de mes mains et de mon rêve, s'élance sur les routes, défiant les lois de la mécanique et les préjugés d'un monde encore accroché au fuel. De 2008 à 2016, ses aventures dessinent une fresque d'audace : des défis solaires aux rallyes mémorables, chaque kilomètre est une victoire, chaque recharge un manifeste. Ce chapitre retrace trois de ses exploits grandioses – des compétitions qui ont marqué son histoire entre 2009 et 2016, où elle a brillé par son audace et son élégance, portant haut la flamme d'un futur silencieux.

1. PARTICIPATION DE L'AUTO-MAGIQUE AU MOBIL'ECO CHALLENGE (18 OCTOBRE 2009)

La Teste-de-Buch, 18 octobre 2009. À l'ombre des pins et des dunes près d'Arcachon, l'association Mobil'Eco, fidèle alliée depuis 2006 (Chapitre 10), défie le pétrole avec son Mobil'Eco Challenge. Quinze véhicules électriques, dont *L'Auto-Magique*, encore en mue pré-LFP, s'élancent pour parcourir 150 km dans la journée, une odyssée entre terre et mer. Un jeu de mots taquin flotte dans l'air salin : « On va se payer la tête de Buch à La Teste-de-Buch ce week-end… pour dresser un bilan reluisant de huit années de décadence américaine et huit années perdues pour les énergies non fossiles ».

L'aventure commence à Bordeaux, un point de départ brouillé par un détour inattendu. Renault doit opérer un rappel de sécurité obligatoire sur les bacs des batteries NiCd – la prescription me libère aujourd'hui de ce secret.

L'Auto-Magique, dans sa version 1, est appelée de Lyon par Renault, qui se charge de son transport pour cette modification à l'usine SAFT de Bordeaux, conceptrice de ces bacs. Par un hasard providentiel, cette métamorphose coïncide avec le défi : plutôt que de rapatrier le Kangoo par camion à Lyon immédiatement, Renault me laisse l'utiliser à Bordeaux. Une téléportation improbable, digne de *L'Auto-Magique* de mon enfance – un bond magique entre les dimensions, du garage lyonnais aux quais bordelais, porté par des ondes positives et des complicités secrètes.

Notre homme à la canne est aux aguets !

Première étape : rallier La Teste-de-Buch, 60 km au sud-ouest, un parcours semé d'embûches pour un VE aux batteries usées à 80 % – *L'Auto-Magique* est encore dans sa version I. Je trouve le point de rassemblement sous un ciel voilé, une aire bordée de pins où les autres concurrents ajustent leurs machines, l'odeur d'iode et de résine mêlée au ronron des chargeurs.

Deuxième étape : pendant la recharge, une promenade sur le Bassin d'Arcachon à bord des Tilloles – des bateaux électriques hybrides voile-solaire, inaugurés ce jour-là sous les applaudissements

des curieux, leurs coques blanches glissant comme des spectres sur l'eau miroitante.

Autour d'huîtres fraîches et d'exposés passionnés sur leur création, les kWh s'écoulent lentement dans *L'Auto-Magique*, son panneau solaire captant un soleil timide.

Troisième étape : le défi de consommation. Une course secrète s'engage : chacun trace son itinéraire, ajuste sa vitesse pour rejoindre les allées de Tourny à Bordeaux avant l'heure limite, en brûlant le moins d'électricité possible. Je slalome entre les pins, le vent sifflant à travers les vitres entrouvertes, mais les 80 % de capacité limitent mes ambitions – *L'Auto-Magique* consomme plus que ses rivales, un voyageur magique alourdi par son passé.

À l'arrivée, l'accueil est paradoxal : Christian Lucas, président de Mobil'Eco, surgit, déguisé en cheik arabe – cape noire, turban rutilant –, une caricature des pétroliers ruinés par notre croisade. « Mes chameaux sont à sec ! » lance-t-il, déclenchant les rires de l'assemblée. Jean-Pierre Texier triomphe : sa Clio

électrique modifiée, dont les batteries NiCd ont été remplacées par des Nimh ayant déjà parcouru 10 000 km, affiche la plus basse consommation, son expertise saluée par des hourras.

Puis Christian s'avance vers moi, une coupe à la main :

« Le prix de beauté revient à *L'Auto-Magique* et son toit solaire – une reine électrique née pour défier les puits de pétrole ! » Les flashes crépitent, et soudain, dans l'angle de mon objectif, une silhouette familière : le vieillard à la canne, chapeau usé et regard perçant, se tient là, immobile au bord de la foule.

Il n'a rien dit, rien demandé – juste un témoin surgi de nulle part, comme à Puymorens en 2007 (Chapitre 11). Cette fois, je le capture sur pellicule – un fantôme enfin tangible, venu de Paris à Bordeaux pour cette heure enchantée.

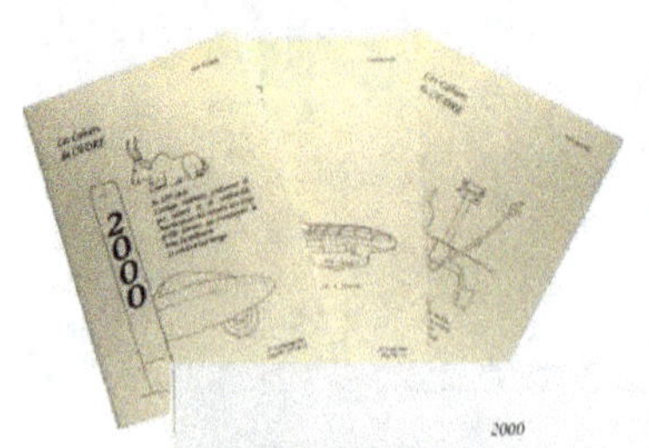

Plus tard, il me murmure, sa voix frêle portée par le vent : « Je suis le créateur des Cahiers du Cèdre, tes aventures y vivent depuis le début ».

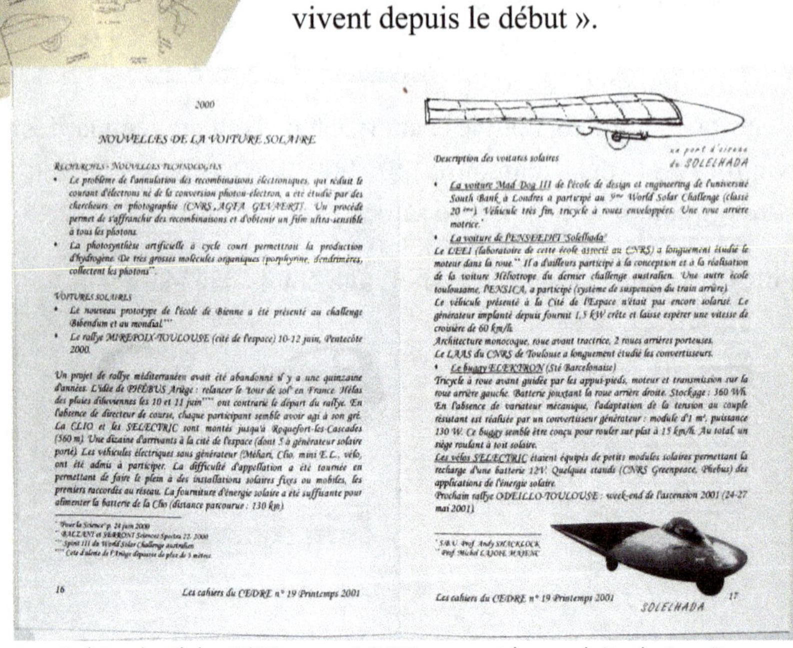

2000

NOUVELLES DE LA VOITURE SOLAIRE

RECHERCHES - NOUVELLES TECHNOLOGIES

- Le problème de l'annulation des recombinaisons électroniques, qui réduit le courant d'électrons né de la conversion photon-électron, a été étudié par des chercheurs en photographie (CNRS, AGFA GEVAERT). Un procédé permet de s'affranchir des recombinaisons et d'obtenir un film ultra-sensible à tous les photons.
- La photosynthèse artificielle à cycle court permettrait la production d'hydrogène. De très grosses molécules organiques (porphyrine, dendrimères, collectent les photons".

VOITURES SOLAIRES

- Le nouveau prototype de l'école de Bienne a été présenté au challenge Bibendum et au mondial"'
- Le rallye MIREPOIX-TOULOUSE (cité de l'espace) 10-12 juin, Pentecôte 2000.

Un projet de rallye méditerranéen avait été abandonné il y a une quinzaine d'années. L'idée de PHÉBUS Ariège : relancer le Tour de sol" en France. Hélas des pluies diluviennes les 10 et 11 juin"'" ont contrarié le départ du rallye. En l'absence de directeur de course, chaque participant semble avoir agi à son gré. La CLIO et les SELECTRIC sont montés jusqu'à Roquefort-les-Cascades (560 m). Une dizaine d'arrivants à la cité de l'espace (dont 5 à générateur solaire porté). Les véhicules électriques sans générateur (Méhari, Clio, mini E.L., vélo, ont été admis à participer. La difficulté d'appellation a été tournée en permettant de faire le plein à des installations solaires fixes ou mobiles, les premiers raccordés au réseau. La fourniture d'énergie solaire a été suffisante pour alimenter la batterie de la Clio (distance parcourue : 130 km).

" Pour la Science" p. 24 juin 2000
" BALZANT et YERRONT Sciences Spectra 22, 2000
"' Spirit III du World Solar Challenge australien
"" Cote d'alerte de l'Ariège dépassée de plus de 3 mètres

16   Les cahiers du CÈDRE n° 19 Printemps 2001

Description des voitures solaires

- La voiture Mad Dog III de l'école de design et engineering de l'université South Bank à Londres a participé au 9me World Solar Challenge (classé 20ème). Véhicule très fin, tricycle à roues enveloppées. Une roue arrière motrice.*
- La voiture de PENSEEIHT "Solelhada"
Le LEEI (laboratoire de cette école associé au CNRS) a longuement étudié le moteur dans la roue." Il a d'ailleurs participé à la conception et à la réalisation de la voiture Héliotrope du dernier challenge australien. Une autre école toulousaine, l'ENSICA, a participé (système de suspension du train arrière).
Le véhicule présenté à la Cité de l'Espace n'était pas encore solarisé. Le générateur implanté depuis fournit 1,5 kW crête et laisse espérer une vitesse de croisière de 60 km/h.
Architecture monocoque, roue avant tractrice, 2 roues arrières porteuses.
Le LAAS du CNRS de Toulouse a longuement étudié les convertisseurs.
- Le buggy ELEKTRON (Sté Barcelonaise)
Tricycle à roue avant guidée par les appui-pieds, moteur et transmission sur la roue arrière gauche. Batterie jouxtant la roue arrière droite. Stockage : 360 Wh. En l'absence de variateur mécanique, l'adaptation de la tension au couple résistant est réalisée par un convertisseur générateur : module d'1 m², puissance 130 W. Ce buggy semble être conçu pour rouler sur plat à 15 km/h. Au total, un siège roulant à toit solaire.
Les vélos SELECTRIC étaient équipés de petits modules solaires permettant la recharge d'une batterie 12V. Quelques stands (CNRS, Greenpeace, Phebus) des applications de l'énergie solaire.
Prochain rallye ODEILLO-TOULOUSE : week-end de l'ascension 2001 (24-27 mai 2001)

* S.B.U. Prof Andy SHACKLOCK
" Prof Michel LAJOIE MAZENC

Les cahiers du CÈDRE n° 19 Printemps 2001   17

Cahier du Cèdre N°20, page 16-17, narrant les exploits de Sun Racer

Les Cahiers, ces petits livrets narrant les sunracers, **La Toujours-Contente** et *L'Auto-Magique*, scellent son mystère – un fil rouge achevé dans l'ombre d'un rallye, une page close sous le ciel bordelais.

2. PARTICIPATION DE L'AUTO-MAGIQUE AU SOLAR EVENT (27-28 JUIN 2009)

Savoie, 27 juin 2009. Sous les cimes altières des Alpes, le Solar Event s'ouvre comme une exposition universelle miniature, un hymne éclatant à l'énergie solaire sous toutes ses formes. Le site de Technolac, niché au bord du lac

du Bourget en bout de piste de l'aérodrome de Chambéry, respire l'écologie – un écrin naturel où le silence règne en maître, les routes fermées pour laisser place à une parade de machines solaires.

L'air, saturé d'une odeur de résine chaude et d'herbes coupées, vibre d'une promesse : ici, le soleil n'est pas qu'une étoile, c'est un moteur. Des stands foisonnent – photovoltaïque pour l'habitat, capteurs thermiques pour le désert, panneaux sur des avions, des bateaux, des tondeuses, des prototypes roulants –, un festival d'ingéniosité où petits et grands s'émerveillent, deux jours trop courts pour tout embrasser. *L'Auto-Magique*, son toit saharien scintillant comme une voile d'argent, s'élance dans ce défi, ses batteries NiCd d'origine encore en place avant les LFP de 2010, un murmure électrique porté par le soleil, un écho vivant au livre de mon enfance. À 11h, la grande parade s'ébranle – un cortège idyllique de véhicules

électriques et solaires glisse sur l'asphalte, leurs pneus susurrants à peine sous un ciel d'azur.

Parmi eux, *L'Auto-Magique* roule fièrement, son panneau solaire captant chaque rayon comme une offrande, flanquée d'une star inattendue : la Dyane Electra, une merveille suisse façonnée par Jean Donnier, ingénieur au LHC du CERN à Genève. Cette Dyane, silhouette rétro d'un beige éclatant, cache un cœur électrique – un moteur synchrone et des batteries lithium-ion polymère, 200 km d'autonomie, 130 km/h en pointe. Jean, au volant, arbore un sourire malicieux, ses lunettes reflétant le soleil tandis qu'il me salue d'un signe discret. « Je l'ai récupérée dans un tas d'ordures », confie-t-il. Onze ans qu'elle roule, améliorée au fil des ans, défiant les contrôles suisses tous les deux ans – des inspecteurs zélés y percent des trous pour traquer la rouille, au grand dam de Jean qui les rebouche avec soin, protégeant son bijou inoxydable.

Nos regards se croisent au milieu du défilé, et une amitié naît dans l'instant. « Jean-Marc, ton *Auto-Magique* est une inspiration », lance-t-il, sa voix teintée d'un accent suisse léger, ses doigts tapotant le capot de sa Dyane comme un père fier. « Et ta **Toujours-Contente**… quel passé ! » Sous un ciel éclatant, nous échangeons – lui, les nuits blanches au CERN à électrifier cette relique des années 60 ; moi, mes batailles contre Renault et les pétroliers pour faire rouler le futur.

Sunracer au Solar Event 2009

« On est venus de

Perpignan en deux jours ! » clame un pilote, torse bombé, sa machine filant comme une flèche.

Plus loin, des Trikes solaires, hybrides à pédales et électricité,

La parade s'anime : un Sunracer ultraléger du lycée Kastler de Talence, châssis en aluminium et toit solaire encapsulé dans un matériau semi-rigide, vole la vedette – il remportera le trophée du meilleur prototype, ses créateurs exultant sous les applaudissements.

Les performances impressionnent 8 Wh/km, le reste puisé dans le soleil et les jambes des sportifs.

À 20h, la première manche s'achève. *L'Auto-Magique* et la Dyane tiennent bon, leurs batteries gorgées par le soleil et une charge discrète – Michel Prieur, à mes côtés, ajuste Charly-Mac dans l'ombre, un sourire complice aux lèvres. Les sunracers dominent, mais notre duo électrique, ancré dans la réalité du quotidien, capte les regards. « Une Dyane du CERN ? Une ex-Élysée solaire ? » s'étonnent les curieux, leurs appareils photo crépitant sous le crépuscule alpin.

28 juin, manche 2. Le défi se corse : les sunracers et prototypes doivent rouler uniquement à l'énergie solaire, les prises interdites. La station YA'K, avec ses panneaux amovibles suivant le soleil, devient une ruche – ses pilotes ajustent les angles, priant pour un ciel dégagé.

L'Auto-Magique, libre de cette contrainte, s'élance avec la Dyane dans une boucle autour du lac du Bourget, via le tunnel du Chat – une montée rude où la température grimpe, l'énergie s'épuise, et les paysages grandioses défilent sans que je puisse m'arrêter, trop pris par la course.

Une 4L à toit solaire, venue de Villeurbanne, intrigue : son panneau produit un cocktail d'hydrogène et d'oxygène injecté dans le moteur thermique, un rendement amélioré selon ses créateurs, qui promettent des tests scientifiques.

À 15h, les VE patientent pour la piste.

Le Sunracer de Lucien Giole file vers la victoire dans sa catégorie, une

flèche solaire sous les vivats.

Les Partner électriques et Kangoo Electri Cité du CERN roulent en tandem avec nous, un cortège silencieux dans l'ombre des montagnes. *L'Auto-Magique* et la Dyane terminent côte à côte, leurs batteries pleines – un trophée attend ma reine solaire, remis sous une ovation, son élégance saluée par des regards émerveillés.

L'équipe YA'K décroche le grand prix des prototypes, un triomphe mérité pour ces artisans du soleil.

Sous le soleil couchant, Jean et moi partageons un moment – nos routes divergent, lui vers Genève, moi vers Lyon, 154 km devant moi. « On se retrouve dans les Alpes, à 2802 m ? » lance-t-il, un défi dans les yeux. Je souris : les Traversées des Alpes avec *L'Auto-Magique* s'annoncent, et Jean Donnier, avec son copilote William Van Sprolant, y apportera sa Dyane Electra dès 2009, un succès retentissant à venir (Chapitre 16).

Découverte l'Electra Dyane de Jean-Donnier au Solar Event

Musk, à Palo Alto, peaufine ses rêves solaires – ici, nous les vivons déjà, roulant sous un ciel qui murmure l'avenir, un écho à GoyaGoya défiant les lois.

3. PARTICIPATION DE L'AUTO-MAGIQUE AU RALLYE DES AMBASSADEURS (JUIN 2016)

3.1. LES RECORDS AVEC LA VERSION V BOOSTEE BATTERIE LITHIUM FER PHOSPHATE 4

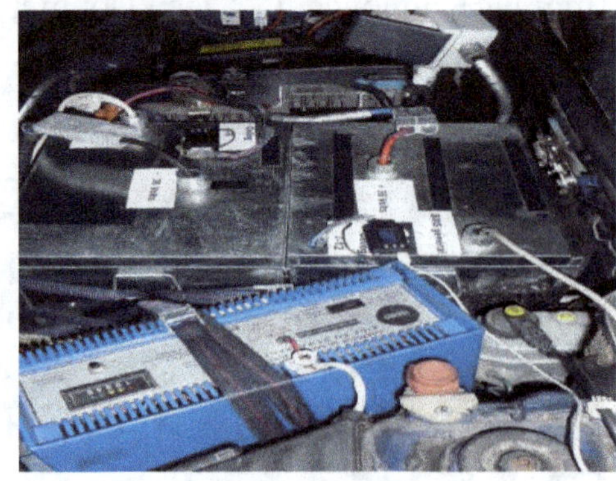

Lyon, 31 mai 2016. Huit ans après sa renaissance, *L'Auto-Magique* s'élance pour une odyssée mémorable : le Rallye des Ambassadeurs, dans le cadre du Vendée Énergie Tour. Un défi de 1400 km en huit jours, un parcours d'approche et de retour reliant Lyon à Saint-Gilles-Croix-de-Vie, via des étapes semées d'embûches et de merveilles. Ses batteries lithium fer phosphate (LFP), forgées dans mon garage en 2010 bien avant que Musk ne les popularise dans ses Tesla, sont chargées à bloc, parfaitement équilibrées, offrant 170 km d'autonomie par charge – un défi technique et poétique, un pont entre le rêve de GoyaGoya et un monde qui s'éveille enfin.

Les grands moments se dessinent : un périple sous les couleurs du Musée Ampère, des visites aux sites d'interconnexion 400 000 volts de RTE offrant des charges rapides via Charly-Mac, la traversée du Passage du Gois à Noirmoutier, et une rencontre émouvante entre *L'Auto-Magique* et **La Toujours-Contente**, réunies sous le soleil vendéen – un dialogue entre passé et présent, scellé par les mains de DoubleHybride.

3.2. L'APPROCHE – LYON A POLEYMIEUX (31 MAI)

Sous une petite pluie fine, *L'Auto-Magique* s'éveille dans mon garage lyonnais, ses pneus humides crissant sur le béton mouillé, une brume légère enveloppant les toits. Première étape d'approche : une conférence au Musée Ampère à Poleymieux-au-Mont-d'Or, orchestrée par la Société de l'Électricité et de l'Électronique (SEE). Pendant que je dissèque les BMS et les batteries lithium devant un public captivé –

ingénieurs, curieux, visages illuminés sous les néons du nouvel Espace Ampère –, Charly-Mac ronfle doucement dehors, ses câbles tendus vers une prise de fortune, rechargeant les 22 kWh sous une bruine persistante. Les questions fusent – « Comment gérer les séries lithium ? » – et les réponses s'entrelacent avec l'histoire d'Ampère, un franc succès gravé dans les mémoires.

Un galop d'essai suit : 20,2 km, 100 % électrique sur les vieilles batteries NiCd, préservant les LFP pleines à bloc pour la suite. Le col du Mont Thou se dresse, une montée raide où le vent siffle à travers les pins, les gouttes tambourinant sur le toit solaire. *L'Auto-Magique* glisse en silence, un spectre sous la pluie, prouvant sa résilience avant l'étape Poleymieux-Roanne – le col du Pin-Bouchain (759 m) à franchir sur la mythique Route Nationale 7, avec une charge rapide planifiée chez un industriel de Roanne.

L'Auto-Magique part au petit matin de la Maion Musée d'Ampère de Poleymieux au mont d'or

336 km en un jour – un record pour *L'Auto-Magique*, sculpté sous un ciel capricieux, 50 % du trajet noyé dans la pluie et le brouillard. Le col du Pin-Bouchain surgit, une ombre brumeuse où les phares percent à peine l'épaisseur blanche, le ronron du moteur électrique mêlé au crépitement des gouttes. Deux charges rapides intermédiaires – chez des industriels complices, leurs ateliers vibrant d'une odeur d'huile et

d'acier – et un complément 10 A dans un routier au bord de la RN7, Le Contact à Saint-Gérand-le-Puy, sauvent la mise. Sous les néons jaunâtres, l'arôme de frites et de café brûlé flotte tandis que le patron, un gaillard jovial aux mains calleuses, tend une rallonge : « Branchez votre bête, on ne va pas vous laisser en rade ! » Sans ce filet d'électrons, Montluçon restait un mirage hors de portée.

L'arrivée est épique : à 10 km de la ville, les jauges NiCd et LFP plongent à zéro, le tableau de bord clignotant comme un sapin de Noël sous la pluie battante. Une longue descente providentielle régénère 1 Ah, et *L'Auto-Magique* franchit les 500 derniers mètres à 5 km/h, un souffle rauque dans son dernier râle, s'immobilisant devant la prise de Saint-Marcel, près d'Argenton-sur-Creuse. L'équipe de l'Hôtel Le Prieuré, un Logis de France au charme discret, déploie une armada de prises – une 16 A et trois 10 A – pour ressusciter ma reine électrique sous les poutres anciennes. Le dîner gastronomique, servi dans une lumière tamisée, apaise l'adrénaline, un moment de répit avant Poitiers et La Châtaigneraie.

3.4. ARGENTON-SUR-CREUSE A LA CHATAIGNERAIE (2 JUIN)

210 km sous un ciel changeant, une étape rythmée par une charge rapide à Poitiers chez un industriel fiable – un havre d'électricité dans un désert de bornes publiques défaillantes. Le test des infrastructures est une douche froide : la borne Saintronic de Vouillé, censée sauver les voyageurs, est un fiasco.

Une dame en Nissan Leaf 30 kWh, toute neuve, arrive en même temps, sa carte KiwiPass bloquée comme la mienne. « Ça ne marche pas ! » gémit-elle, tapotant son badge inutile sous un ciel gris. Deux VE face à une borne muette – un tableau absurde, presque comique dans son désarroi.

L'assistance Soregies, jointe après un périple téléphonique, propose d'emprunter une carte à la mairie. Accueil charmant, une carte contre ma pièce d'identité, mais la suite est un cauchemar : la porte refuse de se verrouiller, un bogue bloque la charge en 16 A (« surcharge »), et seul le mode 10 A – vingt heures de patience – fonctionne. À 16h, pas un sandwich à moins de 20 km, les panneaux promettant une « aire de services » mentant effrontément sous un silence rural. Deux VE ne peuvent charger ensemble, et la dame abandonne, exaspérée, son moteur ronflant dans la fuite. Moi aussi, je rends la carte, laissant des conseils à la mairie : « Pour les touristes, il vaut mieux ».

Le salut vient de l'Auberge de la Terrasse à La Châtaigneraie. Isabelle et Fabien Leroy, prévenus de mon arrivée, ont installé deux prises Green'Up 16 A sur leur

parking – simples, efficaces, mille fois moins coûteuses que les bornes publiques. À peine garé, *L'Auto-Magique* se branche sous leurs sourires chaleureux, une inauguration discrète sous l'égide d'Ampère, le vent charriant une odeur de pins frais.

La Vendée n'a qu'à bien se tenir – demain, Saint-Gilles-Croix-de-Vie m'attend.

3.5. LA CHATAIGNERAIE A COËX ET LE RALLYE (3-5 JUIN)

3 juin, 88 km pour rejoindre Coëx, ma base au Logis Auberge du Parc. Une recharge rapide sous un ciel dégagé, et cap sur Saint-Gilles-Croix-de-Vie, 16 km plus loin, pour l'inscription officielle. Là, une retrouvaille émouvante : **La Toujours-Contente**, rachetée à l'Alsacien par Philippe Schwoerer, revenue de Bretagne avec 130 000 km au compteur, m'attend sous les regards de Mobil'Eco, prête à prendre sa retraite dans leur conservatoire en attendant un musée VE à La Génétouse. *L'Auto-Magique* et sa grande sœur s'alignent, un duo légendaire sous le soleil vendéen – DoubleHybride au volant des deux, un clin d'œil au passé et au présent.

Cliché historique, première rencontre Auto-Magique Toujours-Contente

Le Passage du Gois a été vidé de toute voiture pour nous filmer

Un mot sur Philippe Schwoerer, journaliste automobile et passionné d'électrique. Lors du salon Retro-57, où **La Toujours-Contente** trônait près de la *Jamais Contente*, Philippe tournait autour, à la recherche d'un VE à acquérir – à l'époque, le marché neuf était désertique. Lennart Hellberg lui trouva sa première voiture électrique une 106 blanche, et ce fut le début d'une grande aventure. Il rêvait de **La Toujours-Contente**, manquée aux enchères eBay, mais sa ténacité paya : il la racheta plus tard, roulant 50 000 km avec, livrant même des journaux avec. Aujourd'hui, il anime Automobile Propre (www.automobile-propre.com/), une voix influente née de ce rêve croisé avec le mien.

4-5 juin, le Rallye des Ambassadeurs déploie ses 268 km sur deux jours. 109 véhicules électriques traversent le Passage du Gois à Noirmoutier, une chaussée submersible à marée basse, 6 mètres sous le niveau de la mer – un exploit historique pour *L'Auto-Magique*. Elle boucle ainsi une double première : après le col de la Bonette à 2806 m en 2009 (100 % électrique), elle plonge ici sous la mer, un défi que **La Toujours-Contente** avait relevé en PHEV la Bonette deux ans auparavant sans essence. Le sel mord les pneus, la foule acclame sous un ciel éclatant, et l'esprit de GoyaGoya plane sur cette machine défiant les éléments, une magie roulante sous les vagues.

L'Auto-Magique au milieu du Passage du Gois

Retour à Coëx en soirée, les rallonges sautant le mur de l'hôtel pour une charge nocturne, leurs ombres dansant sur la pierre sous la lune.

6 juin : Coëx à Saint-Marcel (295 km)

Le retour s'ouvre sous un ciel clair, mais les bornes Sydev trahissent encore.

À La Châtaigneraie, place de la République, la carte prêtée par Vendée Énergie Tour affiche « badge bloqué ». Deux répondeurs, puis SODETREL à Paris : un technicien embarrassé reboote la borne à distance. Messages en anglais et français défilent, la porte s'ouvre enfin, 7kW coulent après une heure de bataille, le vent charriant une odeur de sel et de pins. Une charge rapide à Poitiers chez un industriel fiable – un îlot de compétence dans ce chaos – et *L'Auto-Magique* retrouve Saint-Marcel. Le Prieuré offre encore ses prises de cuisine, un dîner gastronomique apaisant les nerfs usés par les bornes défaillantes, les saveurs riches effaçant l'amertume des bornes.

7 juin : Saint-Marcel à Thiers (255 km)

103 km jusqu'à Montluçon, une charge de 2h30 chez un industriel, puis 112 km d'autoroute vers Malintrat. Une borne Corri-Door sur l'A71 affiche « carte bloquée » malgré les logos Renault-Nissan – pas de secours, pas de numéro, un silence insultant sous le soleil. À 40 km de Thiers, l'autonomie chute ; je roule à 30 km/h sur l'autoroute, un ballet risqué sous les klaxons furieux, le cœur battant au rythme des alertes sonores.

À Thiers, l'Éliotel de Pont-de-Dore sauve la mise – quatre prises (16 A et 3x10 A) dans une cour discrète, un repas gastronomique dans un décor intérieur de croisière luxueuse, une oasis improbable sous les pins, l'odeur de bois et de terre apaisant l'esprit.

Charge à l'Éliotel sous un décor gastronomique

Un élément LFP, grillé par un freinage récupératif trop brutal, est remplacé, sous un ciel étoilé.

8 juin : Thiers à Lyon (180 km)

Dernière étape : 180 km via Saint-Étienne, une charge partielle de 1h30 chez un industriel fidèle, l'atelier vibrant d'une odeur d'huile et d'acier. *L'Auto-Magique* franchit les Monts du Lyonnais, ses pneus usés chantant sur l'asphalte humide, et regagne Lyon après 1400 km

Un périple épique, un témoignage roulant d'un futur possible. La ville m'accueille sous une pluie légère, un retour au bercail où le silence de *L'Auto-Magique* résonne comme une victoire, un défi à Musk qui, deux ans plus tard, enverra une Tesla dans l'espace.

3.7. REMERCIEMENTS

Ce voyage n'aurait pas été possible sans le Musée Ampère de Poleymieux-au-Mont-d'Or, ni sans Marie-André Ampère, père de l'électro dynamisme, ni sans les industriels de l'électricité. RTE en tête, offrant leurs charges rapides via Charly-Mac sur des sites d'interconnexion 400 000 volts, leurs câbles bourdonnant comme des hymnes au progrès. Merci à la SEE, orchestrant nos étapes avec brio, au Vendée Énergie Tour pour ce rallye, et à ses hôteliers héroïques – Le Prieuré à Saint-Marcel, La Terrasse à La Châtaigneraie, Auberge du Parc à Coëx, Éliotel à Thiers – qui ont tendu des prises comme des mains secourables. Merci au routier Le Contact pour son secours impromptu, une rallonge providentielle sous les néons. Les bornes publiques, elles, restent une honte – cartes bloquées, bogues, non-service – un appel au gouvernement s'impose : simplifiez, unifiez, ou le VE restera une chimère. Comme si Total refusait une carte AGIP – absurde, mais réel en électrique, une leçon que Musk, lui aussi, devra affronter.

16. RALLYE PHEBUS AVEC L'AUTO-MAGIQUE (2009-2010)

INTRODUCTION – UNE CROISADE SOUS LE SOLEIL

Lyon, 2008. *L'Auto-Magique*, ma reine électrique née des cendres de **La Toujours-Contente** (Chapitre 9), s'élance dans une quête solaire : les Rallyes Phébus de 2009 et 2010. Ces événements, conçus pour célébrer les véhicules solaires et électriques, transcendent la simple compétition – ils incarnent une déclaration de guerre aux pétroliers, un défi lancé sous le soleil brûlant de Catalogne, des Pyrénées et du sud de la France. Chaque kilomètre parcouru avec *L'Auto-Magique*, un Kangoo transformé en pionnier 100 % électrique à toit solaire, est une victoire silencieuse contre un monde encore enchaîné au pétrole. Ce chapitre retrace ces deux années d'épopée : 2009, une première incursion triomphale, et 2010, une odyssée de 2 181 km qui repousse les limites de l'électrique encore plus loin. Ma croisade contre les géants fossiles atteint ici de nouveaux sommets, portée par une technologie artisanale et une détermination inébranlable, sous le regard lointain d'Elon Musk et des pionniers électriques émergents.

1. RALLYE PHEBUS 2009 – BARCELONE A PUYMORENS (28 MAI - 2 JUIN 2009)

1.1. MAI 2009 – L'APPEL DU PHEBUS RETENTIT

Lyon-Villeurbanne, mai 2009. L'appel du Rallye Phébus résonne à nouveau, mais cette fois, il revêt une saveur particulière. *L'Auto-Magique*, ma nouvelle arme 100 % électrique, entre en scène – un Kangoo transformé, doté d'un toit solaire intégral et de batteries regonflées à bloc, prêt à défier les pétroliers sous le soleil brûlant de Catalogne et des Pyrénées. Michel Prieur, fidèle du Prius Touring Club, m'accompagne avec sa Prius vert olive, prêt à parer à toute éventualité – l'absence de prises dans les bois ou au bord des routes reste une menace constante en 2009.

L'organisation du Phébus, consciente des enjeux logistiques, confie au Prius Club l'encadrement du rallye durant sa phase active : les sunracers, ces prototypes solaires non homologués pour la route ouverte, nécessitent des autorisations spéciales, tant en Espagne qu'en France. Chaque sunracer est flanqué d'un véhicule de protection à l'avant et à l'arrière ; en Catalogne, les Mossos d'Esquadra bloquent les carrefours avec leurs gyrophares bleus hurlants – une aventure absolument épique. J'ai la chance, avec *L'Auto-Magique*, de faire partie des concurrents, me permettant de filmer et de photographier cette scène unique de l'intérieur, témoignant ainsi de la volonté collective de prouver au monde que le pétrole, c'est fini.

À Lyon-Villeurbanne, le départ est une cérémonie – pas de grondement thermique, juste un silence électrique qui hurle ma croisade. Des participants Allemand du Phébus 2009, m'ont rejoint à Villeurbanne par la route avec leurs Twike et une Saxo électrique. Je recharge sur mes panneaux solaires leurs engins car ils partent eux-aussi pour une nouvelle aventure, rejoindre Barcelone par la route. On doit se retrouver à Barcelone

La veille, je branche *L'Auto-Magique* sur mes panneaux solaires (Chapitre 18). Une idée germe : pourquoi pas le soleil ? Dans mon garage, devenu un laboratoire improvisé, je connecte Charly-Mac à l'onduleur de mes 40 m² de tuiles photovoltaïques – des filets tendus vers le ciel, captant les rayons comme une offrande. Les 160 premiers kilomètres vers Barcelone se feront ainsi 100 % solaires, une première symbolique.

1.2. LE TRAJET VERS BARCELONE – 650 KM D'INGENIOSITE

Le trajet vers Barcelone – 650 km – est un défi en soi. Pas de bornes rapides en vue, pas de prises dans les stations-service, qui entretiennent encore un désert électrique. À mi-parcours, sur une aire d'autoroute près de Perpignan, je déploie une rallonge de fortune chez un ami du Prius Touring Club – une recharge à 10 A, 2 kW, un café brûlant en prime, et la nuit m'est offerte après des discussions enflammées autour de mes aventures passées, présentes et à venir. Les panneaux solaires, eux, grappillent ce qu'ils peuvent sous un ciel voilé – 500 Wh de plus, une miette, mais une miette solaire.

D'autres charges s'improvisent en route : un bistrot au bord de la nationale, des concessions Renault où nous avions annoncé notre passage, offrant des échanges mémorables avec les chefs d'atelier et les techniciens, fiers de participer à l'aventure. Une anecdote marquante au garage Renault de Perpignan : lorsque nous mettons Charly-Mac en route, la musique d'ambiance du garage s'éteint soudainement. Cinq soudeuses à onduleur débitant à fond émettent un tel flot de parasites qu'elles brouillent les ondes à 50 mètres à la ronde ! Tout rentre dans l'ordre à la fin de la charge, sous les rires des mécaniciens.

Avant Barcelone il manque une recharge et cela va être une première mondiale. Nous sommes invités à charger l'Auto-Magique sur immense panneau solaire de presque 150 m² qui tourne pour suivre le soleil à Gérone. La puissance de cette installation solaire (plus de 12 kilowatts en triphasé) devrait nous permettre de faire une charge rapide de la batterie NiCd d'origine et de son complément LFP de 12 kWh soit 24 kWh avec le Charly.

Christian Lucas Président de Mobil 'Eco est présent pour solenniser l'événement.

(Gérone-Barcelone uniquement au soleil)

Charge semi-rapide 12 KVA au soleil avec le Charly de Renault transporté dans la Prius de Jérôme.

La presse espagnole est présente car c'est une première

Fin de charge semi-rapide au soleil – Batterie 18 kWh à 100% en 1 heures 30 minutes

Barcelone approche, et *L'Auto-Magique* roule dans le plus grand silence à plus de 100 km/h sur l'autoroute, fière et uniquement au soleil, son toit scintillant comme un défi aux pétroliers endormis.

Roulez uniquement au soleil c'est jouissif surtout quand je pense à Total, aussi que je compte bien mettre en place un tel système chez moi dans quelques années. (Voir tome 2)

1.3. PREMIERE ETAPE – BARCELONE A MATARO (30 MAI 2009)

30 mai, Barcelone – le départ du Phébus 2009 s'élance sur la Plaça de Sant Jaume, au cœur de la vieille ville, sous un soleil catalan impitoyable. *L'Auto-Magique* est là, entourée de 37 prototypes – sunracers élancés, vélos solaires bancals, engins hybrides aux allures extraterrestres. Mon Kangoo, avec son toit solaire intégral – une première dans ce rallye –, attire les regards : « C'est quoi, ce truc ? » « Une légende qui roule sans pétrole », je réponds, sourire en coin. Pas de booster essence cette fois, juste l'électricité pure – 100 km d'autonomie théorique, mais la réalité des côtes espagnoles va tester mes calculs.

L'étape : Barcelone à Mataro, 30 km. Le soleil tape, les panneaux solaires s'activent. Dans les rues embouteillées et sur les bretelles de voie rapide, les Mossos coupent la circulation, leurs gyrophares bleus tourbillonnant pour laisser passer ce défilé de sunracers à vive allure, la plupart ras du sol. Nous arrivons sur le mythique circuit de Formule 1 de la Catalogne qui nous est entièrement réservé. Nous allons vivre avec nos engins solaire une course extraordinaire.

1.4 LE DEROULE DE LA COURSE SUR LE CIRCUIT DE CATALOGNE

Avant de pénétrer sur le mythique circuit, chacun affute sa machine et sa stratégie avant la course.

C'est le moment de concentration

La ligne des motos

Les insolites sur un circuit de formule 1, inoubliable !

Les 4 roues, pour finir le cortège

Prêt au décollage ?

Le Sun Racer de Lucien Giol, qui était présenté en avant-première à Monaco EVER 2007 fait sa première sortie ici et il vient se frotter à l'Auto-Magique !

Le calme avant la tempête des électrons.

Plus d'informations sur ce nouveau sunracer sur le site web de Lucien Giol :

www.formulasolare.com

Rappelons ici que Lucien Giol a été le premier Français à aligner un Sunracer au World Solar Challenge en Australie, c'était en 1996 avec son sunracer Heliotrope.

Le départ du tour découverte approche.

Tout le Phébus roule

Pédalage, électricité et solaire

On repère les virages

Cliché pris lors du tour d'essai sur le circuit de formule 1 de Catalogne, un premier cliché pour vous mettre l'eau à la bouche ! Lucien Giol au volant de son nouveau Sun Racer qui fait ses premiers tours de roue en dehors de l'atelier de fabrication.

Une très belle machine. La course au coude à coude des 2 Sunracers, j'ai la chance de la vivre en les talonnant avec l'Auto-Magique sur 5 tours de circuit.

Course des 4 roues rapides

Les sunracers sont partis avec un demi-tour d'avance, il m'a fallu 3 tours pour les remonter.

Première bataille entre la Saxo électrique et le Kangoo.

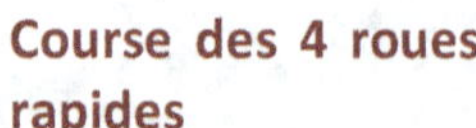

Avantage Saxo sur les 2 premiers tours.

La bataille entre les 2 sunracers a été sanglante, limite du versement pour Kaamsolar dans les virages. L'esprit de la course a vite pris le dessus, en 5 tours de circuit j'ai vidé les 60% qui restait dans la batterie principale, une expérience à ne pas faire tous les jours mais qui a montré que l'électronique RENAULT a suivi ce rythme d'enfer (avec le boost activé pour les spécialistes 26 Kilowatts)

L'Auto-Magique a été le véhicule le plus rapide au tour et qui a parcouru la plus grande distance sur le circuit, elle a fini par doubler tous les autres véhicules.... (Panne, fin d'autonomie, etc.)

[La vidéo du Kangoo à l'assaut de la Saxo](#) (court et rapide)

A noter, la Saxo allemande de Chris a été plus vite que moi sur les 2 premiers tours. Chris avait bien préparé sa 106, il avait vidé tout le contenu de bagages stockés dans sa voiture aussi il me prenait des mètres dans la partie légèrement en montée du circuit alors que dans la partie légèrement en descente du circuit je le remontais facilement. Au 4ème tour baisse d'énergie de la 106 que j'ai dépassé.

Je pense que nous avons inauguré la course de vitesse de véhicules électriques sur circuit de Formule 1, une première mondiale...

A quand une remise de coupe pour les VE ?

D'habitude il s'agit plus de course d'autonomie pour les VE (Chalenge Bibendum)

Bon il est temps de rentrer au stand pour recharger un peu afin de pouvoir atteindre le point de recharge du soir. Le grip de la piste est absolument incroyable, on peut quasiment tourner à angle droit à 80 Km/h ! cependant ce grip retient beaucoup la voiture rendant impossible d'atteindre les 110 km/h alors que sur autoroute lisse c'est très facile pour mon Kangoo.

Quel pied, le Phébus !

1.4. PHEBUS PARTIE FRANÇAISE – PRADES A PUYMORENS (1ER-2 JUIN 2009)

1er juin, Prades – le défi monte d'un cran : 150 km jusqu'au col de Puymorens, 1 915 m. *L'Auto-Magique* démarre à 80 % grâce à une recharge nocturne sur une borne publique – 16 kWh, un luxe rare. Le soleil brille, les panneaux solaires donnent 800 W sur la plaine – un bonus précieux. Mais les lacets pyrénéens attaquent : 250 Wh/km, la batterie fond comme neige au soleil. À 50 km du sommet, je m'arrête – un coin d'herbe, une prise chez un habitant généreux, et les panneaux solaires captent encore 500 Wh sous un ciel capricieux. « Ça roule au soleil, ton truc ? » me lance un spectateur. « Oui, et ça va grimper jusqu'au bout ».

2 juin, sommet du col – *L'Auto-Magique* franchit la ligne, 8 % restants, un exploit silencieux. Pas de pétarade, juste le ronron discret des pneus et le souffle du vent. Les « envahisseurs solaires » triomphent – *L'Auto-Magique*, première électrique à toit solaire du Phébus, marque l'histoire. Nous rejoignons le rassemblement final sur la grande place de Toulouse, privatisée pour l'occasion, où plusieurs prises Hypra 64 A rechargent les VE. Les sunracers, eux, se contentent d'attendre au soleil, leurs panneaux scintillant comme des ailes d'insectes géants.

1.5. LE RETOUR A LYON – 650 KM D'IMPROVISATION

Le retour à Lyon, 650 km, est une odyssée d'improvisation. Une charge dans une menuiserie industrielle nous oblige à chercher une prise tétra 380 V sous un toit à 15 mètres de hauteur – nous la divisons en six prises mono 220 V avec un adaptateur de notre cru. Plus loin, une prise alimentant le château gonflable d'un McDonald's fait des siennes – le château s'effondre durant la charge, sous les regards amusés des enfants. Enfin, de nuit, un hôtel nous ouvre ses portes après avoir réveillé l'aubergiste – 20 kWh en poche dans le sous-sol, assez pour rentrer au petit matin, lessivé mais victorieux. En 2009, il suffisait encore de sonner chez l'habitant, ravi de découvrir ce qu'était un véhicule électrique, surtout s'il s'appelait *L'Auto-Magique*.

2. RALLYE PHEBUS 2010 – BARCELONE A TOULOUSE (20 MAI - 25 MAI 2010)

2.1. MAI 2010 – UNE NOUVELLE ODYSSEE ELECTRIQUE

Lyon-Villeurbanne, mai 2010. Après le triomphe de 2009, *L'Auto-Magique* revient sur la scène du Rallye Phébus, prête à relever un défi encore plus ambitieux : 2 181 km, 100 % électrique, à travers la France et l'Espagne. Les batteries NiCd et lithium, peaufinées au fil des mois, offrent désormais 180 km d'autonomie, et le toit solaire, optimisé pour capter jusqu'à 1,2 kW sous un soleil franc, devient mon allié fidèle dans cette croisade. Michel Prieur, compagnon indéfectible du Prius Touring Club, m'accompagne avec sa Prius vert olive, tandis que l'organisation maintient son encadrement rigoureux des sunracers – ces prototypes solaires fragiles, escortés

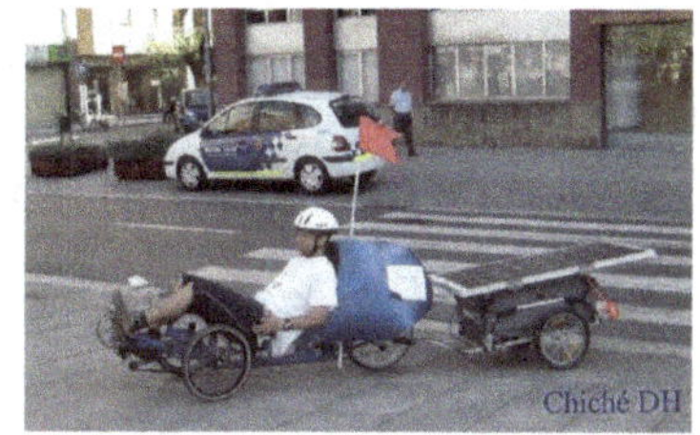

et protégés par les gyrophares hurlants des Mossos d'Esquadra en Catalogne. Cette année, la météo s'annonce incertaine, transformant chaque recharge en une équation délicate. Pourtant, le 20 mai, le départ de Lyon reste un rituel immuable : 22 kWh injectés par mes panneaux solaires domestiques, et *L'Auto-Magique* s'élance sur l'A7, silencieuse mais résolue, pour une aventure qui marquera l'histoire.

2.2. L'APPROCHE DE BARCELONE – 706 KM EN TROIS JOURS

L'approche de Barcelone, 706 km, est une épopée minutieusement découpée en étapes courtes pour préserver les 180 km d'autonomie. Deux arrêts nocturnes, à Avignon et Perpignan, jalonnent ce périple inaugural.

Étape 1 : Lyon-Villeurbanne à Valence (118 km)

20 mai, 11h45. *L'Auto-Magique* quitte Lyon par l'A7, bifurquant sur la D86 à travers la route des vins de Condrieu – un détour pittoresque à 50 km/h de moyenne, bercé par les vignes et le calme. Après un arrêt pour déjeuner, j'arrive à 14h30 à la concession Renault Établissements

Bernard, à Valence. Une prise Hyper 16 A sous 380 V triphasé, couplée à Charly-Mac, délivre 20 kWh en une heure et demie – les batteries NiCd et lithium grimpent à 80 %, soit 150 km d'autonomie. Les techniciens, fascinés par cette voiture d'un autre temps, reçoivent mes remerciements chaleureux avant que je reprenne la route.

Étape 2 : Valence à Avignon (133 km)

L'arrière-pays diois déploie ses routes désertes et ses paysages somptueux – Grignan et son château se dessinent sous un ciel limpide.

À Avignon, l'hôtel Novotel m'ouvre ses six prises réservées aux autocars, que Charly-Mac exploite en triphasé pour une charge rapide : 20 kWh en deux heures. La nuit s'installe, permettant aux batteries de s'équilibrer à 100 % sous la vigilance des trois chargeurs dédiés. Bilan de la journée : 251 km en huit heures, sans péage, une prouesse mêlant tourisme et électricité pure.

Étape 3 : Avignon à Montpellier (100 km)

21 mai. Le trajet vers Montpellier longe l'A9, offrant un passage spectaculaire sur la digue de l'étang de Thau – *L'Auto-Magique* glisse face à la mer, comme dans un rêve éveillé. Aucun point de charge n'est prévu, mais un kit chinois de 4 kWh LFP, récupéré par Michel à Lyon pour équiper son propre Kangoo ou sa Prius, traîne dans son coffre. En rase campagne, je vide cette réserve dans *L'Auto-Magique* avec un bricolage improvisé, zappant une recharge planifiée pour gagner du temps.

Étape 4 : Montpellier à Perpignan (100 km)

Une recharge rapide à la concession Renault de Perpignan – 20 kWh en une heure – me remet à flot. Les techniciens, désormais familiers depuis 2009, plaisantent : « Toujours pas de pétrole ? » « Jamais », je réplique, un sourire en coin, avant de poursuivre.

Étape 5 : Perpignan à Gérone (100 km)

La route vers Gérone, avec ses forts dénivelés, se franchit sans accroc – les descentes régénèrent un filet d'énergie. À Gérone, la station solaire mobile, déjà éprouvée en 2009, m'attend sous un soleil éclatant. Charly-Mac, réglé à 10 kW, injecte 28 kWh en trois heures – 52,5 A à 158 V, répartis équitablement entre NiCd et lithium. Une sieste s'impose pendant que les panneaux scintillent au zénith.

Étape 6 : Gérone à Caldes d'Estrac (88 km)

Avec 28 kWh en réserve, je rejoins le parc photovoltaïque de Caldes d'Estrac, où une ombrière municipale m'offre une prise gratuite. Ce parking, capable de produire 360 000 kWh par an et d'épargner 200 000 tonnes de CO_2, symbolise l'avenir – assez pour 1,4 million de km en VE. Une recharge municipale à Barcelone finalise mes préparatifs pour le rallye.

Le Rallye Phébus 2010, du 22 mai au 25 mai, est une traversée de 715 km, ponctuée d'étapes exigeantes et de paysages grandioses, où *L'Auto-Magique* brille parmi les sunracers et les pionniers électriques.

Jour 1 : Caldes d'Estrac à Llinars del Vallès (51 km)

22 mai. L'inauguration du parc photovoltaïque de Caldes d'Estrac donne le coup d'envoi. *L'Auto-Magique* s'élance vers Llinars del Vallès, 51 km de montées légères sous un soleil timide. Les sunracers, fragiles mais audacieux, défilent aux côtés de mon Kangoo robuste, qui trace sa route dans un silence obstiné.

Charge rapide autour de la tablé durant le repas de midi

Jour 2 : Llinars del Vallès à Argelès (215 km)

Les étapes dans les villages sont destinées à faire découvrir la mobilité écologique aux habitants

23 mai. Une charge rapide à Lloret de Mar (49 km) prépare une étape redoutable : 166,2 km vers Argelès via la Costa Brava.

Les organisateurs neutralisent ce parcours, trop ardu pour la plupart des concurrents – reliefs abrupts, centaines de virages, la Méditerranée scintillant en toile de fond. Mais *L'Auto-Magique* refuse de céder.

Première électrique sur cette route mythique, L'Auto-Magique triomphe là où d'autres renoncent.

L'auto-Magique et ses 24 kWh embarqués est le premier véhicule électrique au monde à avoir rejoint Argeles en partant de Lloret de Mar et en prenant la route de la Costa Brava. Le parcours comprenant la traversée des Pyrénées après des multitudes de montées et de descentes et des virages à chaque crique de la cote sur les contours de la Costa Brava les 24 kWh embarqués étaient très juste. Nous avons effectué un complément de 1 kWh à 3 km de la Jonquera en raccordant la batterie de l'Auto-Magique au kit 4 kWh embarqué dans la Prius suiveuse. La fin du parcours en descente a permis de recharger gravité afin de préparer le franchissement des dix derniers km sur le plat pour atteindre le camping d'Argeles et sa prise triphasée salvatrice.

Jour 3 : Argelès à Carcassonne (100 km)

24 mai. Via Leucate plage et les petites routes, je rejoins Carcassonne. Une recharge rapide à la concession Toyota de Narbonne (32 A, 20 kWh) dope les batteries. Devant les remparts médiévaux, *L'Auto-Magique*, la Tesla Spider, la Think et le camion Modec – tous capables de 180 km d'autonomie – éblouissent les touristes.

« Les envahisseurs sont là ! » s'exclame un passant.

Arrivée de nuit à Carcassonne, Phébus 2010

Les sunracers, comme Solelhada, se gorgent de soleil devant la station Toyota, dans un moment magique gravé dans l'histoire de Phébus.

Jour 4 : Carcassonne à Albi via la Montagne Noire (130 km)

25 mai. La traversée de la Montagne Noire, avec ses routes défoncées, est un défi – un sunracer abandonne, mais cinq VE, dont *L'Auto-Magique*, atteignent le sommet.

Pas de prises au pied des éoliennes au sommet de la montagne noire, mais le circuit du Séquestre à Albi offre une installation impeccable.

Une course amicale sur le Séquestre s'improvise contre une Tesla et une Think – *L'Auto-Magique*, fière de ses origines artisanales, tient la cadence avec panache.

Jour 5 : Albi à Toulouse (130 km)

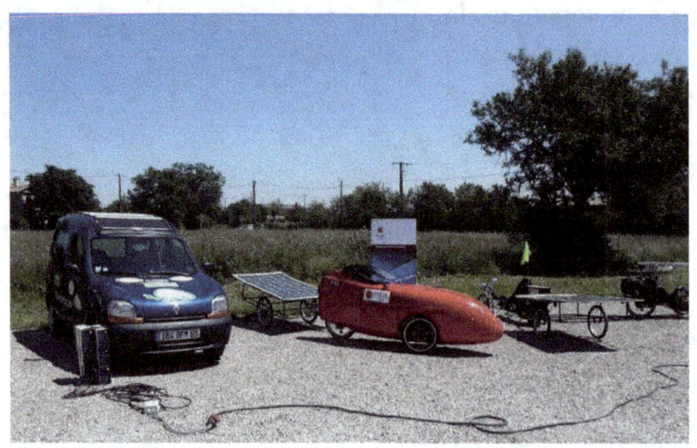

25 mai. Via Lugan, où l'école nous prête une grosse prise.

L'Auto-Magique atteint Toulouse. Sur la place du Capitole, les prises Hypra 64 A rechargent les batteries lors de la remise des prix – un au revoir émouvant sous un ciel clair.

Un couple allemand en Twike, venu par la route, me présente une brochure de 300 pages listant les points de recharge en Allemagne et en Suisse – un modèle d'organisation qui contraste avec la France, « patrie originelle du VE », où un tel guide n'existe pas faute de prises accessibles. Leur solution pour charger leur Twike ? Lancer une rallonge depuis une chambre d'hôtel ! Une absurdité qui renforce ma conviction : un décret imposant une prise dans chaque station-service, avec un simple sous-compteur, rétablirait l'égalité énergétique sans coûter un centime à l'État.

Solelhada vainqueur du phébus 2010

2.4. LE RETOUR A LYON – 514 KM DANS L'ADVERSITE

Après quelques jours à tester un second kit lithium avec Michel dans son Kangoo, et une escapade dans les cols pyrénéens pour éprouver nos deux véhicules, le retour vers Lyon s'amorce – 514 km en 48 heures, le maximum pour *L'Auto-Magique*.

Toulouse à Thiers (414 km)

26 mai. Le trajet par les petites routes de l'Aubrac est une épreuve. Une recharge chez McDonald's, sur la prise du château gonflable, amuse les enfants quand il s'effondre sous la charge. Une menuiserie industrielle offre 20 kWh, puis une nuit à Thiers, où un hôtel ouvre ses portes pour 20 kWh supplémentaires, maintient *L'Auto-Magique* en vie. La pluie et les montées éprouvent mes nerfs, mais elle ne flanche pas.

Thiers à Lyon-Villeurbanne (100 km)

27 mai. L'A89 ramène *L'Auto-Magique* à la maison, où mes panneaux solaires lui redonnent souffle. 2 181 km, 100 % électrique – une odyssée victorieuse, scellée par la ténacité et l'ingéniosité.

17. TRAVERSEES DES ALPES AVEC L'AUTO-MAGIQUE (2008-2010)

1. TRAVERSEE DES ALPES 2008 – LES PREMIERS PAS AUDACIEUX

1.1. 15-17 SEPTEMBRE 2008 – PREPARATION SOUS PRESSION

Du 15 au 17 septembre 2008, la France et la Belgique vibrent d'une fébrilité électrique : la 3ème Traversée des Alpes approche, et *L'Auto-Magique*, désormais 100 % électrique, n'a plus de moteur thermique de secours. Chaque prise compte, chaque watt aussi. Depuis son acquisition en 2008, après une vie paisible à l'Élysée (7 000 km en six ans entre 2001 et 2007, entre balades présidentielles et démonstrations chez Renault), ce Kangoo montre des défauts de jeunesse. Sa batterie NiCd, remplacée fin 2007 par anticipation du rappel Renault pour sécurité, plafonne à 80 Ah (80 %) contre 100 Ah nominal et refuse une charge complète malgré une tension stable sur 70 km. Trop tard pour l'OTS (Optimisation Technique de Sécurité) – reportée à novembre après négociation avec Renault Vénissieux, qui menaçait d'une immobilisation immédiate lors du changement des pneus avant.

Face à ce défi, je conçois une solution low-cost : une batterie « range-extender » sous le capot moteur vide, visant +50 % d'énergie. Objectif : Lyon-Lyon via la Bonette et Nice, 915 km en cinq jours, tout électrique. Le 12 septembre, miracle logistique : une batterie Nimh de 48 V, commandée le 1er aux USA et expédiée le 11, arrive après une engueulade mémorable avec le fournisseur californien. Avec Michel Prieur (Mik&Toy, Prius Touring Club), trois jours et trois nuits suffisent pour bricoler une batterie hybride NiCd-Nimh-plomb (132 V, 55 Ah effectifs, soit 6 kWh disponibles) :

- 84 V NiCd 45 Ah (coffres de Boeing 747 déclassés, 24 V chacun, un à 12 V en secours, don d'André Rondonnier).
- 48 V Nimh 45 Ah (trois packs de 15 Ah importés, 315,96 € de taxe TVO, assemblage fragile).
- Deux packs plomb-gel 7 Ah en série.

Ce pack, en parallèle avec la batterie principale, réduit l'intensité tirée (gain de capacité) sans augmenter la masse – les gueuses en fonte sont remplacées. Sécurisé par des disjoncteurs magnétothermiques 30 A et des fusibles d'origine, démontable en cinq minutes, il repose sur deux câbles 3x20 mm² reliant coffre et capot – deux jours et deux nuits de galère. Le 17, un test sur 45 km à Lyon révèle un élément Nimh défectueux (languette fendue, soudure de fortune), mais une cohabitation viable : 100 A en pointe, 20 A en équilibrage, sans échauffement. Épuisé, je lance une surcharge complète ce mercredi soir : demain, c'est sérieux. La capacité utile de la batterie en kWh pour cette traversée est donc de 17 kWh.

1.2. 18-19 SEPTEMBRE 2008 – L'APPROCHE HEROÏQUE : LYON A JAUSIERS

Jour 1 : Lyon à La Mure (146 km)

Le 18 septembre, départ retardé d'une heure – un rétroviseur droit incompatible (trois heures de bricolage !) sabote le planning. Direction Moirans (87 km, col de la Banchet, 550 m). En limite d'autonomie, un groupe

électrogène ronronne 10 minutes au sommet – inutile, la descente suivait. Chez DeltaLab (high-tech solaire, biodiesel), Dirk Pitt et son Scoot'Elec nous accueillent pour une charge semi-rapide. Patrick Augier (Elec77), en Berlingo depuis Bourg-en-Bresse, branche son 380 V. Repas au self rouvert pour nous, puis Jérôme Fresnay (Palm35, Prius grise) arrive. À 17h30, cap sur La Mure (59 km, +700 m, côte de Laffrey). Pluie à l'hôtel Murtel, discussions animées entre amis VE :

neige prévue sur la Bonette, inondations à Nice. Moi, je mise sur une étoile magique.

Jour 2 : La Mure à Jausiers via Gap (140 km)

Le 19, départ pour Gap (65 km, col Bayard, 1 246 m). Sans 380V à l'hôtel Murtel, la batterie range-extender reste vide, mon auto-magique n'a que 9 kWh de disponible. À 700 Wh près, un groupe électrogène sortie sur le bord de la route sauve la montée finale.

Au Lycée Paul Héraud, recharge semi-rapide et repas avec les professeurs, fascinés par les VE et leurs bancs de test.

Jean-Donnier dévoile les secrets de sa Dyane Electra aux élèves du lycée Paul-Hérault

L'équipe B (Pierre Violot) pose un camion à Sisteron, revient en AX et Partner électriques. À 17h12, Jausiers, 10 % restants, suivi de Patrick Augier depuis Salins-les-Bains. 286 km en VE : une épopée !

1.3. 20 SEPTEMBRE 2008 – L'ASSAUT DE LA BONETTE

Réunion préparatoire sur la terrasse, cocktail improvisé, repas gastronomique – ma suite royale (sur classement) amuse avec sa douche son-et-lumière. Le 20, Jausiers, Villa Morelia : 25 participants, un laboratoire roulant :

- Pros : ADS Technologies (VAE XTREM, Helio), Sweet'Elec (eMax120L, Sweet GT), B. Power (Kosmob), Clean Energy Planet (Emove City, VTT), Festivvel (scooter IO), VAE Koga Miyata, Geo Véhicule (quad batterie plomb), M. Courtois, Belgique), Toyota Gap (Prius lycée), AVEM (logistique), EDF/ENEDIS (4 points de charge : Saint-Sauveur, Nice, col du Pilon, Barèmes).
- Amateurs : Gérard Dusailly (AX allégée), Remdo et Dirk Pitt (Scoot'Elec), HDC (Vectrix), *L'Auto-Magique.*
- Trio bourguignon : Pierre Violot (Partner, chargeur rapide ajustable), Mamouth de la Hulotte (AX, technicien hors pair), Patrick Augier (Berlingo, Salins-les-Bains).
- Prius : Palm35 (Jérôme Fresnay), Mik&Toy (Michel Prieur), MacYan et sa Prius blanche, Yoyo59 et sa Prius Noire, Lycée Paul Héraud (Frédéric Mlynarczyk).

À 9h43, les VAE partent décalés (20 km, équipes multiples), suivis des scooters – un test impitoyable. Le quad de Courtois grimpe posément. *L'Auto-Magique*, avec 15 kWh, triomphe à 2 802 m. Au sommet, Pierre Violot ajuste son chargeur miracle pour un scooter en panne, Mamouth démonte une batterie d'AX avec un couteau suisse – la « Dream Team » en action.

La « Dream Team » au sommet de la Bonette, 20 septembre 2008

1.4. 21-23 SEPTEMBRE 2008 – LE RETOUR EPIQUE : JAUSIERS A LYON

21 septembre : Jausiers à Sisteron Nord (390 km)

Descente à Saint-Sauveur-sur-Tinée (charge EDF), Valberg, Nice (194 km). Puis Nice-Grasse-col du Pilon (poste de charge ERDF) - Barèmes (70 kW) - Sisteron Nord (196 km) : deux charges rapides à 80 %, 30 km restants. À Guillaume, près de la machine à vapeur fumante du Train des Pignes, le vieillard à la canne réapparaît, immobile, carnet en main, nous observant de loin – un mystère alpin.

22 septembre : Sisteron Sud à Saint-Bonnet-de-Mure (239 km)

Charges à Sisteron Sud (80 %, CHARLY Renault), Saint-Julien-en-Beauchêne (80 %), Pont-de-Claix (40 %), Moirans (80 %). Conso : 11,6 kWh/100 km.

23 septembre : Les 18 km finaux

À 18 km de Villeurbanne, panne sèche. L'AX électrique de Mammouth me reconduit chez moi. Le lendemain c'est avec un petit groupe électrogène qu'elle finira le trajet – en 2008, pas de bornes publiques !

1.5. HERITAGE

915 km en VE, un exploit malgré les galères. Pierre Violot et Mamouth de la Hulotte brillent : Pierre avec son chargeur ajustable, Mamouth avec ses réparations ingénieuses (comme cette batterie d'AX sauvée sur la Bonette). Le vieillard à la canne, aperçu à Guillaume par Jérôme Fresnay (« Tu l'as vu, Jean-Marc, il est là-bas ! »), reste une énigme, son carnet liant 2008 à l'avenir. *L'Auto-Magique* s'affirme, prête pour 2009.

1.6. BEMOLS ET TRIOMPHE

Deux ombres : la DGSI nous filme en cachette via un faux journaliste et des caméras dans les bois – images perdues, gâchis pour l'INA. France 3 annule son reportage à 23h la veille du passage de la Bonette le tournage planifié et réfléchi depuis de long mois, une décision politique selon mes amis – ma revanche viendra aux États Généraux de l'Automobile 2009 (Chapitre 13).

Les pétroliers tremblent devant notre silence. Heureusement, France 3 Nice Côte d'Azur diffuse un reportage régional en trois épisodes, dans une série écolo hebdomadaire.

2. TRAVERSEE DES ALPES 2009 – LA CONSECRATION ELECTRIQUE

Cette année *L'Auto-Magique* Version III passe en 144 volts coté batterie. La batterie NiCd a été rénovée par SAFT lors de l'OTS. Sa capacité utile sera donc 21,5 kWh (si chargé à fond avec Charly-Mac).

2.1. SEPTEMBRE 2009 – UNE AMBITION GRANDISSANTE

Du 18 au 21 septembre 2009, la 4ème Traversée des Alpes s'ouvre sous un ciel clair, marquant une étape décisive pour *L'Auto-Magique*, désormais équipée de batteries LFP optimisées (Chapitre 14). Le parcours, fidèle à la tradition, relie Jausiers à Nice via la Bonette et la Couillole – 150 km de cols abrupts – avec une ambition accrue : prouver l'endurance des batteries modernes face aux cimes. 41 véhicules s'élancent, un cortège électrique venu de toute la France et au-delà, prêt à défier la Bonette, sommet mythique de cette odyssée. Quatre jours mêlent défi technique, tourisme montagnard et sensibilisation écologique, avec un passage clé au Lycée Paul Héraud de Gap, où Frédéric Mlynarczyk initie les élèves à la culture VE (voir Hommage).

Les étapes :

- Vendredi 18 septembre : Convergence au Lycée Paul Héraud, recharge, tour démonstratif à Gap, trajet vers Jausiers (85 km), soirée au Villa Morelia.
- Samedi 19 septembre : Assaut de la Bonette (2 802 m), descente à Saint-Sauveur-sur-Tinée, montée de la Couillole (1 678 m), étape à Valberg avec remise des labels Mobil'Eco Montagne.
- Dimanche 20 septembre : Tourisme via Valberg, Guillaumes, col de la Cayolle (2 326 m), retour à Barcelonnette puis Gap (155 km).
- Lundi 21 septembre : Débriefing au Lycée Paul Héraud, recharge, retour (228 km pour *L'Auto-Magique* jusqu'à Lyon).

2.2. LES PARTICIPANTS – UNE MOSAÏQUE ELECTRIQUE

Une diversité impressionnante : 41 véhicules, des VE purs aux hybrides, VAE et scooters, tous visant la Bonette.

- Les Peugeot 106, Saxo, Berlingo et Kangoo (1997-2005) profitent des astuces de la « Dream Team » PSA, menée par Pierre Violot et Mamouth de la Hulotte.

- Le lycée Paul Héraud aligne un Kangoo Electri Cité VP, un scooter ADS Technologies 80L6, trois VAE Clean Energy Planet.
- Gap déploie une GEM Matra, un Scoot'Elec, deux VAE (Gitane, Clean Energy Planet).
- La Poste envoie 10 facteurs avec quatre VAE VTT GT Clean Energy Planet.
- Le CERN brille avec la Dyane Electra de Jean Donnier (batteries lithium-ion polymère). Particuliers : Saxo Électrique, Scoot'Elec, Kangoo Electri Cité, Peugeot 106 (dont Guy Hollard), VAE Matra i-Step MS Force, VTT Vario Diablo, kits Velectris et BEA.
- Hybrides : une Prius III, trois Prius II. Le Team Bourguignon (Chalon-sur-Saône) : un Partner, deux Berlingo électriques, suivis par une télé régionale.
- Associations : Ecocycle (Suisse, deux Scott Stryke VTT), Vecolo (VAE Dunant Sport Aventure). Pros : Ludotechnologie (vélos BEA 36V 250W), SEV Electric Vehicles (eTRICKS),
- ADS Technologies (scooter lithium 80L6, 100 km d'autonomie), Clean Energy Planet.
- Valberg parade avec ses GEM.

Presque tous rejoignent Gap par la route – deux depuis Nice (trois jours), trois depuis Chalon-sur-Saône, un depuis Lyon (*L'Auto-Magique*, un jour) – sauf les Peugeot 106, transférées (ex. : Guy Hollard). CO2 : un souffle.

2.3. PARCOURS D'APPROCHE – LYON A GAP EN UNE JOURNEE

Le 17 septembre, *L'Auto-Magique* attaque : 228 km Lyon-Gap, 46 km/h moyenne, 104 Wh/km sur la batterie principale, batterie range-extender sollicitée sur 100 km d'autoroute. Halte à Voreppe chez Rio Tinto Alcan : prise Hypra 32 (Centre de Recherches), recharge de 13 % à 100 % en quatre heures (deux semi-rapides jusqu'à 80 %, deux de surcharge). Soutien salué officiellement, signe de l'engagement d'Alcan. Le col de Lus-la-Croix-Haute (1 179 m) passe sans accroc, suivi d'une charge semi-rapide de deux heures à Saint-Julien-en-Beauchêne. Gap atteint avec 40 km d'autonomie – assez pour un dîner nocturne. Contre deux jours en 2008, 55 kWh (5 euros) : le silence progresse.

2.4. JOUR 1 : GAP A JAUSIERS – LE LANCEMENT

Le 18 septembre, midi au Lycée Paul Héraud : 41 participants, un bourdonnement électrique. À 15h, tour démonstratif à Gap – pneus chantants, passants ébahis. Puis Jausiers (85 km, 134 Wh/km, 32,7 km/h). *L'Auto-Magique* recharge semi-rapide et surcharge deux heures au lycée, avant la grande place de Jausiers. EDF offre quatre points officiels – fini les branchements sauvages. Soirée au Villa Morelia : gastronomie et récits de Jean Donnier (Dyane Electra), Lennart Hellberg (Peugeot 106), Patrick Augier (Berlingo), sous l'œil des Prius du Prius Touring Club.

2.5. JOUR 2 : L'ASSAUT DES COLS – BONETTE ET COUILLOLE

Mais un coup de théâtre : la Direction Départementale de l'Équipement ferme la Bonette ce matin – neige et verglas à 2 802 m. Négociations

tendues : les hôtels sont de l'autre côté ! À 11h, feu vert après déneigement, salage, raclage.

Jérôme Fresnay (Prius) part en éclaireur, appelle du sommet :

« OK, prudence, très froid, pas de boucle possible, mais Saint-Sauveur est accessible ! »

Charge de tous les VE à Saint Sauveur sur Tinée, 17 septembre 2009

À Saint-Sauveur-sur-Tinée, prise EDF officielle – luxe post-granges. Puis la Couillole (1 678 m) : descente dansante, *L'Auto-Magique* glisse, pneus susurrants, panneau solaire actif. À Valberg, chalet privatisé : champagne, récits, rires étoilés. Remise des labels Mobil'Eco Montagne. Le vieillard à la canne surgit, discret, carnet usé en main, regard perçant sur *L'Auto-Magique* – les Cahiers du Cèdre immortalisent encore.

2.6. JOUR 3 : TOURISME MONTAGNARD – LA CAYOLLE

Le 20 septembre, tourisme (155 km, 130 Wh/km, 31 km/h) : Valberg-Péone, décor fabuleux, montée minérale du col de la Cayolle (2 326 m). *L'Auto-Magique*, protégée par la Prius de Macyan (Prius Touring Club), charge trois heures à 10 A au refuge de la Cantonnière – vital pour Gap. Barcelonnette, puis Gap : 5 km d'autonomie, 40 km en range-extender – marge ténue mais victorieuse.

2.7. JOUR 4 : RETOUR A LYON – UNE PROUESSE TECHNIQUE

Le 21 septembre, retour (228 km, 101 Wh/km, >50 km/h). Gap-Saint-Julien-en-Beauchêne (101 Wh/km, 50 km/h), charge semi-rapide deux heures, surcharge une heure. Saint-Julien-Voreppe (62,9 km/h, batterie 45 °C), allure thermique (TomTom). Chez Rio Tinto Alcan, recharge 16 A (45 °C à 43 °C en 15 min), deux heures semi-rapides, demi-heure finale. Voreppe-Villeurbanne (67,9 km/h, batterie 50 °C) : limite atteinte, succès total grâce à l'OTS de Bordeaux (Chapitre 14). *L'Auto-Magique*, reine des cimes, défie Musk depuis Palo Alto.

2.8. TEMOIGNAGE : LA TRAVERSEE DES ALPES VUE PAR GUY HOLLARD

Guy Hollard, de la « Dream Team » PSA (Pierre Violot, Mamouth de la Hulotte), raconte sa Peugeot 106 « Peacock Blue », achetée il y a 11 ans chez Peugeot Vénissieux (3 000 km, coût astronomique), toujours euphorisante :

« Départ le 17 soir, charge à Bourgoin-Jallieu. Le 18, transfert en camion-plateau à Gap – autonomie limitée. À 15h, Jausiers : 85 km, 8 %, pas de voyant – bon signe ! Charge nocturne avec le TEP – chargeur amélioré PSA, comme le 'Charly-Mac' de Jean-Marc – et départ pour la Bonette, piano, ciel radieux. Lac : 50 %. 'On y va ?' Sommet enneigé : 25 % – calculette ! Montée 25 %, descente 6-7 %, 32 % au lac. Plongée calme, régénération OK, 32 %. Demi-tour, col à 7 % – métronome, pas de lampe orange, ça tient ! Deux montées, puis Saint-Sauveur : 36 %, charge incomplète – ça disjoncte, du jus ! Couillole à 89 %, col à 19 % – '20 km, c'est cuit ?' Descente légère, Valberg à 6 %, toujours pas allumé. Brave 106 ! Tour de Valberg, Guillaumes, Cayolle douce. Pleine : Baptiste, bagages, outils, bastaings… Une marmotte obèse ! Refuge : 36 %, repas randonneur. Col à 30 %, descente sur Barcelonnette, Jausiers à 35 %, 91 km/h en ligne droite – des fous ! Camion, et cap au nord. Week-end gravé ! »

3. TRAVERSÉE DES ALPES 2010 – L'APOGÉE DES CIMES

Cette année *L'Auto-Magique* Version V repasse en 132 volts coté batterie mais avec une batterie range-extender LFP de 79 AH. Sa capacité utile sera donc 23,6 kWh. Elle a aussi perdu de la masse (environ 100 kg) par rapport à la très lourde version III. Ce sera cette année une promenade de santé !

3.1. SEPTEMBRE 2010 – UNE AMBITION SANS LIMITES

Septembre 2010. La 5ème Traversée des Alpes s'élève comme l'apogée technique de *L'Auto-Magique*, une édition labellisée « Bougez Autrement » dans le cadre de la Semaine Européenne de la Mobilité. Sous un ciel d'automne clair et vibrant, 80 véhicules électriques convergent – un cortège silencieux, une armée d'innovation prête à graver son empreinte dans les annales alpines. Le parcours, ambitieux, s'étend sur trois jours, reliant Gap à Nice via Jausiers, le col de Larche, l'Italie, le col de la Bonette, Saint-Sauveur-sur-Tinée et le col des Dauphins – 280 km au total, un Everest électrique pour les batteries et les cœurs. Voici les étapes précises :

- Départ de Gap : Chargée à 100 %, *L'Auto-Magique* ouvre la voie.
- Tour de Gap : Passage démonstratif en ville.

- Gap → Jausiers (France) : 1ère étape, ~100 km, plaine et légère montée via la D900, recharge sur la grande place de Jausiers via des tableaux temporaires alimentés par ERDF.
- Jausiers → Col de Larche (France) : 2ème étape, ~30 km, montée à 1 991 m, pente moyenne de 6 %, état de charge (SOC) mesuré au sommet.
- Col de Larche → Italie (~50 km) : 3ème étape, descente vers l'Italie, recharge partielle par freins régénératifs, demi-tour au choix des pilotes, retour au col.
- Col de Larche → Jausiers (France) : 4ème étape, ~30 km, remontée à 1 991 m pour la « course à l'élastique », jauge batterie mesurée, puis descente et recharge à Jausiers.
- Jausiers → Col de la Bonette (France) : 5ème étape, 23,7 km, montée à 2 802 m, pente moyenne de 6,6 %, passages à 10 %.
- Col de la Bonette → Saint-Sauveur-sur-Tinée (France) : 6ème étape, ~65 km, descente avec freins régénératifs, recharge sur prise officielle de la commune.
- Saint-Sauveur-sur-Tinée → Col des Dauphins (France) : 7ème étape, ~30 km, montée à 1 610 m.
- Col des Dauphins → Nice (Croisette, France) : 8ème étape, ~40 km, descente et plaine, arrivée sur la Croisette, remise des prix et recharge chez ERDF Nice.

3.2. JOUR 1 : GAP – LE COUP D'ENVOI

Le 17 septembre 2010, la première journée s'ouvre à Gap, au Lycée Paul Héraud, dédié aux métiers de l'automobile – un lieu chargé d'histoire où, en 2007 (Chapitre 11), j'avais rechargé **La Toujours-Contente** sur une prise volante dans un parking public. Cette fois, l'organisation est titanesque : 80 VE affluent, leur silence impressionnant contraste avec les grondements des « gazo mazout clac-clac » – une expression chère aux clubs d'électromobilistes pour moquer les diesels. Mais une angoisse me serre la gorge : recharger

bénévolement des dizaines de véhicules sans bornes publiques est une gageure. Même le lycée manque de puissance. ERDF vole à notre secours : de nuit, ils ouvrent un local alimentant la ville, dévoilant des disjoncteurs libres de 1 000 A (380 kW). Pierre, notre électricien dévoué, raccorde les tableaux et bornes prêtées par les Établissements Walther, œuvrant à la lueur d'une lampe de poche dans l'obscurité. Quand tout est prêt, il me confie l'actionnement du disjoncteur – un énorme « bang » déchire le silence ! Un petit fil de cuivre, mal placé, avait glissé entre les bornes, provoquant un court-circuit qui le pulvérise en une gerbe d'étincelles. Plus de peur que de mal – Pierre retente l'opération, et le courant jaillit enfin. Nous tassons les 80 VE dans cet espace exigu, une installation hors normes mais vitale pour lancer l'aventure.

Au petit matin, un défilé silencieux traverse Gap – un bouchon électrique qui fascine la foule, seuls les pneus murmurent sur l'asphalte. Puis, cap sur Jausiers. La grande place est privatisée, ERDF déploie un câble massif depuis un transformateur moyenne tension à 200 mètres, rechargeant notre joyeux chaos – 80 VE de toutes sortes, une mosaïque préhistorique de la mobilité électrique en 2010.

Bulle de silence à Gap, défilé des VE, 17 septembre 2010

3.3. JOUR 2 : LA COURSE A L'ELASTIQUE

Le 18 septembre, le deuxième jour dévoile un défi inédit : la « course à l'élastique ». Les meilleurs viseront le Mobil'Eco Montagne niveau Or, avec un double passage du col de Larche. Pour les VE, c'est un test d'endurance : montée au col (1 991 m), descente de 50 km vers l'Italie, demi-tour libre, puis remontée avec une jauge batterie frôlant 0 %. Les freins régénératifs compliquent les calculs – un jeu d'équilibriste entre audace et précision. Nos inspecteurs, postés au sommet, relèvent les états de charge à l'aller et au retour. Pour les VAE (vélos à assistance électrique), le défi est différent : grimper le plus haut possible sur un col, puis redescendre vers Jausiers sans pédaler – un classement pour le meilleur ascensionniste, mais une descente frigorifique.

L'Auto-Magique, avec ses batteries LFP et son toit solaire, mène la danse. Elle descend en Italie, serpente sur 15 km de routes sinueuses, puis remonte au col avec 5 % restants – un exploit salué par des cris d'admiration. Jean Donnier, scientifique du CERN, triomphe avec sa Dyane Electra : il franchit le col au retour avec 0 %, un calcul d'une précision chirurgicale. Aucun « élastique » ne casse – certains osent même 50 km en direction de l'Italie avant de rebrousser chemin. Les VAE, transis de froid, redescendent en frissonnant, leurs batteries nichées dans des sacs à dos comme un clin d'œil à leurs estimations approximatives.

3.4. JOUR 3 : L'ASSAUT DES CIMES

Le 19 septembre, le troisième jour est une apothéose – l'assaut des cols emblématiques : la Bonette (2 802 m), puis les Dauphins (1 610 m), avant l'arrivée à Nice. *L'Auto-Magique* gravit la Bonette avec aisance, ses 22 kWh défiant les pentes à 10 %, atteignant le sommet avec 20 % restants – un silence majestueux sous le vent alpin qui hurle à 2 800 mètres. Les VAE, plus laborieux, montent avec une seconde batterie dans le sac, un rappel ironique de leurs erreurs de calcul. La descente vers Saint-Sauveur-sur-Tinée recharge partiellement via les freins régénératifs ; une alimentation de puissance est fournie par la commune, alimentée par EDF, elle permet à Pierre d'y connecter toutes les bornes de charges. Le col des Dauphins, dernière ascension, est une formalité. On passe par Anot le long du train des pignes où les machines à vapeur troublent le silence.

Les VE passent par Anot en direction de Nice, 19 septembre 2010

À Nice, sur la Croisette, la municipalité nous accueille pour la remise des prix – mais les télévisions brillent par leur absence, une omission curieuse. Les pétroliers, tapis dans l'ombre, semblent redouter ce silence conquérant. Cette édition scelle une ère : *L'Auto-Magique* devient une légende alpine, un défi lancé à Musk qui, à des milliers de kilomètres, prépare une Tesla pour l'espace. L'histoire roule, et les sommets en portent l'écho. Mais organiser et financer seul cette Traversée devient intenable – cette 5ème édition m'a coûté plus de 2 000 euros. Charger 300 VE pour une prochaine édition sans bornes publiques exigerait 1 gigawatt ! Un défi pour demain.

OFFICIEL : LES DIPLOMES DE LA 5EME TRAVERSEE DES ALPES EN VEHICULES ELECTRIQUES.

Ceux qui ont acquis le droit d'y concourir lors de l'épreuve de l'élastique et ont atteint au moins le col de La Bonette (Restefond) puis valider leur label par leur arrivée avant 18H30 Place Masséna à Nice dans le cadre du règlement de la 5ème Traversée des Alpes.

A - Label Mobil'Eco Montagne d'Or

Le rare trophée OR 4 roues 2010 - A reflet OR !

Fabriqué en 3 exemplaires seulement un pari risqué et réussi pour l'organisateur !

Trois places qualificatives à l'épreuve de l'élastique dans la catégorie VE lourd.

- **VE 4 roues**
  - Jean Donnier et Williams Vans Prolant sur Dyane Electra transformée à batterie lithium ion-polymère. Ils sont suisses (Club Solar du CERN). 72 points obtenus à l'épreuve de l'élastique. (1er)
  - Jean-Marc Lereuil sur Berlingo électrique NiCd boosté de Mammouth de la Hulotte. Une personne à bord. 54 Points obtenus à l'épreuve de l'élastique (2ème ex aequo)

- o Mark Nitter sur Saxo électrique d'origine - Une personne à bord (16 points obtenus à l'épreuve de l'élastique, qualifié par renoncement du niveau or des équipes placées devant lui et pensant ne pas pouvoir franchir 2 fois la Bonette). Mark a accepté de relever le défi à la limite théorique de son véhicule.

Le Trophée Label Mobil' Eco Montagne d'OR 2010

C'est sportif avec moins de quatre roues et de plus Il fait froid à 2802 m !

D'où la forme médaille sportive.

- **Scooters**
  - o Frederic Mlynarczyk (Lycée Paul Heraud) sur 80L6 (Lithium) ADS Technologies. 2ème participation de ce scooter. Gage de fiabilité.
- **Tricycle**
  - o Sur Vélo Mobile (fusée !) Robert Hyppolite Suisse Genevois.
- **Moto**
  - o ERDF et Peter Godon (Lycée Paul Heraud) sur ETRICKS de SEV.
- **VAE**
  - o Equipe ERDF Claret sur VAE E-Nov
  - o Equipe ERDF Esterel sur VAE E-Nov
  - o Equipe ERDF La Clape sur VAE E-Nov
  - o Equipe ERDF Lastours sur VAE E-Nov
  - o Médaille d'honneur remise à Serge Ledanois pour la conduite exemplaire du team VAE EDF/ERDF qui n'a pas hésité à porter assistance aux autres concurrents.

B - Label Mobil'Eco Montagne d'Argent

- **VE 4 roues**
  - Gérard Dusailly et son épouse sur AX électrique transformée Lithium (Trop d'autonomie pour réussir l'épreuve de l'élastique sans passer par Rome ... !)

  - Patrick Augier et son épouse sur Berlingo Electrique boosté NiCd (44 points à l'épreuve de l'élastique (4ème), à céder sa place qualificative Label Niveau Or qu'il aurait pu obtenir par désistement du candidat précédent.
  - Guy Mausy sur 106 Electric Peugeot (12 points à l'épreuve de l'élastique)
  - Michel Prieur sur Kangoo Electri Cité VU Kité lithium 4kWh.
  - Guy Hollard sur 106 Electric VU 3 portes (17 pts épreuve de l'élastique)
  - Pierre Violot sur Partner PSA boosté NiCd (2ème ex aequo à l'épreuve de l'élastique 54 points, à céder sa place au suivant pour cause d'être en charge des points de charge)

Il reçoit de Madame Paquis adjointe au maire de Nice en charge du développement durable de la ville et de la mobilité électrique un Label Argent plus que mérité.

- **Scooters**

  - Christophe Bayard (Dirk Pitt) sur Scootelec Peugeot transformé au Lithium.
  A noter que c'est la 3ème participation de son scooter qui s'améliore chaque année. Christophe explique les transformations de son scooter

  - **VAE**
    - Benjamin Lepage Marseillais sur VAE de location Clean Energy Cardan de chez WattMobile. **Mention bravo :** 2 batteries seulement et un seul cycliste ! Aucune équipe d'assistance. Un véritable exploit sportif. Il a rejoint Nice sans avoir eu le temps de recharger ses batteries.
    - Equipe ERDF Queribus sur e-Nov
    - Association VECOLO sur Dunant Sport
    - Jean Louis Borel (ville de Gap)
    - Stéphane Raymond (ville de Gap)
    - Gille Chabot (ville de Gap)

C - Label Mobil'Eco Montagne de Bronze

- **Scooter**
  - Une médaille de bronze d'encouragement collectif est délivrée à chaque élève du Lycée Automobile Paul Heraud de Gap pour leur participation et avoir réussi à hisser un Scootelec standard au niveau du Lac. 2350 m d'altitude. Les médailles seront livrées très prochainement à GAP. Nous espérons que le lycée pourra obtenir du matériel plus performant ces prochaines années pour pouvoir rivaliser avec les meilleurs amateurs. Avis aux constructeurs (merci d'avance)

- **VAE**
  - Jean-Demarti (DEMTECH Telecom Valley) est monté au sommet de La Bonette sur VAE E-Nov2 mais n'ayant pu participer aux épreuves qualificatives de vendredi ne peut accéder au niveau argent cette année.

D - Challenge Hybride Rechargeable

Le défi a été relevé cette année par ADS Technologie.
En Prius III kitée rechargeable 4 kWh

- **Premier exploit :** relevé ODB à St Sauveur sur Tinée 3,3l/10 km soit 0,6l de moins que l'année dernière avec le même véhicule non kité. Parcours Jausiers St Sauveur sur Tinée via le col de la Bonette (passage par la route de la Bonette cette année)

- **Deuxième exploit :** Consommation sur les 286 km de l'épreuve 2,8 l aux 100 km ! Mais qu'est-ce que l'on attend pour commercialiser cette solution pour tous ?

- **Troisième exploit :** L'épreuve de l'élastique, on peut dire que l'élastique a été tiré au maximum sans qu'il ne casse :

L'objectif très ambitieux que s'était fixé Bruno Causse à Jausiers avant de participer à cette épreuve était de parcourir 10 Km en Italie uniquement à l'électricité ! Sur le plat c'est presque facile mais sur la remonté du col de la Madeleine coté Italie, le défi est énorme et à mon avis il n'est pas près d'être relevé. Je peux vous dire que pour avoir vu grimper sa Prius avec 2 personnes à bord dans une pente de 6% en grand silence comme un VE sur 4 km c'est impressionnant. Surtout lorsque l'on connait le diamètre des fils qui conduit l'énergie du kit Plugin 4kWh à la batterie de la Prius. Il a fallu vider à 100% le kit 4kWh dans la batterie de la Prius en s'y prenant en 5 fois. La batterie de la Prius et son kit « Plug-in » ont été sollicité au maximum théorique. Et le kit était vide ainsi que la batterie de la Prius en franchisant juste la ligne du col de Larche. Le kit Plug-in 4kWh équipé du convertisseur Chinois DC-DC Engineer 5 kW et Bruno Causse reçoive la médaille d'Or pour cette démonstration d'une Prius qui se prend pour un VE !

5. HOMMAGE A FREDERIC MLYNARCZYK – UN PIONNIER DES CIMES ELECTRIQUES

Dans ce ballet de watts et d'audace, une figure se détache : Frédéric Mlynarczyk, un pionnier qui a marqué les Traversées des Alpes et tant d'autres rallyes alternatifs, tout en révolutionnant l'enseignement automobile. Frédéric, professeur au Lycée Paul Héraud à Gap, croise mon chemin dès 2008. Avec des panneaux solaires sur son toit, il rêve de charger un véhicule électrique. Pour nourrir cette ambition, je lui déniche un Kangoo Electri Cité blanc, 4/5 places – une étincelle qui allume une flamme. Il rejoint nos Traversées avec ce Kangoo, met à disposition des prises au lycée pour les étapes vers Jausiers, et intègre ces défis dans son enseignement, sensibilisant ses élèves à la transition électrique bien avant que l'Éducation nationale ne s'y penche.

À Gap, Frédéric et moi secouons les esprits – il devient une référence dans l'Éducation nationale pour cette mutation, utilisant les Traversées comme un laboratoire vivant. Son goût pour les rallyes électriques le transforme en « rallye man » : en 2013, il remporte le Rallye Monte-Carlo des Énergies Nouvelles (section VE) avec Andrej Pečjak sur une Dacia Sandero convertie en électrique par l'entreprise slovène de ce dernier, puis décroche une deuxième place au Mendola Eco FIA Rallye derrière Walther Fuzzi, devançant une Tesla Roadster. En 2021, il brille au Rallye d'Antibes en régularité avec Loris Gradian sur une Kia Niro, au Rallye Monte-Carlo Électrique avec Audric Vaccarezza sur une Škoda Enyaq, et au Rallye du Castellet avec Mathias Sanson sur une Kia à quatre roues motrices. Souvent épaulé par un élève en copilote, il marie pédagogie et performance, devenant un champion mondial des rallyes alternatifs – un miracle indirect du livre L'Auto-Magique, un siècle après GoyaGoya. Aujourd'hui, Frédéric lutte encore pour convaincre l'Éducation nationale que former aux moteurs thermiques est obsolète – les mécaniciens de demain vivront dans un monde de moteurs électriques et de batteries, et c'est là qu'il faut préparer les élèves pour leur avenir professionnel. Il incarne cette passerelle entre innovation technique et transmission, un héritage qui résonne dans chaque kilomètre de ce livre.

18. CES MERVEILLEUX FOUS AU VOLANT DE LEUR DROLE DE MACHINE

Zoop de Coqueline Courrèges,

Symbole d'une mobilité électrique audacieuse, 2013

2013 marque un tournant décisif : le véhicule électrique (VE) passe des expérimentations audacieuses menées par des passionnés aux prémices d'un marché grand public, une bascule amorcée lors des États Généraux de l'Automobile en 2009 (Chapitre 13). Renault peaufine depuis 2009 sa Zoé, rendue accessible grâce à une subvention de 6 000 euros et un système innovant de location de batterie. De son côté, Tesla déploie ses Model S et Model X, soutenus par un réseau de super chargeurs permettant de sillonner l'Europe en silence. Ce chapitre retrace le chemin parcouru depuis 1897, entre coups d'éclat et résistances, pour faire du VE une réalité pour tous.

1. UN SIECLE DE REVES ELECTRIQUES : PETIT RAPPEL HISTORIQUE

Avant l'ère NiCd et Nimh, les batteries au plomb dominaient. Dès 1897, *La Jamais Contente* de Camille Jenatzy franchit les 100 km/h, prouvant le potentiel de l'électricité. Une première apogée des VE survient avant 1905, Il y avait plus de voitures électriques qui roulaient aux Etats Unis que de véhicule à pétrole ! Mais cela fut rapidement éclipsé par le triomphe du pétrole.

Un sursaut a lieu pendant la Seconde Guerre mondiale en France occupée : les Allemands, sûrs que les VE ne peuvent aller loin, tolèrent leur usage. Peugeot saisit l'occasion avec la VLV (*Voiture Légère de Ville*), produite à 377 exemplaires entre 1941 et 1945. Conçue pour un moteur électrique, cette petite voiture (2,67 m de long, 1,12 m de large, 365 kg dont 158 kg de batteries plomb) transporte deux adultes, ciblant médecins, postiers… et quelques collaborateurs. Sa chasse au poids en fait un symbole d'ingéniosité face aux pénuries.

Admirer la restauration de la VLV de Lennart Hellberg !

Une autre icône de cette époque trône au musée Henri Malartre à Rochetaillée, près de Lyon : la *Stella*.

Avec son coffre démesuré – plus long que le capot, donnant l'impression qu'elle roule à l'envers – et ses 2 tonnes, elle atteint 100 km d'autonomie à basse vitesse grâce à des batteries au plomb massives.

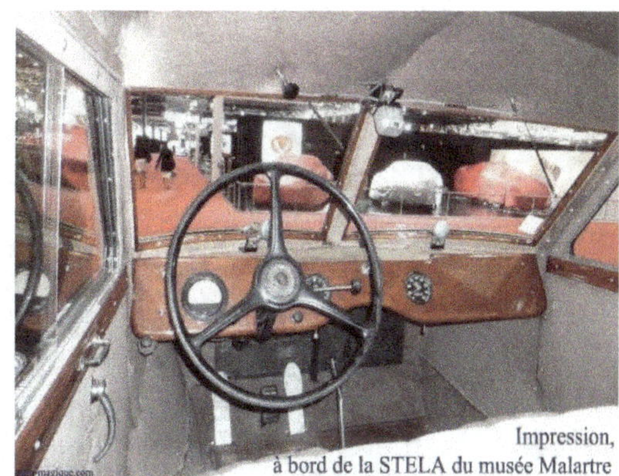

Le poste de conduite de la Stella

Aux États-Unis en 1997, General Motors produit 600 exemplaires de l'EV1, une voiture électrique à trois roues à batterie Nimh (nickel-métal-hydrure) avec plus de 150 km d'autonomie et des accélérations fulgurantes, plébiscitée par ses locataires.

Mais le pétrolier Chevron rachète pour 30 millions de dollars la licence de la batterie Nimh et en interdit l'usage dans l'automobile, sauf pour les hybrides non rechargeables comme la Toyota Prius. Résultat : GM reprend de force les EV1 pour les détruire, malgré la révolte des utilisateurs (voir le documentaire *Who Killed the Electric Car ?* de Chris Paine). Nissan et Toyota subissent le même sort avec leurs VE, comme le RAV4 EV. En 2005, après la fusion Texaco-Chevron, l'usine de batteries Nimh est démantelée. Les pétroliers croient alors avoir écrasé le VE pour de bon.

Destruction des EV1 par General Motors, un symbole de la résistance pétrolière, 1997

Dans les années 1980, la *Volta* de la Société Européenne des Électromobiles Rochelaises (SEER) connaît un modeste succès. Équipée de 16 blocs de batteries plomb de 6 V, elle offre 60 à 80 km d'autonomie et une vitesse maximale de 75 km/h avec son moteur de 13 kW. Quelques bricoleurs la dopent avec des batteries NiCd, poussant l'autonomie à 120 km – un exploit pour l'époque.

Depuis les années 1970, l'imagination des pionniers repousse les limites du « sans pétrole ». Voitures à gazogène, à vapeur, solaires, ou électriques : l'association Mobil'Eco rassemble trente ans de prototypes – deux, trois, quatre roues, voire un camion à six roues. Aucun ne connaîtrons de succès commercial, mais tous inspirent.

En photo Christian Lucas au volant de la Teillol de Mobil' Eco.

En France, entre 1997 et 2004, une expérimentation sérieuse dans les entreprises tente de faire décoller le marché du VE. Renault, Peugeot et Citroën produisent des modèles comme le Kangoo Electri' Cité ou la Peugeot 106 Électrique, équipés de batteries NiCd offrant 100 km d'autonomie à un prix abordable. Ils normalisent une prise de charge unique entre eux assurant charge lente et charge rapide (la piste Marechal)

Mais voilà comme aux Etats-Unis fin 2004, les lobbies pétroliers contre-attaquent vu le succès naissant de ces nouveaux véhicules à moteur triphasé performant comme le Kangoo Electri Cité de Renault. Ils initient un projet de directive européenne visant à interdire totalement la batterie NiCd pour un prétexte environnemental. Il est vrai que les petites batteries de camescope ou de petits outils de bricolage autonome posaient un problème, car ces éléments de la taille d'une pile ronde contenaient du cadmium un métal toxique pour l'environnement. Les batteries NiCd automobile ayant une grande valeur en métaux (nickel) ne risquent pas de se retrouver dans la nature mais étaient recyclé par la SAFT pour récupérer les métaux. Toutefois ce texte, poussé sans vérifier ses implications, aurait cloué au sol tous les avions du monde, qui utilisent exclusivement les batteries NiCd de SAFT (Bordeaux), seule batterie homologuée aviation et disposant d'une filière de recyclage solide. Quelques députés européens alertés par ce fait retirent précipitamment ce projet de directive vers 2004, et ses traces disparaissent peu à peu du web pour éviter l'embarras d'un Parlement influencé par le pétrole – seule une copie subsiste dans les archives d'une université canadienne. Face à ce risque, Renault,

Peugeot et Citroën abandonnent leurs projets VE en 2004 n'ayant pas d'alternative économiquement jouable pour faire rouler des VE en 2005. Ils démantèlent leurs équipes dédiées et stoppent l'expérimentation pionnière de La Rochelle, la production des Kangoo, des Berlingo électrique, des 106 électrique et des AX électrique. Les pétroliers pensaient avoir définitivement gagné cette fois…

2. L'IMAGINATION AU POUVOIR : DES PROTOTYPES AUX DEFIS SOLAIRES

Lors des Rallyes Phébus (Chapitre 15), l'inventivité explose : vélos couchés carénés tractant une remorque à panneau solaire traversent la France, pédalage et électricité en harmonie. Ces engins s'inspirent des courses australiennes comme le *World Solar Challenge* Sydney-Adélaïde, où le soleil est l'unique carburant.

Entre 2005 et 2013, période de transition avant la Zoé et les Tesla, quelques VE émergent. La Nissan Leaf, la Citroën C-Zéro et la Peugeot iOn (dérivées de la Mitsubishi i-MiEV) rencontrent un demi-succès commercial, limitées par leur autonomie et leur prix. Mais les passionnés, eux, ne s'arrêtent pas.

En 2008, Xavier et Géraldine, les « scooleristes », relient Paris à Astrakhan (5 500 km) en scooter électrique pour 15 euros d'électricité, pulvérisant le record mondial de distance en VE (précédemment 4 800 km par Apollo System aux USA). Leur périple, initialement prévu jusqu'à Pékin, s'arrête aux portes de la Chine faute de visa, mais il marque les esprits.

Berlingo Venturi « La Shangaï » aux côtés de L'Auto-Magique, une prouesse électrique, 2009

En 2009, le défi Venturi II repousse les frontières avec un Berlingo transformé nommé 'La Shangaï', équipé de deux batteries Zebra (sodium fondu) offrant plus de 600 km d'autonomie grâce à une batterie de 140 kWh de capacité.

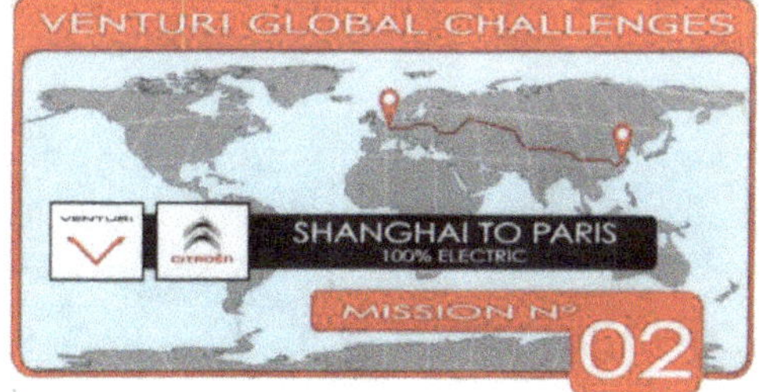

Pilotée par Xavier et Géraldine, ils relient Shanghai à Paris, traversant le désert de Gobi sans recharge intermédiaire – un défi insensé. Ces batteries, malgré leur besoin de rester chaudes à 265 °C en permanence, prouvent que l'électricité peut défier les terrains les plus hostiles.

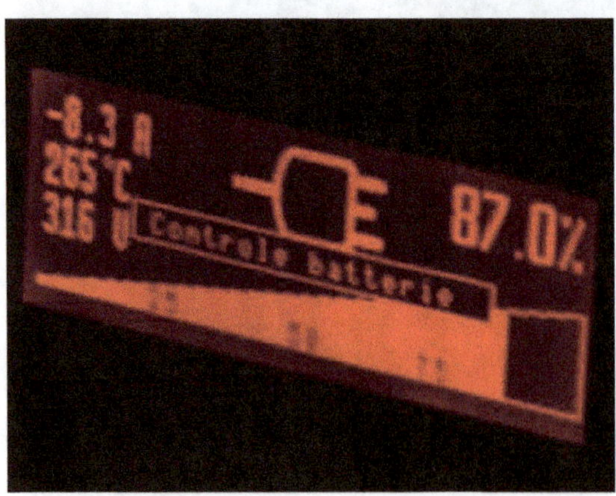

Vu du panneau de control de charge de la Shangaï, lors de son passage à Villeurbanne chez moi afin d'effectuer une recharge entre Paris et Monaco (parcours de conclusion de leur exploit).

Xavier m'a fait part que pour franchir les hauts cols enneigés avec des températures sous les -10°C, ils ne pouvaient pas chauffer le véhicule pour préserver l'autonomie, Ils se sont servis de la chaleur de la batterie pour tenter de réchauffer un peu de thé et ainsi garder le moral…

3. LES ARTISANS DE LA RENAISSANCE ELECTRIQUE

L'association VEGA, dans l'Ain et ses environs, joue un rôle clé en promouvant le VE par des stop au cœur des communes le long du parcours run rallye VEGA Annuel. C'est l'occasion pour ses membres de répondre aux questions d'automobiliste en phase de réflexion pour passer au VE. C'est aussi l'occasion d'inciter les communes à installer des bornes de recharge.

Leurs rassemblements, véritables fêtes de l'électricité, réunissent amateurs et curieux, prouvant que le VE n'est plus un OVNI mais une option viable.

Rassemblement VEGA dans l'Ain, une célébration de la mobilité électrique, années 2020

C'est aussi l'occasion de suivre les progrès de Jean Donnier (Chapitres 15, 16, 17) pour améliorer sa Dyane Electra. Dyane récupérée dans une casse, restaurée et électrifiée. Elle atteint 120 km/h et dispose d'au moins 150 km d'autonomie, dont 30 km grâce à un panneau solaire inclinable, récupéré sur une aile de l'avion solaire du premier Solar Challenge de Bertrand Picard.

Rappelons ici que cette Dyane était déjà au Solar Event en 2009. Les contrôleurs du control technique Suisse percent chaque année un trou dans sa carrosserie pour voir s'il n'y a pas enfin un peu de rouille pour en finir avec ses exploits et la réformer. Jean Donnier méticuleusement rebouche le trou et soigne encore plus son bijou économe en énergie.

Dyane Electra solaire de Jean Donnier, un chef-d'œuvre d'ingéniosité, cliché de 2020

Dès 2010, la concurrence s'intensifie entre constructeurs. Renault et Tesla, pionniers du marché de masse, ouvrent la voie, mais c'est à partir de 2013 que le VE devient une option crédible pour « Monsieur Tout-le-Monde ».

La Zoé, avec ses 200 km d'autonomie réelle et son prix abordable, démocratise la voiture électrique. Tesla, avec ses super chargeurs, rend les longs trajets possibles. Entre 2014 et 2025, les progrès s'accélèrent : batteries lithium-ion plus denses, coûts en baisse, bornes de recharge omniprésentes. Le VE n'est plus un rêve de fous volants, mais une réalité qui roule, héritière d'un siècle d'audace.

19. DEBUT DU MARCHE DE MASSE DU VEHICULE ELECTRIQUE (2014-2020)

J'ai roulé avec l'Auto-Magique, ma seule voiture de 2008 à 2014 en attendant Zoé

Elle a parcouru plus de 70000 km sur cette période sans panne !

Je vais vous raconter maintenant mes impressions de 2014 à 2024 avec l'usage de la Zoé en racontant pour chacune la plus grande distance parcourue pour voyager.

1. LA ZOE PHASE 1 (200000 EXEMPLAIRES VENDUES)

- 03/2013 - 02/2015   Synchrone à rotor bobiné Q210
- 02/2015 - 12/2016   Synchrone à rotor bobiné R240
- 01/2017 - fin 2018   Synchrone à rotor bobiné R75
- 01/2017 - fin 2018   Synchrone à rotor bobiné R90

J'ai acheté en 2014 en leasing avec option d'achat une Zoé Q210 en 2014, elle a bénéficié de la prime de 6000 euros de l'état découlant des Etats-Généraux de l'Automobile (chapitre 13) charge AC jusqu'à 43 kW en 2014, voici mon record avec celle-ci

Aller-retour Lyon-Hauteville sans recharger en Zoé 210 Q90 c'est possible, c'est facile et économique.

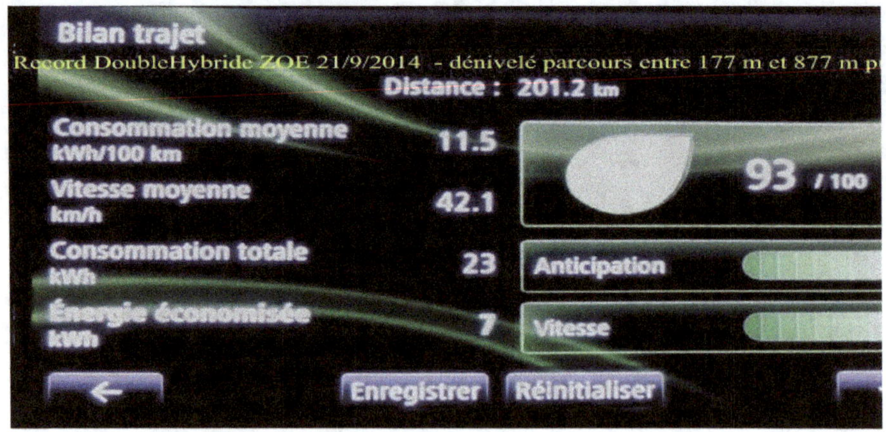

21 septembre 2014,

Nouveau record pour Magique Zoé sans recharge

Bien remplir sa journée :

- Objectif N°1 : Tester la capacité de la Zoé à récupérer l'énergie en montagne

- Objectif N°2 : Montrer que la variation d'altitude importante au cours d'un trajet si le point d'arrivée est à la même altitude que le point de départ n'empêche pas un record d'autonomie 201,2 km sans recharger

- Objectif N°3 : quelle est la capacité réelle de la batterie de la Zoé en kWh

Une journée très cool, comme je les aime.

Départ de Lyon à 177m d'altitude à 15H15 - But du parcours Lacoux (près d'Hauteville-Lompnes dans le haut Bugey) 855 mètres d'altitude - retour - Puis tour de Lyon par les périphériques sur 40 km à 70 km/h pour finir de vider la batterie jusqu'à 2% après voir parcourus soit 201,2 km - Il restait de quoi parcourir au moins 5 km. Vraiment géniale cette voiture !

Passage à Leyment mon point de références historiques de mes tests :

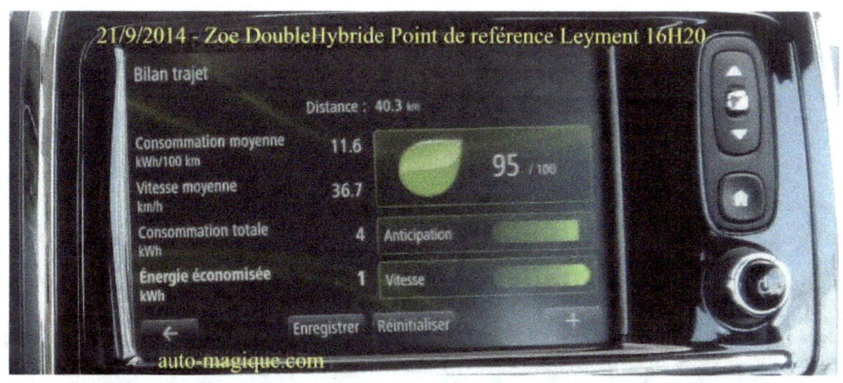

La batterie Zoé est à 82% (4 kWh consommés) et l'autonomie annoncée est archi fausse "pessimiste" à 115 km, l'Auto-magique 1 en mars 2009 était à 40% (5kWh consommés) et température batterie 33°C élevée pour du NiCd (autonomie du jour 102 km), l'Auto-Magique II avril 2010 était à 86% jauge NiCd et 70% jauge lithium (l'autonomie du jour avait été de 171,3 km un sacré record pour 2010 avec passage à un point à 595 mètres d'altitude)

17H00 Passage à Chaley avec promenade photo

De Tenay à Lacoux on passe de 333m à 839m en 11,8 km, à partir de Chaley c'est très raide, route voie unique avec épingles à cheveux à passer à 5 km/h.

Après 198,8 km pour 22 kWh l'autonomie restante s'efface, c'est la zone qui fait peur et vous incite fortement à vous arrêter

Avant l'effacement l'autonomie affichée m'indiquait que 205 km était possible

J'ai arrêté à titre de sécurité à 201,2 km à noter que le 70 km/h sur le périphérique était parfaitement tenable

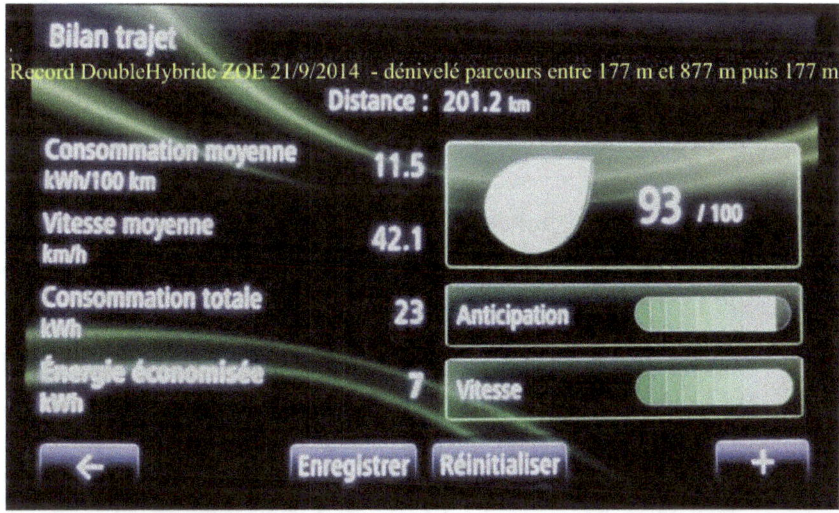

7 kWh de récupérés dont 3 kWh sur la seule redescente de Lacoux à Tenay

Pour ce record : Vitesse maxi 90 km/h, mode ECO activé, ventilation sans climatisation, Autoradio avec musique, GPS allumé, codes allumés sur une heure.

Ce qui amène à une autonomie maxi de 205 km sur ce parcours en poussant à 0%, bien la Zoé !

La voiture roule tout à fait normalement avec 2% dans la batterie, il y a des bruits qui courent sur la capacité réelle de la batterie de 26 kWh, la marge de sécurité est donc grande.

Le voyant de pré-alerte "jaune" s'est allumé à 21 km d'autonomie restant, à partir de 11 km on passe en rouge cela bip plus, à partir de 9km plus d'autonomie affichée, cela ne bipe plus! mais j'avais noté que je pouvais aller jusqu'à 205 Km par calcul.

Notez :

- Les 23 kWh de la batterie c'est plus que les 22 kWh annoncés par Renault.

- Le score 94/100, avant l'épreuve vidage périphérique 70 km/h j'étais à 95/100 du début du parcours à mon retour à Lyon.

- La recharge sur la prise dite "grand'mère" à 10A il faut 16H55 heures...

En conclusion, je peux faire Lyon Genève avec Ma Zoé et recharger à Genève en mode rapide avant de revenir car là-bas il y a des prises !

Pour l'anecdote : La Zoé me donnait au départ un trajet aller impossible de Lyon à Lacoux sans recharger, même pas peur !

Enfin, la Zoé Q210 question autonomie est un peu comme mon Auto-Magique, toutefois elle va plus vite ! Question confort, je regrette les vitres teintées et le pare-brise athermique de l'Auto-Magique, car sous le pare-brise incliné de la Zoé on a vite chaud sous les rayons du soleil même avec la clim.

On ne peut pas parcourir la France facilement à cause du manque de borne de recharge.

2. LA ZOE PHASE 2 A BATTERIE 42 KWH (PLUS DE 200.000 EXEMPLAIRES VENDUS)

- Zoé (R90)   2016   2019   92 ch (68 kW) 41 kWh   22 kW
- Zoé (R110)   2018   2019 108 ch (80 kW)   41 kWh   22 kW

2017, J'ai troqué ma Zoé Phase 1 qui avait 50000 km par une Zoé R90 full option. La valeur de reprise du leasing étant très supérieure à la valeur du marché de l'occasion, le leasing sur la phase 1 a été une très bonne opération pour moi, l'échange de leasing ne m'ayant rien couté. Une nouvelle subvention de 6000 € m'a été accordé.

Grand test de la ZOE ZE40 :

- 2000 km sans assistance en 3 jours de déplacement !
- Objectif de fond du voyage, une visite confidentielle de la centrale en construction l'EPR de Flamanville en très petit comité de spécialistes.

8 octobre 12H30 départ de Lyon à deux dans la Zoé pour rejoindre Cherbourg au bout de la Presqu'ile du Cotentin. Nous partons avec une seule carte "par principe" la ZE PASS BOSCH de Renault afin de vérifier l'efficacité de cette offre et nous comptons suivre les conseils de charge affichés dans le Packlink de la Zoé. Nous allons utiliser les bornes du réseau Corri-Door en mode 22 kilowatts avec notre Zoe R90 ZE40. En secours nous avons la carte ChargeMap !

Les économies de carburant devraient nous permettre de nous offrir un hôtel en route vers Bourges ou Orléans en improvisant (bien évidement un hôtel équipé d'une prise...) L'objectif étant d'arriver à Cherbourg lundi soir pour notre rendez-vous. Nous comptons bien prendre un peu de bon temps en faisant un peu de tourisme dans le Cotentin avant d'arriver.

Mardi journée de travail puis retour à Lyon, objectif retour mercredi soir soit presque 2000 km au programme.

Parcours aller réussi : Charge sur le réseau Corri-Door, toutes les bornes étaient libres : Nous avons mis 113 kWh dans la batterie dont une charge nocturne en 10 A nuit d'hôtel. Conso moyenne 14,1 KWh/100 km sur 883 Km.

Dans la presqu'ile du Cotentin, La première borne Mobi SDEC ne fonctionnait pas, nous en avons trouvé une autre dans le village "Le Molay-Littry" 9 km plus loin, c'était chaud car sans cette charge en 22 kilowatts nous ne pouvions rejoindre dans les temps notre rendez-vous à Cherbourg. Mission accomplie pour le voyage aller roulage à 80 Km/h de moyenne sur autoroute.

Parcours retour réussi : Conso moyenne 14,9 KWh/100 km sur 882,4 Km. (Incroyable malgré de nombreuses différences d'itinéraire et aléas...), l'aller et le retour sont identiques à 600 mètres près ! 131 kWh de recharge consommées. Vitesse moyenne 64,6 km/h et vitesse au stabilisateur entre 85 et 90 km/h sur autoroute. Nous avons plus utilisé les petites routes départementales ou vicinales dans le Cotentin à notre retour pour faire un peu de tourisme d'où une moyenne globale plus basse. Sur autoroute nous avons en gros été à 5 km/h de plus qu'à l'aller.

LE REPORTAGE EN IMAGES ET CONCLUSION FINALE :

Charge 1 Haut Forez: mode 22 kW
de 60% à 99% en 73 minutes, accompagnée d'un petit café

Départ de Lyon à 13H45 début de notre voyage d'étude.

Borne libre à notre arrivée sur l'A89 Les Salles.

Borne activée avec ma ZE PASS Bosch. Cout : 15,59 € TTC...
(1€/kWh !!!!)

Point conso à notre arrivée au premier point de charge on pouvait encore faire 200 km

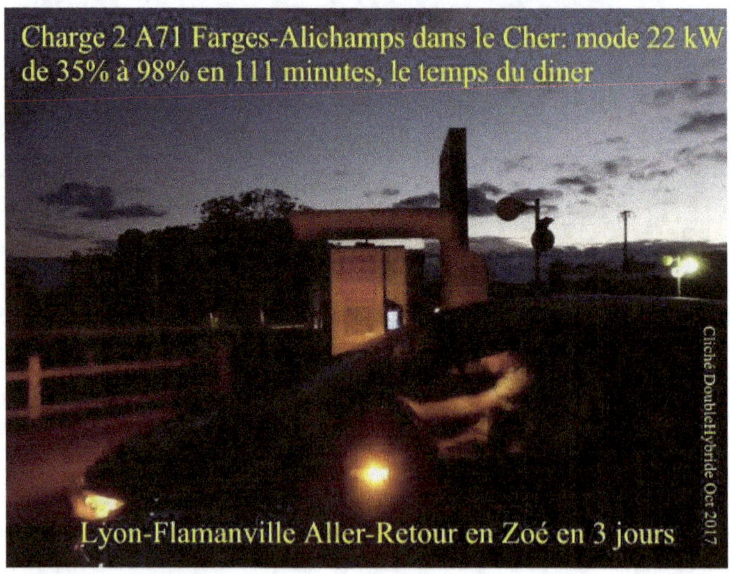

Il restait plus de 100 km mais il était temps d'aller diner ! Fin du diner on étaient à 98 % cout : 23,77 €... (1€/kWh !!!!)

Après une petite charge intermédiaire partielle (N°3) de 33% à 83% 61 minutes sur la borne Corri-Door autoroute d'Athée-sur-Cher (13,16€) pour faire une petite pause Il restait 240 km d'autonomie, mais il était temps d'aller dormir, le Packlink de la Zoé nous a indiqué le Domaine de La Tortinière (une sorte de Paradis sur terre) on a réservé en roulant car la réception nous a indiqué que l'on pourrait charger même en arrivant tard. Charge gratuite en mode Grand-Mère 10 A et donc au

passage équilibrage de la batterie en finissant la charge à 6H34 du matin à 100%.

La charge nous a été offerte Départ de l'hôtel dans un sous-bois de cyclamens blanc et rouge.

Cette borne était annoncée gratuite jusqu'au 1er septembre 2017 sur le parking de l'Intermarché Toutefois nous n'avons pas reçu de facture...

Cela fait une moyenne avec les bornes hyper chères. Nous avons bien mangé dans l'un des restaurants de la zone commerciale le temps de la charge.

Un peu d'humour Zoé à la sortie du restaurant

Pas de chance, la borne de Subles nous met la Zoé en rouge (pb de terre ?!). Il nous reste juste de quoi aller juste à Cherbourg pour notre rendez-vous, mais n'ayant pas de point de charge garanti à Cherbourg on préfère chercher une borne. Notre idée de visiter Sainte Mère l'église dont la borne est aussi annoncée en panne par l'appli ChargeMap tombe à l'eau.

Première charge 22 kW réussie sur le réseau Mobi SDEC sans carte privative, juste avec sa carte bancaire et un téléphone mobile. Nous allons avoir 1/4 heure de retard pour notre rendez-vous à Cherbourg on arrive même avec qu'une minute après le début de l'apéro (histoire de nous faire remarquer...), bref pour un voyage de type précurseur pas de quoi fouetter un chat, d'autant que notre Zoé est déjà chargée prête à assumer notre déplacement vers Flamanville demain et la sortie vers le sud de Cotentin sans avoir à recharger pour notre début de voyage de retour.

Durant notre visite de l'EPR de Flamanville en construction, nous avons chargé la Zoé sur une prise prêtée par EDF (charge N°8). Nous voilà au milieu de notre parcours en Zoé au restaurant belvédère du sémaphore.

Consommation moyenne 14,1 kWh/100 km sur 883 Km

Charge à la sortie du Cotentin sur la borne Mobi SDEC d'Isigny sur mer. Paiement de la charge par carte bancaire et activation par mobile. Durant la charge nous avons visité le musée du Caramel d'Isigny situé à quelques encablures de la borne. J'ai reçu un avis de débit de 9€ pour l'ensemble de l'utilisation des bornes Mobi SDEC (presqu'ile du Cotentin).

Il faut noter que ces bornes ne sont pas CHADEMO (donc bien plus économique à l'installation). Sur ces bornes, seule les Zoé peuvent se charger en mode rapide.

Après avoir testé la borne à Mortrée du SE61 22 kW (Orne) charge N°10 de 17 minutes pour passer de 45% à 57% (gratuite jusqu'au 31/12/2017) activable avec la carte KiwiPass nous avons discuté avec un conducteur de Leaf qui se chargeait aussi sur cette borne.

Il nous a conseillé d'aller sur la borne du SE61 de Sées située à 8 kilomètres car il y a aussi un restaurant pour diner durant la charge. C'est ce que nous avons fait.

Il est tard à notre sortie du restaurant, et nous constatons que nous avons peu avancé vers Lyon...

Nous sommes sortis de l'autoroute pour utiliser la dernière borne gratuite du parcours et réfléchir à la nuit qui est déjà bien avancée. Tous les hôtels que nous avons tentés ne répondent plus au téléphone car il est trop tard... aussi nous décidons de rentrer en se partageant le volant.

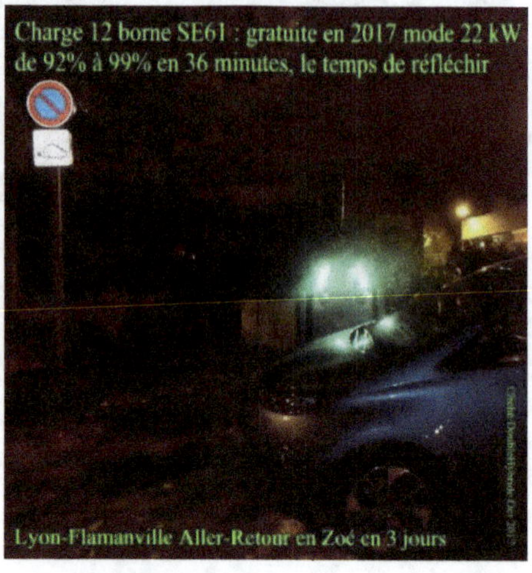

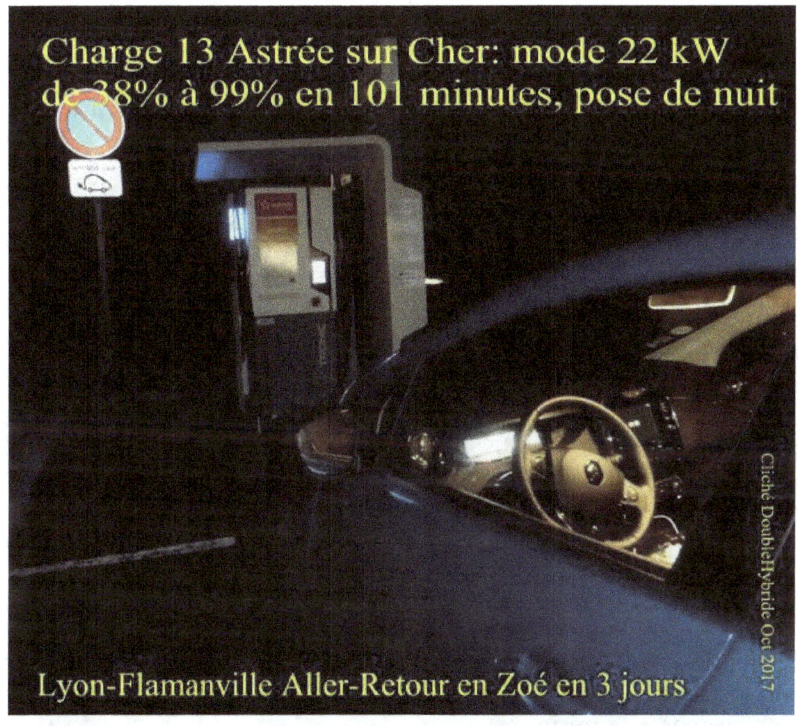

Charge sur réseau Corri-Door : prix 21,47 €

A 6H00 je reçois sur mon mobile un arrêt de charge prématuré au niveau 50% ! Nous retournons au véhicule immédiatement et constatant que la charge est repartie

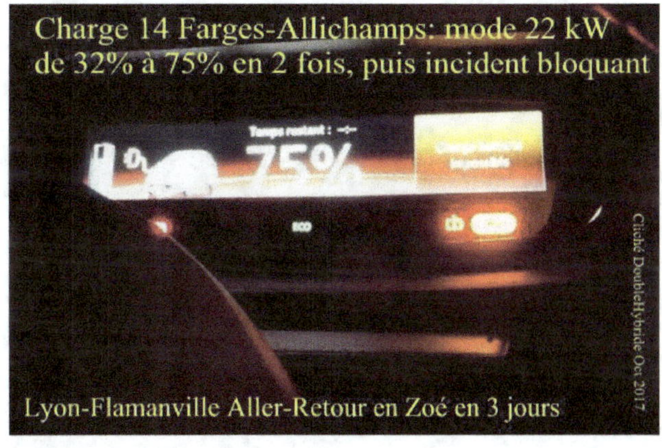

toute seule. Nous restons dans la voiture pour observer. A 51% nouvel arrêt. On débranche et on relance. Cela à tenu de 51% à 75% puis message bloquant. Cette charge partielle sur la borne Sodetrel Corri-Door de Farges-Allicahmps sur l'autoroute nous a couté : 12,4 €

Comme il y a de quoi atteindre Clermont-Ferrand et que tout est fermé à cette heure nous décidons d'aller vers Clermont-Ferrand car il y a une grosse concession Renault. On atteint la concession vers 10H00 et constatons que le message d'erreur a disparu le temps de parlementer avec Renault. Renault passe la valise de diagnostiques : RAS. Renault met en cause la borne de Farges-Allichamps "instabilité électrique" et nous charge la voiture en 22 kW sur une borne type 3 (il nous prête le câble) le temps du repas (charge N°15). Plus besoin de charger pour rentrer à Lyon que nous atteignons à 16H00.

Très important : Renault nous indique un truc très utile si ce message arrive, il faut pour l'effacer :

1. Débrancher le câble de charge,

2. Fermer toutes les portières et trappe après avoir éteint phares et les lampes à l'intérieur,

3. Fermer la voiture

4. **Attendre 10 minutes** que la Zoé s'endorme pour qu'elle fasse un reset des calculateurs,

5. Ouvrir et remettre en charge sur cette borne ou mieux une autre borne !

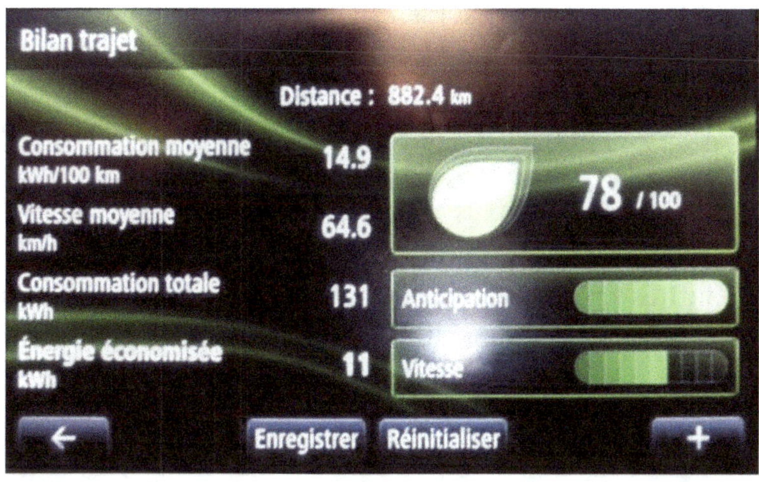

Belle conclusion moins de 15 kWh au 100 km sur 1765 km en 3 jours de roulage en Zoé R90 ZE40.

On a chronométré les charges 22 kW sur la Zoé ZE40 R90, l'avancement de la charge est linéaire jusqu'à 99% contrairement à ce que l'on peut lire sur certains forums. Cela nous a été confirmé par Renault Clermont-Ferrand qui nous a informé qu'il était bon de laisser se terminer la charge de 99% à 100% au moins une fois par jour (le temps restant de charge n'est alors plus affiché, c'est le temps de l'équilibrage des éléments de la batterie), il semblerait donc que finalement avoir choisi la Zoé R90 était finalement un pas si mauvais choix sauf pour le coût des charges intermédiaires courtes sur autoroute. Le gain pour la charge complète de la batterie de la Zoé Q90 serait finalement pour aller de 20% à 99% très loin du ratio attendu.

La batterie chauffant plus de 20% à 60 en mode 37 kW obligeant à réduire la charge 37 kW à 11 kilowatts pour finir de 61% à 99%... La Zoé Q90 (ZE40) serait donc plus destinée à faire du butinage plus souvent sur autoroute pour exprimer tout son potentiel en nombre de kilomètres maxi possible par jour.

Toutefois, le bilan n'est pas si rose : il y a un énorme problème de tarif "inconstitutionnel" des bornes Corri-Door (entre autres), elles ne respectent pas la constitution Française en discriminant les citoyens équipés de la Zoé R90 par rapport aux citoyens équipés de la Zoé Q90.

Le kilowattheure coûte plus de 1€ avec un Zoé R90 soit un tarif exorbitant et environ 0,6€ à la Zoé Q90 ce qui est énorme aussi. (Chiffres approximatifs obtenus en divisant la facture d'une borne au temps par le nombre de kilowattheures mis dans la batterie.

A quand l'abrogation de la loi stupide empêchant de facturer du kilowattheure sur une borne de charge de véhicule électrique ce qui serait la moindre des choses afin d'éviter un nouveau scandale genre du diesel qui en étant facturé au litre et non au kilogramme ou kWh à fausser la concurrence avec l'essence depuis 5 décennies. Même le gaz est facturé maintenant en kWh et le compteur éclectique est au point depuis plus d'un siècle...

Un nouveau combat pour la justice et l'équité que je conduis au sein de l'association VEGA

3 – LA ZOE PHASE 2 A BATTERIE 52 KWH COMBO-CCS

- Zoé (R135)   2019   2024 135 ch (100 kW) 52 kWh 50 kW (DC)

2020, 3 ans ont passé avec la Zoé 41 KWh. Je me la fais reprendre par Renault avec 48000 km et j'achète en pleine propriété une Zoé R135 Combo CCS Exception toutes options

Cette fois je pense que le marché de l'automobile électrique est mature. IL y a beaucoup d'offre, c'est juste plus couteux que l'acquissions d'un modèle thermique. Il y a de plus en plus de bornes le long des routes. Mais elles sont toujours aussi couteuses question prix du kWh, pour faire des économies il faut charger chez soi sa voiture.

Pour ma part depuis 2018 mes Zoé sont chargées à 50% sur les panneaux solaires du toit de ma maison (moyenne annuelle) ce qui rend ce type de véhicule particulièrement écologique et économique. (Voir Tome II)

Pour fêter les 3 ans de ma Zoé R135 qui a 42496 km je vais la pousser à l'extrême faire 1000 km dans la journée pour aller de Rome à Ambérieu-en -Bugey.

3.1 LE THEME MILITANT POURQUOI PAYER PLUS POUR POLLUER MOINS !

Je pars avec ma Calinou + bagages et vraie roue de secours au cas où, donc la Zoé est pleine y compris siège arrière !

3.2 OBJECTIFS TECHNIQUES :

Vérifier que l'on peut faire un Rome/Lyon dans la journée en Zoé 52 Combo-CCS

Connaitre l'usure que l'on fait à la batterie avec 1000 km/jour en charge rapide Combo-CCS

Évaluer le coût des charges rapides en Italie et les coûts des autoroutes

3.2 QUELQUES BELLES PHOTOS ET IMPRESSIONS TOURISTIQUES :

Voici le déroulé en image du beau voyage :

Jour 1 - Ambérieu-en-Bugey - Lucca (Lucques) 590 km Départ 7h Arrivée 18h30

1 heure d'attente à l'entrée du tunnel du Mt blanc fermé pour incident !

Vitesse 118 km/autoroute à 130 km/h

Vitesse 110 km/h autoroute à 110 km/h

A noter de nombreuses autoroutes en travaux en Italie tronçons limités à 60km/h...

Vitesse moyenne de roulage 85 km/h consommation affichée Zoé 18,3 kWh/100 km

Conso tirée(payée) sur les bornes 120,15 kWh soit 20,3 kWh/100 km : cout 81,58 Euros **(c'est inacceptable !)**

Péage : 157 euros y compris passage tunnel du Mt Blanc (54,1€).

Temps de charge durant le parcours 3H08

Plus bas batterie 22% au départ à 100%. Remise à 100% durant nuit à l'hôtel sur une borne publique en T2

Aucun souci pour trouver sur l'autoroute des bornes combo CCS ou juste à une bretelle de sortie

Temps d'attente pour charge perdue c'est à dire hors repas, café, la pause des 2 heures et toilette) 1,5 heures

Je pense qu'en voiture à pétrole j'aurais mis 2 heures de moins, mais bien plus fatigué (bruit et vibration)

Arrivée à notre hôtel Bed and Breakfast - B&B Il Tiglio Jacuzzi&Sauna -Via di Tiglio Reçu par le très sympathique Alberto dans notre Chambre confortable et très silencieuse avec Jacuzzi à proximité de la belle ville fortifiée de Lucca (visite à pied de l'hôtel).

Jour 2 - Lucca (Lucques) Pise aller-retour 72,8 km sur route et ville

Batterie remise à 100% durant la visite de la tour (35 à 100%) 30,6 kWh facturé pour 27.87 € Ewiva (la borne la plus chère du voyage)

Tourisme visite de Pise dont une montée en haut de la tour penchée (voir mon site web pour visiter la tour tour-de-pise.com et la visite de Lucques (sublime)

Pise Plaza del Duomo - A gauche le Campo Santo, la cathédrale au centre et la tour penchée

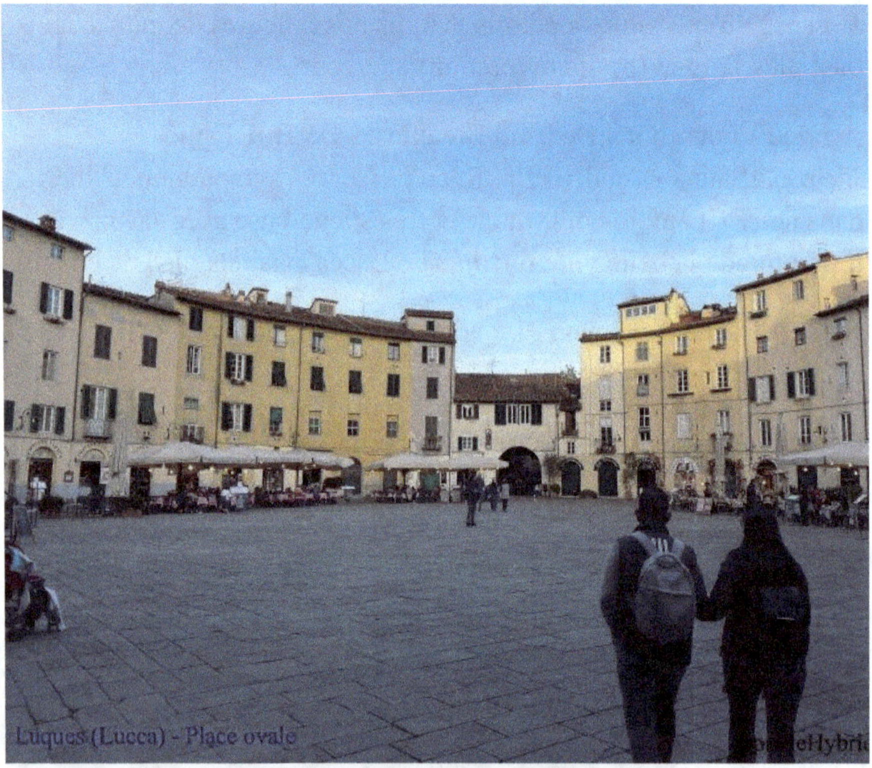
Luques (Lucca) - Place ovale
DoubleHybri

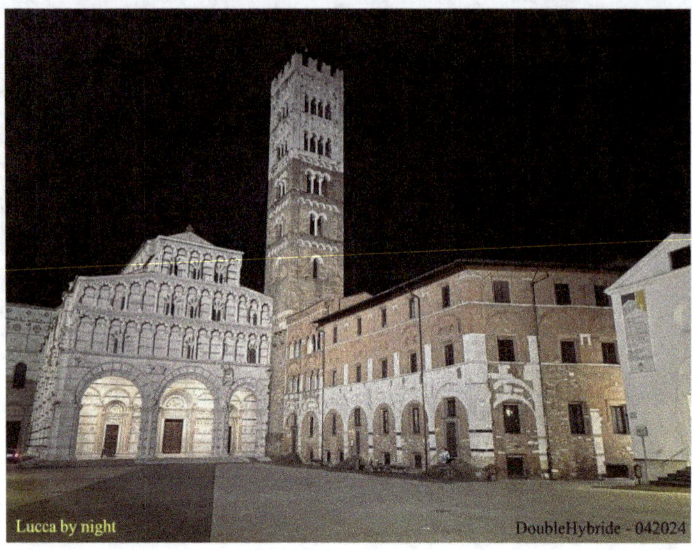

Lucca by night
DoubleHybride - 042024

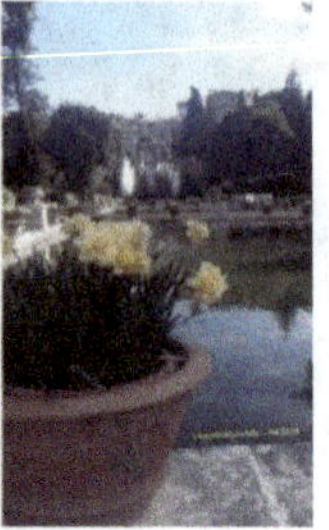

Jour 3 - Lucca (Lucques) - Tivoli (banlieue de Rome en altitude) 361,7 km sur route et autoroute

Consommation tirée (payée) sur les bornes 64.8 kWh soit 17,9 kWh/100 km : cout 61,84 Euros **(c'est inacceptable !)**

Arrivée dans notre sublime hôtel la résidenze Grégoriane. C'est comme un musée (l'ancien Palazzo Mancini Jorlonia) de 4 chambres suite avec une piscine jacuzzi à 32°C privatisable en marbre histoire de se prendre pour l'empereur Hadrien. Bon une ou deux fois dans sa vie on peut s'offrir ce luxe. C'est inoubliable et très pratique pour visiter à pied la Villa D'Este et la Villa Grégorania. Personnel adorable à vos petits soins et petit déjeuner inoubliable servi en argenterie d'époque.

Jour 4 - Tivoli - visite de la Villa d'Este et la Villa Grégoriana à pied (pas de voiture)

Jour 5 - Tivoli - Visite Vila Adriana et du village perché d'Anticoli Corrado et son mini musée contemporain (67,6 km sur route aller et retour).

Conso tirée (payée) sur borne T2 Enel 10.82 kWh (compteur zoé 8,6 kWh) soit 16 kWh/100 km : cout 7,67 Euros

Batterie à 100% équilibrée prête pour le retour

Jour 6 - Visite de Rome (via un taxi de Tivoli pour éviter les ZTL !)

1. Tourisme visite complète du Colisée (Le sommet « Attic » par ascenseur extraordinaire et confidentiel pour quelques visiteurs par jour.

    C'est le clou de notre voyage.

2.

3.

4. Visite colline palatine, visite du forum,

5.

6.   Visite du musée du Vatican et de la chapelle Sistine

Jour 7 – Retour en un jour Rome (Tivoli) - Ambérieu en Bugey - 957 km (via le Fréjus) Départ 9h30 Arrivée 24h30

Ouf, à 10 minutes près le tunnel du Fréjus fermait pour quelques heures...

- Vitesse 130 km/h autoroute à 130 km/h en particulier pour arriver à l'heure avant fermeture du Fréjus
- Vitesse 110 km/h autoroute à 110 km/h
- A noter de très nombreuses autoroutes en travaux tronçons limités à 60km/h sur plus de 150 km.
- Vitesse moyenne de roulage 89 km/h conso affichée Zoé 19,3 kWh/100 km
- Conso tirée(payée) sur les bornes 154,25 kWh cout 106,11 Euros **(inacceptable !)**
- Conso sur panneau solaire 54 kWh soit 21,7 kWh/100 km.
- Péage : 107,3 euros y compris passage tunnel du Fréjus (55€)
- Temps de charge durant le parcours 4H18
- Plus bas batterie 9% à l'arrivée qui sera rechargée uniquement sur mes panneaux solaires
- Aucun souci pour trouver sur l'autoroute des bornes combo CCS ou juste à une bretelle de sortie à Turin
- Temps d'attente pour charge perdue c'est à dire hors repas, diner, café, la pause des 2 heures et toilette) 2,5 heures
- Je pense qu'en voiture à pétrole j'aurais mis 3 heures de moins, mais bien plus fatigué (bruit et vibration)

3.3 USURE BATTERIE SUR 2165 KM

- Au départ ma Zoé R135 Exception avec combo-CCS du 27/5/2021 au départ à 42496 km SOH 95,54 7453 KWh engloutis à 60% sur panneaux solaires en auto-consommassions Green'Up et seulement une dizaine de charges partielles en combo-CSS.
- Plus de détail : 1455 Wh récupérés au freinage, 109 charges complètes et 1207 charges partielles.

- A l'arrivée 44661 km SOH 95,41 (perte 0.13%) 7912 kWh englouti soit 459 kWh.
- Plus de détail : 1502 kWh récupérés, 113 charges complètes et 1229 charges partielles.
- Température maxi batterie 33°C durant ce voyage. Puissance de charge maxi mesurée 46,8 kW à 22% de SOC

3.4 CONCLUSION COTE BATTERIE

- Aucun souci de vieillissement avec les charges rapides à puissance (trop limitée par Renault ?)
- Les 50 kW de vitesse de charge de la pub sont très loin !

3.4 AUTRES CONSTATS :

- A deux dans une Zoé c'est quand même bien moins cher que de faire de voyage en train et en taxi
- Je n'ai vu aucune borne de recharge Tesla sur toutes les aires d'autoroute ou je me suis arrêté, cependant j'ai vu des Tesla se charger sur les bornes Combo-CCS voir en T2... je suis parti avant la Tesla.
- Sur autoroutes italiennes, il y a des bornes tri standard 50 kW maxi, des bornes 150 kW combo CCS only et des bornes 300 kW Combo CCS only (plus rares)
- Dans les rues il y a des bornes ENEL simples 1 fois T2 ou 2 fois T2 de 11 kW à 22 kW, souvent avec place de parking occupées par des véhicules à essence !

Il est inacceptable sur le plan écologique que rouler en voiture électrique question carburant soit beaucoup plus couteux que rouler avec un diesel sur les autoroutes...

Mais où est l'incitation à l'écologie ?

D'autant qu'au moment de mes charges en milieu de journée cette semaine le prix de l'électricité en Europe était parfois négatif (trop de production disponible)

3.5 LISTE DES DIFFERENTS TYPES DE BORNES DE CHARGES SUR NOTRE CHEMIN

Départ le 4/4/2024 à 8H00 d'Ambérieu en Bugey
(Règlement uniquement avec la carte ChargeMap) Les marques étant toutes différentes il est illusoire d'imaginer des abonnements privatifs sur chaque réseau pour obtenir des tarifs plus bas !

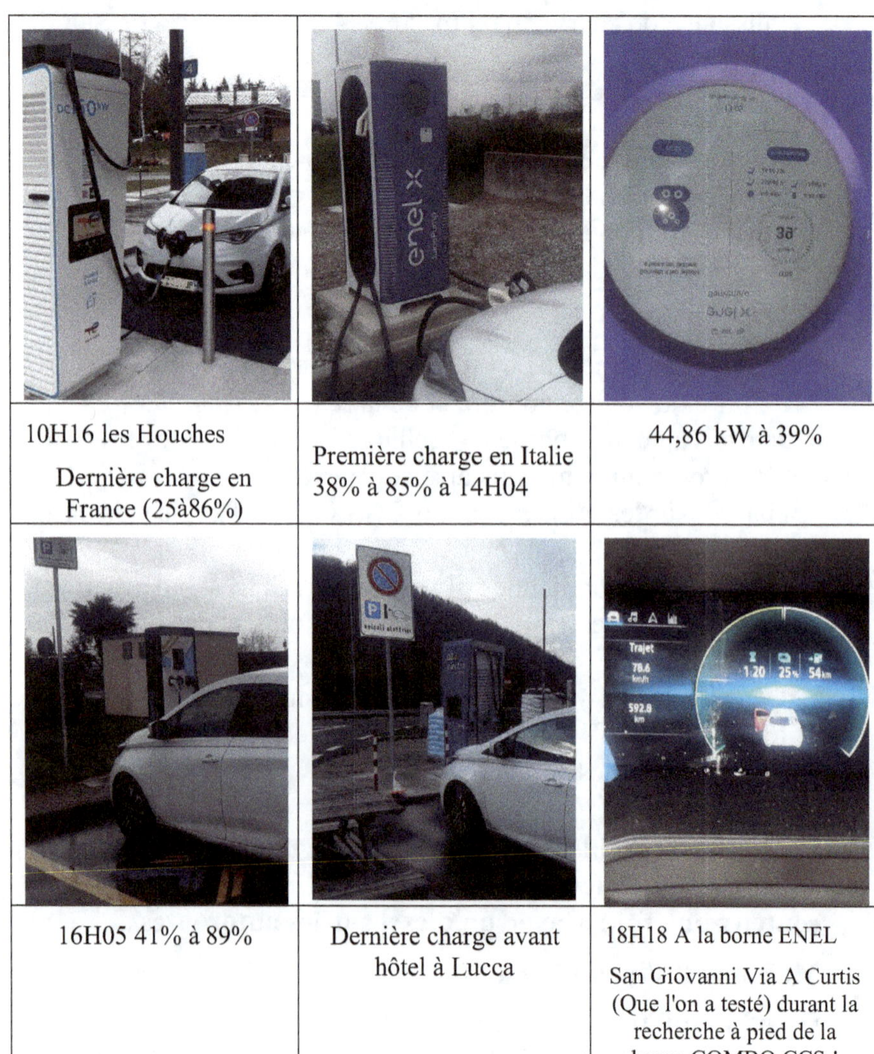

10H16 les Houches Dernière charge en France (25à86%)	Première charge en Italie 38% à 85% à 14H04	44,86 kW à 39%
16H05 41% à 89%	Dernière charge avant hôtel à Lucca	18H18 A la borne ENEL San Giovanni Via A Curtis (Que l'on a testé) durant la recherche à pied de la borne COMBO CCS !

5/4/2024 11h49 Pise. Cette borne Combo CCS cachée dans une résidence à 200 m d'une borne T2 Enel X bien en vue sur l'avenue Cisanello	Une borne T2 est aussi placé dans cette résidence	5/4 une des charges vers TIVOLI (22 à 99%)
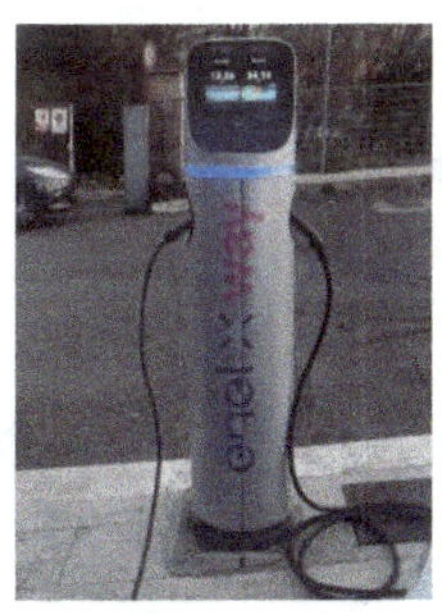	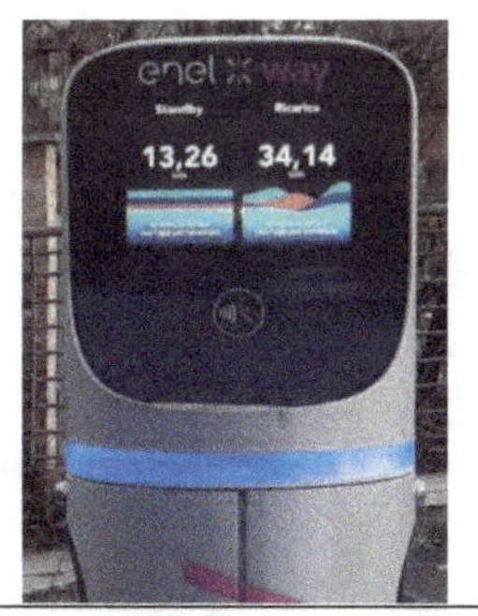	
Borne de Tivoli en T2	Usage durant séjour à l'hôtel (pas d'attente pour 100)	

Il faut charger au moins à 80% car cela monte beaucoup pour passer le Fréjus tranquille.

Une dernière charge chez Fastned à la station autoroute A43 à Saint Julien Mont Denis. Cette charge qui n'a marché qu'avec une **carte bancaire** (enfin l'Europe vient de voter son obligation) **Tarif moins chère que toutes les autres bornes (0,56 Cts le kWh)** charge de 25% à 78% en 40 minutes

Restaurant ouvert à 22H00 ouf ! (Oublié de prendre la photo après 11H de roulage...)

Un voyage extraordinaire réalisé à l'électricité sans bruit de moteur, mais juste de la musique dans la voiture. La Zoé à deux est très confortable même pour faire 1000 km dans la journée.

Nous avons fait 19 charges pour un total de 419 kWh (900 minutes dont seulement 3 heures en attente sèche perdue) hors charge retour à la maison durant ce voyage avec plus de 10 opérateurs...

4. BILAN DE MA LUTTE CONTRE LE PETROLE DANS LA MOBILITE DEBUTEE EN 1963 !

Cette fois je dors tranquille, c'est gagné !

Maintenant, le temps va faire son œuvre, le long des routes des stations-service rouillées commencent à s'effondrer sous le poids des ronces, tandis que des enfants jouent près de bornes solaires, riant au son d'un cornoscope dialoguant avec la nature.

Cela me rappelle que le 28 juillet 2006 sur la route d'approche de ma première traversée des Alpes, la station Total au-dessus de GAP m'avait chassé à coup de carabine, quand j'avais demandé une prise pour remplir la partie électrique de la Toujours-Contente (chapitre 8). Ne parlons pas de l'incident sur l'A8 totalement con où j'avais aussi été chassé par le gérant de la station Total, après avoir gagné le rallye de Monte-Carlo énergie alternative sponsorisé par Total (chapitre 11).

5 - MES CONSEILS AUX PARENTS ET AUX GRANDS-PARENTS.

N'hésitez pas guider vos enfants et petits-enfants vers la découverte des sciences et des technologies. **Emmenez les par exemple visiter le musée maison d'Ampère de Poleymieux-au-Mont-d'Or ou la cité du Train à Mulhouse.** Il y a certainement autour bien d'autres musées des sciences et de la technologie à visiter. Vous pouvez aussi leur offrir des cadeaux « jouet scientifique » qui malheureusement deviennent bien rares. Dans ma jeunesse, il y avait des boites d'électronique, de chimie, d'optique et d'électricité. Il y avait aussi le mécano électrique ou l'on pouvait imaginer ses propres moteurs…

Votre descendance pourra ainsi influencer le monde dans la bonne direction, celle guidée par la vraie science.

6.MERCI A MES APÔTRES:

Les inventeurs du Kangoo génération NiCd de Renault en 2000, Lennart Hellberg et ses amis, Michel Prieur †, Jérôme Fresnay, Frédéric Mlynarczyk, Pierre Violot, Mamouth de la Hulotte †, Bruno Causse, Alain Rolkowski, Carlos Ghosn (PDG de Renault de 2005 à 2019, pour avoir relancé la voiture électrique Twizy en 2007 et Zoé en 2009), Jean-Luc Coupez (borne de charge pour les traversées des Alpes), SAS le prince Albert II de Monaco, Serge Dassault †, Luc Chatel (Ministre Français), Elon Musk (Inventeur de PayPal, du Roadster Tesla, de l'IA Grok), Alain Barthelemy (Président de DECUS France), Christian Lucas (président de Mobil'Eco), André Rondonnier †.(SAFT), Patrick (Elec77), Patrick Renau et Laurent Koechlin (Organisateurs des Rallye Phébus), Féric (créateur du support batterie de l'Auto-magique), Jean Donnier (CERN Dyane Electra), Stéphane de Vega, Alain Roury , Albert Hereinstein (F9FA) †, Marie et Emmanuelle, Gilles B., Bernard et Geneviève Comte Bellot (musée Ampère), Patrick et Philippe de la SEE, Bernard H. (polytechnicien), Yves R. d'Amitel, Pierre V., Jean-Pierre , Christian G., Jean-Louis M., Jean-Philippe V. (mes copains des Lazo.), Frère Théo des Lazaristes qui m'a fait découvrir le désastre des mines de lignite en Allemagne, les familles Godet de Charix pour leur apport culturel et écologique, mon Parrain Oncle Raymond, ma Grand-Mère †, mes parents †, mes frères et sœur, ma fille Colombe-Aurore et ma Petite Calinou, et bien d'autres comme les bêta-lecteurs de mon livre.

Ils m'ont tous permis que je réussisse cette très longue bataille. Sans oublier les différents auteurs du livre l'Auto Magique de 1920 et Mlle Chateney traductrice de la version française de 1930.

20. EPILOGUE DU TOME 1 « L'AUTO-MAGIQUE »

Cliché de l'Auto-Magique du 4 juillet 2025, avant son control technique. Elle a 24 ans !

La genèse de l'Auto-Magique – Dès 1963, je découvre un livre magique écrit dans les années 20 par deux Italiens traduits en français sous le titre L'Auto-Magique. Jeune garçon, j'avais lu le premier chapitre de ce livre dans une école primaire à Lyon – un livre qui m'a marqué au fer rouge dans mon inconscient d'enfant.

En 2003, devenu adulte, je retrouve les détails de ce livre chez un bouquiniste après des 15 années de recherche infructueuses. Il aura fallu 45 ans pour que j'en obtienne une photocopie et le lire entièrement. Quelques années plus tard un internaute de Montpellier m'a offert ce livre qu'il venait de découvrir dans son grenier.

Voici un extrait du livre en français de 1933 à déguster en particulier pour son message philosophique sur l'heure enchantée.

Chapitre 1 - GoyaGoya fait un voyage merveilleux

Il est tard, l'heure de l'école approche. GoyaGoya dégringole les escaliers quatre à quatre. Il a entendu sonner depuis longtemps le coup de trois quarts et, en passant devant l'église, il s'aperçoit que la grande aiguille marque huit heures moins cinq. Il allonge le pas, fouillant anxieusement les rues du regard pour découvrir un tram ou un autobus. Mais, autour de lui, c'est le vide complet.

« Cette fois, je vais être en retard, pense-t-il, et j'aurais une heure de retenue. Et les vacances qui commencent aujourd'hui ! »

Perdre une grande heure de ces précieuses "vacances de Noël", c'est dur !

GoyaGoya se met à courir. Allons vite ! Plus vite ! Peut-être arrivera-t-il encore à temps !

Peut-être le maître d'école sera-t-il lui-même en retard... Il aurait voulu avoir des ailes ! Son cœur battait et il fut bientôt hors d'haleine. Cahiers, livres, crayons cliquetaient dans son sac.

Son rêve de la nuit lui revint tout à coup à l'esprit. Pour sa fête, on lui avait donné une petite auto et il avait roulé des heures et des heures sans arrêt. Quoi d'étonnant à ce qu'il se fût réveillé en retard ?

— Ah ! S'écria GoyaGoya en soupirant, si j'avais seulement une auto ! Et voilà que GoyaGoya venait de formuler ce souhait en une heure enchantée.

L'heure enchantée n'est pas une heure ordinaire !

Elle ne dure qu'un instant et ne se présente qu'une seule fois dans la vie d'un homme. Ce que l'on souhaite à ce moment-là s'accomplit toujours.

Malheureusement, les hommes ne savent jamais quand sonne leur heure enchantée et la plupart d'entre eux la laissent passer sans y prendre garde, en ne souhaitant rien. D'autres disent : « Ah ! J'ai une soif ! Je boirais bien un verre d'eau ! » Ou bien : « Que j'ai faim ! Si j'avais un petit morceau de chocolat ! » Et ils obtiennent leur verre d'eau et leur chocolat, pas davantage ! D'autres ont encore plus de déveine : « Ça me pique dans le nez ! Où est donc ce maudit mouchoir ? S'il était dans ma poche... ». Ils trouvent en effet le mouchoir dans leur poche, ne se doutant pas du tout qu'une minute auparavant il n'y était pas. Puis ils éternuent, se mouchent, et c'est tout ce qu'ils retirent de leur heure enchantée qui ne dure qu'un instant !

GoyaGoya avait donc désiré une auto. Juste au moment où il formulait ce vœu, une auto flambant neuve s'approche de lui et stoppe exactement à l'endroit où il s'est arrêté pour reprendre haleine.

Bonjour, dit l'homme assis au volant. Monte vite, tu n'as plus qu'une minute.

Avant que le petit garçon soit revenu de sa surprise, il se trouve dans l'auto qui se lance à une vitesse folle. Les rues, les hommes, les maisons, tout danse devant ses yeux. Est-ce un rêve ? Est-ce la réalité ? Ne viennent-ils pas de passer sous le nez d'un agent ? Pas le temps de réfléchir à tout cela ! A l'école ! Vite à l'école ! Le voilà déjà arrivé ; l'auto s'est arrêtée devant la porte !

GoyaGoya saute de la voiture, oublie de remercier, se faufile juste à temps dans la classe au moment où le professeur y entre. Il s'assit sur son banc, tout abasourdi et dans une grande surexcitation Quelle singulière auto ! Comment était-elle faite ? Il n'avait pas très bien regardé.

Et comme elle filait ! Qui pouvait bien être le brave homme qui la conduisait ? Lui non plus, il ne l'avait pas regardé. Était-il blond, brun, grand, petit ? Heureusement que c'est aujourd'hui le dernier jour de classe, car GoyaGoya est très distrait et ne pense qu'à l'auto.

Enfin la cloche sonne ! Vite, dehors ! Si l'auto était encore là...

Beaucoup de voitures stationnent sur la place. GoyaGoya les passe en revue. Il ne se rappelle plus la couleur de la voiture ni la tête du chauffeur. Il sait seulement que c'est une marque inconnue de lui. Ce n'est ni une Citroën, ni une Renault ou alors peut être un projet secret, ni une Ford, ni un Mathis... Et la forme ? Allongée comme un poisson, lui a-t-il semblé...

La voilà, arrêtée devant une porte cochère ! Ce ne peut être qu'elle ! Rayée de gris clair, étroite et allongée, elle ressemble vraiment à un poisson. Ou encore à un dirigeable... Mais elle n'est pas vernie comme les autres autos.

Elle est comme revêtue d'une cuirasse blindée.

Le chauffeur aussi est étrange : long et maigre, coiffé d'une casquette plate et portant de grosses lunettes. Son visage et ses vêtements sont de la même couleur indéfinissable, d'un gris transparent mêlé de vert. A l'ombre... Mais quand le soleil s'échappe des nuages et envoie l'un de ses rayons sur la grande porte sombre, l'aspect de l'homme change. Il brille subitement de toutes les couleurs de l'arc-en-ciel.

GoyaGoya hésite avant de lui adresser la parole : « Je vais le remercier, pense-t-il, la politesse l'exige ».

Derrière ses verres, le conducteur regarde amicalement le petit garçon, lorsque celui-ci s'approche de lui.

Quant à GoyaGoya, son discours s'arrête presque dans sa gorge. Il bredouille quelques mots... C'est que cet homme ne ressemble pas du tout aux autres hommes. Quelle large bouche fendue en croissant de lune ! Et ce nez plat, ce corps si mince, ce dos courbé, ces bras maigres et courts...

— Monte, dit enfin le personnage. Je m'appelle Monsieur Lhazâr. Je veux t'apprendre à la conduire.

GoyaGoya a un peu peur, mais il n'ose le montrer.

Est-ce qu'on laisse échapper une si belle occasion ? Ce serait vraiment ridicule ! Bravement, il s'assied à la place du chauffeur.

L'intérieur de la voiture est aussi bizarre que son extérieur. On y voit des interrupteurs et des leviers, des manivelles, des plaques de cuivre rondes ou carrées, des aiguilles et des anneaux, des roues, des vis, des manettes et des boutons, des cornets acoustiques et des écouteurs, des compas et des cadrans. Le tableau de commande tout entier est recouvert de toutes sortes d'appareils, d'une quantité d'inscriptions et de chiffres. Tout cela donne le vertige.

Déboucle ton sac, dit M. Lhazâr, nous allons le déposer chez toi en passant. Et maintenant, regarde un peu, mon jeune ami !

Il lui montre alors comment on doit embrayer et débrayer et lui explique en gros pourquoi la machine est ainsi construite. C'est un bon professeur et GoyaGoya comprend plus vite qu'il ne s'y attendait.

Légère et silencieuse, l'auto glisse sur l'asphalte. Pas aussi vite que le matin, cependant à une allure qui laisse bien loin en arrière les autres voitures. Devant eux, roule une Rolls Royce. Le chauffeur a l'air pressé. Il klaxonne sans interruption et double tous les autres véhicules. Une pression sur le levier : GoyaGoya part comme une flèche, dépasse si rapidement la Rolls Royce que le chauffeur, effaré, se retourne brusquement. GoyaGoya manie le volant aussi facilement qu'un jouet. Comme ça marche bien dans les tournants dangereux ! L'auto lui paraît flexible et souple comme un être vivant.

Ils atteignent la rue où demeure GoyaGoya :

- Suspends ton sac à ce crochet, dit M. Lhazâr. Dans quelle maison et à quel étage habites-tu ?
- Numéro 10, au troisième.
- Bon. Essaye de calculer la distance entre la fenêtre de ta chambre et le sol ; cela doit bien mesurer douze mètres. Pousse ce verrou jusqu'au trait qui désigne le nombre de mètres désiré. À présent, appuie sur le bouton...

Au moment où ils passent devant la maison, une petite grue, invisible auparavant, rebondit en l'air, étroite et élastique, à l'endroit où le crochet est placé, jette le sac par la fenêtre ouverte de la chambre de GoyaGoya et revient en arrière, semblable à un ressort d'acier, pour disparaître à l'intérieur de la voiture. GoyaGoya reste bouche bée : « Ce doit être une nouvelle invention », pense-t-il.

Les voici hors de la ville. GoyaGoya appuie sur le bouton et écoute, émerveillé, le son mélodieux du cornoscope (2).

« C'est un cornoscope, un cornet bien spécial », lui explique son compagnon. Elle peut jouer des mélodies entières et imiter tous les instruments de musique.

Elle peut aussi rugir comme un lion, claqueter comme une cigogne et rendre le langage de tous les animaux. Cela, je te le montrerai une autre fois. Mais arrêtons-nous. Il était temps ! Et il serre les freins. L'auto s'arrête instantanément. Elle vibre légèrement, mais sans choc appréciable.

GoyaGoya se demandait le motif de cette halte, quand il aperçut au milieu de la route un petit poussin qui picorait tranquillement des grains d'avoine.

« Il ne faut jamais faire de mal aux animaux », dit M. Lhazâr, en faisant envoler le poussin. « Chaque fois que tu vois un animal en détresse, ton devoir est de le secourir. Car, toi aussi, tu as besoin des animaux ».

« Tout service rendu doit être payé de retour. C'est une affaire d'honneur. Du reste tu n'as pas toujours besoin de t'arrêter devant de si petits obstacles, tu peux simplement sauter par-dessus. Une légère pression sur ce levier et, à l'aide de ressorts, la voiture s'élève dans les airs. Tu règles la hauteur du saut en appuyant plus ou moins fortement ».

« Tiens, nous allons l'essayer tout de suite ! Vois-tu l'attelage de ce paysan, devant nous ? Il roule juste au milieu de la chaussée. Nous allons voir s'il nous laisse passer ».

Ils repartent et GoyaGoya commence à klaxonner. Mais le paysan ne bouge pas.

Il continue d'aller nonchalamment au trot de son petit cheval, en allumant sa pipe. Comme beaucoup de paysans bornés, il détestait les autos.

Il se faisait un malin plaisir d'irriter les conducteurs et ne manquait pas une occasion de leur jouer un vilain tour.

C'est ainsi qu'à ce moment il riait sous cape et se disait intérieurement :

Même s'il y avait la place, je ne te laisserais pas passer, espèce d'idiot ! Il regardait en même temps si aucun gendarme ne se trouvait dans le voisinage ». En avant, GoyaGoya, appuie sur le levier ! »

Et de toutes tes forces !

Hop ! La voiture bondit par-dessus l'attelage et continua de rouler de l'autre côté. M. Lhazâr appuya sur une pédale : C'est le soufflet. Pour le punir, je lui ai envoyé une bonne bouffée de poussière dans la figure.

GoyaGoya ne put s'empêcher de rire.

Quant au paysan, comme il écarquillait la bouche et les yeux de stupéfaction, il avala une grande quantité de poussière, éternua, toussa, ne sachant ce qui lui arrivait. En même temps, son cheval s'emporta et l'attelage tomba dans le fossé. Le paysan fut projeté hors de la voiture et avec lui tous les légumes qu'il portait au marché. Par bonheur, il ne s'était rien cassé. Il se retrouva bientôt sur ses jambes. Lorsque le nuage de poussière se fut dissipé, il vit disparaître au tournant l'auto mystérieuse qui scintillait dans le soleil comme de la nacre. Geignant et grognant, il retira sa voiture du fossé et ramassa ses légumes.

Pendant ce temps, la chaleur avait augmenté et GoyaGoya sentit la soif le gagner.

« Veux-tu boire quelque chose ? » lui demanda M. Lhazâr qui semblait deviner toutes ses pensées. « Nous allons nous reposer à l'ombre de ce grand arbre ». C'était certes très agréable d'échapper pour quelques instants aux rayons brûlants du soleil. Mais quel dommage qu'aucune source ne se trouvât dans le voisinage ! M. Lhazâr aurait-il eu soin de dissimuler une bonne bouteille dans sa voiture ? Pourtant, il ne faisait pas mine de dénicher ni bouteille ni panier de provisions. Il s'affairait plutôt autour du tableau de commande sur lequel se trouvait un autre petit tableau blanc vertical parsemé d'innombrables petits trous serrés les uns contre les autres. Chacun de ces trous était surmonté d'inscriptions minuscules formant une carte de restaurant complète : à gauche, les boissons ; à droite, les aliments.

Pour se procurer quelque chose, on tirait l'une des chevilles placées en haut du tableau de commande, on l'enfonçait dans l'ouverture correspondante et l'on recevait ce qu'on avait désiré. GoyaGoya, qui aimait beaucoup la limonade, enfonça une cheville dans l'ouverture au-dessus de laquelle était écrit « limonade ». Tout autour se trouvaient de plus petites ouvertures portant les mots de : citron, framboise, orange, etc... Celles-ci fonctionnaient à l'aide de toutes petites chevilles.

A gauche du tableau, un robinet en cuivre relié au réservoir d'essence par de mystérieux tuyaux, distribuait la boisson souhaitée. Lorsque GoyaGoya eut enfoncé une grande et une petite cheville, il voulut tourner le robinet, mais M. Lhazâr l'arrêta : « Voyons, tu n'as pas de verre ! » S'écria-t-il.

GoyaGoya fit une grimace désappointée. Il mourait de soif et voilà que, faute de verre, il ne pourrait se désaltérer ! Mais il n'existait sans doute rien que l'auto ne pût fournir. Sur une plaque ronde en argent portant l'inscription « vaisselle » tournait une aiguille entourée elle-même d'autres aiguilles très fines et d'une quantité de petites inscriptions.

GoyaGoya plaça la grande aiguille sur le mot « récipients » et l'une des petites sur le mot « gobelet ». Aussitôt sortit de la paroi avant de la voiture un petit plateau d'argent supportant une timbale également en argent. Alors GoyaGoya tourna le robinet et il en coula une boisson délicieuse parfumée à la framboise. C'était si bon qu'il en but cinq verres de suite eu changeant chaque fois de sirop.

« Maintenant, c'est assez », dit M. Lhazâr. « Tu vas te rendre malade. Nous allons prendre un acompte sur le déjeuner ».

A droite du petit tableau se trouvait une plaque de cuivre carrée, la plus grande de toutes. On la tira pour servir de table : à sa place bâillait une sombre ouverture. GoyaGoya enfonça une grosse cheville sous l'inscription « Sandwich », quelques petites sous celles de « jambon, pâté, fromage ». Sur la petite table de cuivre apparut alors, par l'ouverture, un plateau d'argent portant d'appétissants petits pains rangés les uns à côté des autres sur un plat d'or. Les assiettes et les couverts étaient, eux aussi, en argent massif et les serviettes de la soie la plus fine. GoyaGoya n'arrivait pas à se rassasier ; il avalait sandwich sur sandwich.

Quand le plat fut vide, on appuya sur un bouton et il disparut à l'intérieur de la voiture. Désirant quelques gâteaux, ils se firent donner une pleine corbeille de friandises de toutes sortes.

Enfin, ils retirèrent les chevilles, firent rentrer la plaque de cuivre et, quand tout fut en ordre, ils se remirent en route.

« Où allons-nous ? » Demanda GoyaGoya.

« Aujourd'hui, nous ne ferons qu'un petit tour pour t'apprendre d'abord à bien conduire. Tu es loin de connaître ta machine à fond. Tu as déjà vu qu'elle possède beaucoup plus de qualités que n'importe quelle autre voiture. Je vais, à présent, te montrer quelques-unes de ses particularités. Ne trouves-tu pas monotone, par exemple, de rouler sur une route plate ? Ce serait bien plus amusant de se promener à travers champs ».

« Mais », s'écria GoyaGoya, « on pourrait s'embourber et même capoter ! »

M. Lhazâr sourit :

« Tu vas voir comme c'est facile ! On roule aussi bien sur les pierres et les galets que sur le sol mou et glissant. Mais il nous faut, pour cela, faire une petite transformation ». Je vais te montrer le maniement des différents appareils.

Ils s'arrêtèrent et M. Lhazâr se mit à l'ouvrage. Il abaissa des leviers, tourna des manivelles, tira différents registres.

Au fond de l'auto se dressa un levier qui la souleva lentement en l'air. Lorsqu'elle fut à environ cinquante centimètres au-dessus du sol, les roues disparurent à l'intérieur comme l'avaient fait la timbale et le plateau. A leur place apparurent des rouleaux et de larges chaînes.

Puis l'auto s'abaissa lentement sur le sol, tandis que le levier rentrait automatiquement dans la voiture. L'auto ressemblait maintenant à un petit tracteur à chenille, mais bien plus mobile et beaucoup moins lourd que ceux-ci ne le sont ordinairement ; il était si bien suspendu qu'on ne sentait pas du tout les inégalités du sol.

M. Lhazâr abandonna donc la route et se mit à rouler sur les champs en friche. Il recherchait avec intention les endroits les plus difficiles, les surfaces sablonneuses et les pierres pointues, les fossés profonds et les terrains accidentés. Mais au lieu de se sentir cahoté, on glissait comme sur l'asphalte le plus doux. La voiture rebondissait légèrement sur ses ressorts et pouvait ainsi marcher à n'importe quelle vitesse.

Au milieu d'un champ, ils rencontrèrent un grand troupeau de moutons. Comme ces animaux ont coutume de le faire, ils paissaient tous au même endroit, étroitement serrés les uns contre les autres.

« C'est trop compliqué de faire le tour de ce troupeau », dit M. Lhazâr. « Il va falloir qu'ils nous laissent le chemin libre. Nous allons écouter ce qu'ils racontent ».

« Mais, nous ne comprendrons pas autre chose que leurs « mê-ê-ê mê-ê-ê » dit GoyaGoya en riant ».

« Tu te trompes. Chaque animal possède son langage propre, aussi varié que la langue humaine. Seulement l'oreille de l'homme ne peut en saisir les nuances et c'est pourquoi on s'imagine que le langage des animaux se limite à quelques sons répétés. En réalité, il en est tout autrement. Je t'ai déjà dit que le cornet de cette auto était un cornoscope enchantée qui peut reproduire non seulement tous les airs de musique, mais aussi toutes les langues humaines et le langage de tous les animaux. Regarde cette plaque d'argent sur laquelle sont disposées des touches d'ivoire, carrées ou rondes. Elle est hexagonale et chacun de ses côtés porte une inscription : hommes, mammifères, oiseaux, reptiles, poissons, insectes. A son tour, chaque division a ses subdivisions qui correspondent aux différents peuples de la terre et aux différentes espèces d'animaux. Donc, si tu veux comprendre la langue ovine, il faut appuyer d'abord sur la touche carrée « mammifères », puis sur la petite touche ronde « mouton ». La touche noire au milieu de la plaque sert à faire cesser le langage ».

Ce [cornoscope (*2)](#) est donc un instrument très sensible. La même énergie qui transmet tes pensées à ta langue et lui permet de les exprimer se communique par les nerfs de ta main au cornoscope et transforme le travail de ton cerveau en sons, reproduisant exactement ceux qui correspondent à la langue que tu désires.

« Veux-tu comprendre, à ton tour, ce que disent les animaux ? Tu prends l'écouteur qui est toujours suspendu à ce petit crochet ; à côté de la table des langages, et tu le portes à ton oreille. Ce n'est qu'une coquille ronde en acier. Mais elle est construite de telle façon qu'elle décompose tous les sons émis par les animaux dans leurs plus petites vibrations, les transforme, comme pour la T. S. F., en ondes électriques, et transforme ensuite celles-ci en des sons nouvellement combinés qui résonnent enfin dans la langue que l'on veut obtenir. Cet écouteur, par exemple, traduit tout en français ».

« Et à présent, nous allons écouter ce que veulent dire les mê-ê-ê des brebis ».

Ils marchèrent droit sur le troupeau. Lorsqu'ils virent l'auto venir sur eux, les moutons se serrèrent encore plus fort les uns contre les autres. La trompe fut disposée de telle sorte qu'elle se mit à bêler comme une véritable brebis et cria dans ce langage :

« Place ! Place ! Place ! » GoyaGoya porta l'écouteur à son oreille. Il ne perçut d'abord qu'un bêlement monotone dominé par les aboiements sonores du chien de berger. Mais, au bout d'un instant, il commença à distinguer quelques mots isolés :

« Quelle impudence ! C'est inouï ! » Disait un gros mouton. Avez-vous déjà vu chose pareille ?

« Vraiment ! « Criait un autre ». Les hommes deviennent de plus en plus hardis et insolents. On n'est plus en sûreté nulle part » !

« Comment veiller maintenant sur ses petits ? « Geignait une grosse maman brebis. Autrefois, ils restaient du moins sur les routes, mais voilà qu'ils pénètrent à présent dans nos pâturages. On ne peut plus jouir de la vie !

Le chien de berger aboyait :

« Qu'est-ce que vous voulez ? Qui êtes-vous ? « L'Auto-Magique n'avançait plus qu'au pas.

« Place ! Place ! » Criait le cornoscope !

Le troupeau la cernait maintenant de tous côtés, se refermait derrière elle. Une jeune brebis toute blanche se mit à bêler :

« Maman, j'ai peur ! j'ai peur ! »

« Filez ou je vous mords », hurlait le chien.

« A bas les hommes ! « Cria un vieux bélier dans les derniers rangs. « Écrasez-les ! Ne cédez pas, tas de poltrons ! »

« Oui, à bas les hommes ! » cria un autre ». Défendez-vous, ne les laissez pas passer ! »

« Je vous mords », hurlait le chien.

GoyaGoya fut réellement pris de peur devant toutes ces têtes cornées et ces yeux menaçants. Déjà, les plus forts béliers prenaient position. Ils raidissaient les jambes de devant, baissaient la tête, prêts à foncer sur l'intrus.

Impérieuse, le cornoscope clamait maintenant :

« Place ! Ou je vous passe sur le corps ! Sonnailler (1*), gare à toi ! » Le sonnailler, que l'âge et la sagesse avaient gratifié d'une longue barbe, secoua la tête, indigné, loucha vers M. Lhazâr et, à coups de tête, poussa de côté les animaux surexcités.

« Laissez-les donc passer, camarades ! Avec une pareille canaille, ce n'est pas la peine de s'expliquer !... « A contrecœur et en grognant, le troupeau se rangea de côté. Quand l'auto fut passée, le chien la poursuivit en aboyant.

« Paix ! « Lui cria le cornoscope qui, en deux temps, avait été placé sur la langue canine.

« Est-ce que tu ne reconnais plus M. Lhazâr ? « Alors l'animal se coucha en agitant la queue humblement.

Le jeune berger assis à l'écart regardait la scène sans rien comprendre à ce qui se passait.

Le soleil avait atteint le zénith. Comme cela se produit quelquefois au printemps, il était plus brûlant qu'à certains jours de juillet.

M. Lhazâr paraissait s'en trouver fort bien. Plus il faisait chaud, plus il brillait et plus l'auto-magique miroitait de toutes sortes de couleurs. Mais GoyaGoya commençait à transpirer. Le sang lui montait à la tête et ses tempes battaient.

Il but encore un verre de limonade, mais ne se sentit pas mieux. On apercevait au loin une forêt épaisse et ombragée. Le petit garçon la regardait en soupirant d'un air d'envie, mais pas un chemin n'y conduisait ni ne la traversait.

« Tu peux traverser les forêts les plus épaisses avec ton auto sans avoir besoin de chemin », lui dit son compagnon. Elle n'est pas aussi rigide que les voitures ordinaires, et l'on peut en changer la forme à volonté, l'étirer en longueur ou en largeur. Entrons donc dans le bois.

A la lisière de la forêt, il fallut cependant s'arrêter afin de redonner au tracteur à chenille sa forme antérieure. L'opération fut exécutée de nouveau à l'aide du levier.

Puis la deuxième transformation commença. Les sièges se déplacèrent de façon à se trouver l'un derrière l'autre. On étira la voiture pour qu'elle ne s'accroche pas aux arbres. Pour cela, M. Lhazâr mit en mouvement toutes sortes de mécanismes. L'auto frémit légèrement, s'allongea et devint presque aussi étroite que les sièges.

Cette fois, elle ressemblait vraiment à un grand lézard avec sa longue queue à l'arrière, tandis qu'à l'avant, le radiateur figurait une tête étroite et plate. Ils entrèrent dans la forêt. M. Lhazâr conduisait si habilement que l'auto se glissa entre les troncs d'arbres comme un serpent et sans ralentir un seul instant.

Arrivés au milieu d'une clairière, ils décidèrent de se reposer et de déjeuner. Il était midi.

Dans la fraîcheur de la forêt, GoyaGoya avait repris des forces. Il trouva délicieux le poulet rôti que l'auto leur fournit. Comme dessert, il commanda de la glace à la vanille avec des biscuits à la cuiller et but ensuite une orangeade. Puis il s'étendit de tout son long dans l'herbe et contempla le ciel bleu. Il aurait fait volontiers une petite sieste, mais son compagnon donna le signal du départ.

« Nous n'avons pas de temps à perdre » dit-il, car il te reste beaucoup à apprendre.

Ils remontèrent donc en auto et furent en quelques minutes hors de la forêt. Sur la route, la voiture reprit son ancienne forme.

À mesure qu'ils avançaient, GoyaGoya découvrait ainsi les merveilleuses qualités de l'Auto-Magique. Rien ne lui était impossible. Il suffisait d'être familiarisé avec le système compliqué et perfectionné de leviers et d'interrupteurs. Il fallait aussi prendre garde à ne pas manœuvrer à faux, car on pouvait avoir les pires surprises. Une fois, GoyaGoya voulut sauter par-dessus un troupeau d'oies. Il se trompa et un énorme jet d'eau, jailli du radiateur, mit en fuite les animaux effarés. Une autre fois, il mania le levier si maladroitement que l'auto exécuta de véritables sauts de chèvre.

GoyaGoya apprit aussi que sa voiture possédait un blindage extérieur qui la mettait à l'abri des balles et aussi qu'elle pouvait changer de couleur à volonté pour se confondre avec son entourage. Elle devenait verte comme la prairie, rouge comme un champ de coquelicots, jaune comme le sable ou grise comme la route. Il suffisait de placer l'aiguille sur la couleur correspondante du tableau des couleurs. Mais GoyaGoya, ayant voulu en faire l'essai afin de traverser un village sans être aperçu, il se trompa encore. L'auto se revêtit d'un bleu resplendissant et apparut, au milieu du village, semblable à un bluet géant. Les enfants lui jetèrent des pierres et ne furent pas peu déconcertés lorsque celles-ci leur revinrent sans avoir atteint la voiture.

Un instant après, ils s'écartèrent de la grande route et roulèrent sur une autre plus étroite. Au loin, une rivière scintillait comme un ruban d'argent. Au grand étonnement de GoyaGoya, son professeur lui dit de marcher droit sur elle.

« Voulez-vous longer la rivière ? Demanda-t-il ».

« Non, nous allons passer de l'autre côté ».

« Mais il n'y a pas de pont.».

« Ce n'est pas nécessaire. Nous la traverserons à la nage ».

Aussitôt qu'ils furent arrivés au bord de la rivière, M. Lhazâr mit en marche un mécanisme invisible. A droite et à gauche de la voiture surgirent des plaques d'acier. Elles étaient bombées comme la quille d'un navire et restaient, telles deux moitiés de bateau séparées, suspendues de chaque côté. Le levier sortit encore une fois du fond de l'auto, la voiture fut soulevée à cinquante centimètres au-dessus du sol et les roues se replièrent sous elle. Elle s'abaissa lentement et le levier disparut automatiquement à l'intérieur. L'auto-Magique reposait maintenant sur l'herbe comme dans un bateau.

Comment penses-tu que nous arriverons jusqu'à la rivière ? demanda M. Lhazâr. GoyaGoya le regarda malicieusement.

« Si nous n'attelons pas devant notre bateau une paire de bœufs, il nous faudra le pousser nous-mêmes », répondit-il.

« Eh bien ! regarde quelle espèce de bœufs je vais y atteler ».

Il s'affaira encore une fois autour du tableau.

Bientôt apparurent à l'avant et à l'arrière du bateau des roues dentées pourvues de crochets bizarres qui s'enfoncèrent dans la terre et qui, actionnées par le moteur, poussèrent à chaque tour de roues la lourde machine en avant. Elle descendit ainsi la pente de la rivière et fut remorquée dans l'eau. Aussitôt qu'elle commença à flotter, les roues dentées disparurent.

L'auto-Magique s'était donc métamorphosée en une sorte de canot automobile. M. Lhazâr apprit ainsi au petit garçon que s'il allait un jour sur mer, il pourrait revêtir facilement sa voiture d'une carapace blindée et la transformer en sous-marin. Il pourrait plonger jusqu'au fond de la mer et rester sous l'eau aussi longtemps qu'il le voudrait. Car, de même que des vivres, l'auto pouvait lui fournir de l'oxygène en quantité suffisante.

Tout en bavardant, ils naviguaient sur le fleuve, jouissant du calme qui régnait sur la campagne environnante. Mais le temps passait et l'on se dirigea vers l'autre rive. GoyaGoya regarda la chaîne de montagnes qui se dressait à l'horizon et demanda s'il était possible de grimper des montagnes escarpées avec leur auto :

« Certainement », lui fu-t-il répondu. « Nous allons l'essayer tout de suite. Il est déjà tard et la distance est assez grande. Mais si nous donnons suffisamment de gaz, nous y parviendrons avant le coucher du soleil ».

Les roues dentées reparurent, le « canot automobile » regrimpa lentement sur la rive opposée et se posa ruisselant sur le sable. Tout à coup GoyaGoya sursauta. En appuyant sur un bouton électrique, M. Lhazâr avait produit un courant d'air chaud qui soufflait en tempête autour de l'appareil. En quelques instants les planches du bateau furent sèches. Le levier entra en action, les parois du canot rentrèrent, les roues reprirent leur ancienne position et l'auto s'abaissa sur le sol. Alors, ils filèrent comme le vent à la même allure que le matin. L'air sifflait aux oreilles du petit garçon, il avait la respiration coupée. Il ne se sentait pas de joie !

Une demi-heure après, ils étaient au pied de la montagne. Ils prirent d'abord de la hauteur comme en se jouant. Mais quand la côte devint plus raide, un mécanisme spécial poussa la voiture en l'air à l'aide de crochets et de grappins. Les parois de rochers les plus lisses n'étaient pas un obstacle pour eux. Dans ce cas, des ventouses en caoutchouc venaient à leur aide. Semblables aux pattes d'une chenille géante, elles se portaient en avant, aspiraient fortement le sol et se détachaient l'une après l'autre de la surface lisse. C'est ainsi que l'étrange auto grimpa jusqu'au sommet.

Par, instants, elle se trouvait suspendue presque verticalement au-dessus de la terre et les occupants ne pouvaient se maintenir assis que par, le changement de position automatique des sièges qui suivaient l'inclinaison de la voiture. Quand GoyaGoya regarda en bas, il eut le vertige ; son regard plongeait dans des ravins et des précipices, glissait sur des pentes abruptes et des rochers.

Il craignait sans cesse que l'auto, perdant son point d'appui, ne fût précipitée dans l'abîme et brisée en mille morceaux. Mais, à côté de lui, M. Lhazâr restait très calme et ne paraissait pas ressentir la moindre émotion.

Parvenus au sommet, ils s'arrêtèrent un instant. GoyaGoya, délivré de toute crainte, put enfin jouir du magnifique paysage. Jamais il n'avait rien vu d'aussi beau. Des chaînes de montagnes à perte de vue... On eût dit les vagues pétrifiées d'une mer enchantée. Et quand le soleil couchant colora de roser toutes les cimes, son cœur battit d'enthousiasme.

C'est alors que GoyaGoya vécut quelque chose de merveilleux. M. Lhazâr mit en mouvement le plus grand groupe de leviers et de manivelles, procéda à des embrayages et des débrayages. Des ailes d'avions géantes se déployèrent lentement de chaque côté de la voiture ; des hélices dissimulées à l'avant du moteur se mirent à tourner, un appareil de gouverne grandi à la pointe arrière. Le moteur se remit en marche et cette merveille de technique s'éleva majestueusement dans les airs, montant de plus en plus haut et planant, avec un léger murmure, sur la paix du soir...

Le soleil s'abaissait à l'horizon comme un globe incandescent...

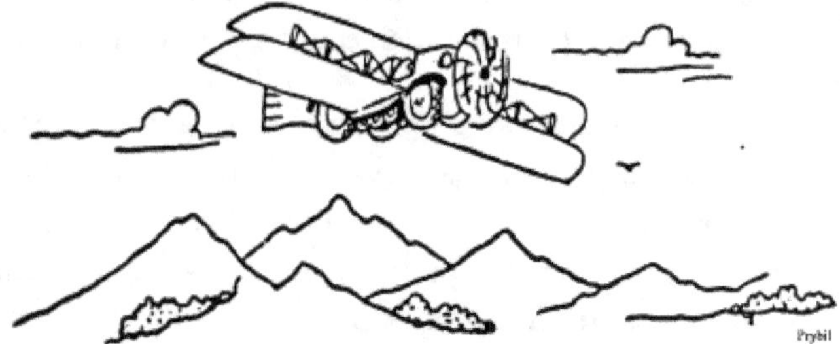

C'est donc par les airs qu'ils prirent le chemin du retour. GoyaGoya allait d'étonnement en étonnement. Que la terre est étrange, vue de si haut ! Comme les maisons sont petites, les rues longues et étroites, les hommes et les animaux minuscules ! Les champs semblent un damier aux dessins inégaux. Les collines, vues ainsi en raccourci, paraissent aussi plates que les plaines elles-mêmes. On ne distingue plus les troncs des arbres, leurs cimes ont l'air de mousse frisée ou de buissons écrasés sur le sol. Là-bas, sur la mer encastrée dans une plage de sable et qui ressemble à une glace aux contours irréguliers, des barques glissent, telles des insectes dont les pattes seraient figurées par les rames. Comme des mille-pattes s'écria GoyaGoya.

Il ne se lassait pas de contempler le spectacle que lui offrait la terre.

Il faisait presque nuit lorsqu'ils atterrirent près de la ville en un beau vol plané. L'avion fut aussitôt retransformé en auto.

Avant de nous séparer, dit alors M. Lhazâr, je veux te donner encore quelques explications. Tu t'es certainement étonné que l'Auto-Magique puisse contenir tant de lourdes plaques de fer, tout un bateau, des ailes géantes, des ressorts et des appareils à leviers, sans parler de son propre moteur électrique et de tout le mécanisme habituel d'une auto. Et avec cela, de l'eau, des vivres, etc.

Voilà ! La matière première dont est faite cette machine a la propriété de se transformer à volonté en n'importe quelle substance.

C'est un fluide impondérable qui peut cependant adopter la consistance d'une plaque d'acier aussi bien que la porosité du bois, de même qu'il peut devenir liquide ou gazeux.

Tout dépend de la manière de combiner les parties microscopiques dont elle se compose et qui s'appellent des molécules, des atomes et des électrons. Cela se produit au moyen d'une énergie accumulée à l'intérieur de l'auto et qui concentre les atomes selon les besoins, les distend où les disloque. Un mécanisme très finement fait de la même matière et approprié aux usages auxquels on le destine donne instantanément à la substance ainsi obtenue la forme nécessaire. De cette façon s'obtiennent les planches du bateau, les ventouses en caoutchouc, la limonade, les côtelettes de mouton, etc... Tout cela sort de l'auto. Et quand tu vois disparaître dans ses profondeurs le bateau et l'avion, il ne se produit pas autre chose que ce simple phénomène : la matière avec laquelle chaque objet était fait est revenue à son état primitif. D'ailleurs, tout se passe de même dans la nature, mais celle-ci travaille plus lentement.

« Tu comprendras donc que ton Auto-Magique n'ait pas besoin de garage, car elle peut devenir invisible en passant à l'état gazeux. Elle conserve cependant sa structure intérieure et extérieure, toutes les pièces qui la composent étant reliées ensemble dans leur état actuel par une grande force d'attraction. Imagine-toi que c'est un nuage qui a la forme d'une auto. Mais cette image est si allongée que l'œil humain ne peut la saisir. On peut même passer au travers sans s'en apercevoir ».

« Vois-tu cette serrure qui est adaptée au côté droit de l'auto, juste derrière le capot ? »

C'est la seule partie solide de la voiture. Pour faire passer celle-ci à l'état gazeux, il faut prendre la serrure entre le pouce et l'index afin que, par la suite, elle ne tombe à terre. Tu appuies sur le bouton doré placé sur le petit trou de la serrure et l'auto disparaît. Tu ne gardes alors que la serrure.

« Pour redonner à l'Auto-Magique sa forme palpable, on a besoin d'une clef. Mais aucune clef ordinaire, même si elle tourne dans la serrure, ne pourrait te rendre ton auto. Seule, cette clef enchantée, que je te donne, peut faire passer ta voiture de l'état gazeux à l'état solide. C'est par une pression sur le bouton que tu as ouvert la serrure. Eh bien ! C'est en faisant un tour de cette clef dans la serrure qu'en se refermant elle remet l'auto à ta disposition. Il faut seulement faire attention, en faisant marcher le ressort, de tenir la serrure exactement entre les deux doigts comme en l'ouvrant. Sinon tu recevrais un choc très douloureux dans la main ».

« Il va sans dire que tu ne devras jamais perdre ni la serrure ni la clef, sinon tu ne reverrais plus ta voiture ».

En même temps, il remit à GoyaGoya une petite clef plate, qui ne se distinguait des autres que par sa forme recourbée.

« Et maintenant, je vais me séparer de toi », dit-il. « Si tu es un jour dans l'embarras, il te suffira d'adapter le cornoscope de l'auto sur hasard et je serai là ». « Mais n'oublie pas d'y ajouter le signe en morse S. O. S. Si tu ne le fais pas, tu verras tout juste accourir quelques lézards qui se promènent dans le voisinage. Adieu, mon ami ! » »

GoyaGoya aurait voulu le questionner encore ou tout au moins le remercier, mais la place était déjà vide : son compagnon avait disparu. Alors son regard tomba sur un gros tas de pierres où un petit lézard aux couleurs brillantes le regardait de ses yeux verts et, à ce qu'il lui sembla, ironiquement. Celui-ci fit entendre un léger sifflement, comme pour lui adresser un dernier adieu. Puis il se glissa sous terre. GoyaGoya pensa trop tard qu'il aurait pu prendre le cornoscope afin de le comprendre. Il n'était pas encore bien familiarisé avec le maniement de son Auto-Magique.

Il éprouva quelque angoisse en se retrouvant seul assis dans sa voiture qui s'éclairait de la lumière rosée d'un magnifique coucher de soleil. C'est à peine s'il osa en descendre. Soucieux, il s'assura d'abord que la clef était toujours dans sa poche. Puis il descendit en hésitant, ferma la portière derrière lui, saisit la serrure de la main gauche et pressa avec l'index de la droite sur le bouton doré. A l'instant l'auto disparut. Entre le pouce et l'index, il tenait une petite serrure qui ne se distinguait de ses sœurs que par un petit bouton doré placé sur le trou. GoyaGoya la retourna pensivement dans sa main, la mit dans ma poche, la ressortit. C'était une étrange impression que de savoir que l'auto était maintenant suspendue, invisible, à cette serrure et qu'ainsi il la traînait partout avec lui et tout le temps qu'il portait la serrure.

Mais non, il ne voulait pas garder celle-ci sur lui. Il pourrait la perdre trop facilement ou l'abîmer. Et puis sa mère avait l'habitude de retirer tous les objets lourds de ses poches, parce que cela les déchirait. Il reconnut, cette fois, qu'elle avait raison. Si sa poche se perçait sans qu'il s'en aperçût, la serrure et l'auto seraient perdues pour toujours.

Il préféra donc cacher la serrure sous le tas de pierres. Là, elle serait en sûreté. Il souleva quelques pierres et la plaça dessous. Cela lui parut aussi important que s'il enterrait un trésor.

Enfin, il s'en retourna chez lui en courant...

---◼---

(*1) Sonnailler : animal qui, dans un troupeau, marche le premier avec une clochette.
(*2) Cornoscope : Terme inventé par DoubleHybride 1 siècle plus tard - Il n'est pas tout à fait au point en 2025 mais avec l'IA on devrait y arriver bientôt. N'est-ce-pas Grok ?

---◼---

Je vous souhaite à tous, une heure enchantée qui fonctionne toute votre vie, la preuve c'est possible car ce fut mon cas accompagné par mon adorable épouse « ma petite Calinou » qui m'a offerte une fille au doux nom de Colombe-Aurore.

Jean-Marc Dubié dit aussi DoubleHybride

(Goya-Goya été le surnom que mes parents me donnaient dans mon enfance).

- Vous envisagez de passer à la voiture électrique, le tome II « .auto-magique » vous apportera tous les détails pour choisir le type de motorisation le plus adapté à votre usage et éviter des erreurs.
- Vous envisagez d'améliorer votre maison individuelle pour faire des économies. Le tome III « La maison sol-air » vous guidera pour définir l'ordonnément entre VMC double flux, pompe à chaleur, panneaux solaires, système eau chaude sanitaire et récupération eau de pluie. C'est basé sur mes expériences sur des décennies
- Vous souhaitez découvrir plus en avant le monde des sunracers le tome IV « Les sunracers » va vous éblouir février 2026.

Suivre ce QR code pour les acheter

21. GLOSSAIRE

Mot concerné	Description
1C	Taux de décharge. Mesure indiquant qu'une batterie se vide entièrement en une heure à pleine capacité, utilisée pour évaluer sa performance.
ADEME	Agence française. Organisme public soutenant les projets environnementaux, notamment pour la mobilité décarbonée.
Alpha	Processeur. Architecture 64 bits développée par Digital Equipment Corporation, utilisée dans les serveurs performants comme ceux d'AltaVista.
Backlinks	Liens entrants. Hyperliens pointant d'un site web vers un autre, utilisés par les moteurs de recherche pour évaluer la popularité d'une page.
BB électrique	Locomotive électrique. Type de train alimenté par l'électricité via des caténaires, utilisé en France dès les années 60 pour remplacer les locomotives à vapeur.
Big Oil	Compagnies pétrolières. Terme désignant les grandes entreprises productrices de carburants fossiles, souvent en opposition aux technologies électriques.
BMS	Système de gestion de batterie. Électronique contrôlant la charge et la décharge des batteries pour optimiser leur performance et sécurité.
BNF	Bibliothèque Nationale de France. Institution conservant des millions d'ouvrages, dont des livres rares comme ceux recherchés dans les années 90.
CEGID	Compagnie Européenne de Gestion par l'Informatique Décentralisée. Entreprise française spécialisée dans les logiciels de gestion et de comptabilité, fondée en 1983.
CHadeMO	Standard de recharge. Connecteur japonais pour recharge rapide DC, non compatible avec Zoé R90.

Charge par gravité
Freinage régénératif. Mécanisme permettant à un véhicule électrique de récupérer de l'énergie lors d'une descente en convertissant l'élan en électricité.

ChargeMap
Application mobile. Plateforme répertoriant les bornes de recharge avec statuts et commentaires.

Charly
Chargeur rapide. Dispositif expérimental de Renault pour recharger rapidement les batteries des véhicules électriques lors des rallyes.

Charly-Mac
Chargeur mobile. Dispositif portable permettant des recharges rapides pour véhicules électriques sur des prises industrielles.

CIAT
Compagnie Industrielle d'Applications Thermiques. Entreprise française spécialisée dans les systèmes de chauffage et de climatisation, comme les pompes à chaleur.

Cleanova
Prototype électrique. Véhicule Kangoo modifié par Dassault avec batteries lithium-ion et prolongateur essence, testé dès 2005.

Cluster
Inventé par DEC pour les VAX, c'est le moyen de rassembler plusieurs ordinateurs entre eux afin qu'ils soient vus depuis l'utilisateur et du programmeur comme un seul gros ordinateur puissant. Ce système apporte de plus de la redondance en cas d panne d'un ordinateur.

CO2
Dioxyde de carbone. Gaz à effet de serre émis par les véhicules thermiques, contribuant au réchauffement climatique.

Coefficient G
Paramètre thermique. Valeur utilisée dans les calculs énergétiques des bâtiments pour évaluer les pertes de chaleur, courante dans les études des années 80.

Combo CCS
Standard de recharge. Connecteur pour recharge rapide DC, utilisé sur Zoé R135 à 50 kW max.

Compteur Geiger
Instrument de mesure. Appareil détectant les rayonnements ionisants, utilisé pour mesurer la radioactivité dans des environnements comme les vols supersoniques.

Corri-Door
Réseau de bornes. Infrastructure de recharge rapide en France, principalement en 22 kW AC.

Course à l'élastique
Épreuve d'endurance et de précision inventé par Jean-Marc Dubié. Compétition testant l'autonomie des véhicules électriques sur des parcours exigeants en conditions montagneuses. Il faut monter puis descendre un col et opérer un demi-tour pour remonter le col pour arriver à son sommet avec un niveau batterie le plus près de vide. Ne pas arriver au sommet est éliminatoire.

CPU
Unité centrale de traitement. Composant principal d'un ordinateur, exécutant les instructions des programmes en effectuant des calculs.

CRT
Tube cathodique. Type d'écran utilisé dans les ordinateurs et téléviseurs des années 80, affichant des images via un faisceau d'électrons.

DATEL
Téléphone mobile précoce. Technologie de communication des années 70, permettant des appels depuis un véhicule avec un combiné filaire.

DEC
Digital Equipment Corporation. Entreprise américaine fabricant des ordinateurs PDP et VAX, leader dans les systèmes informatiques des années 70-80.

DECUS
Association d'utilisateurs. Groupe international réunissant les clients de Digital Equipment Corporation pour échanger sur ses technologies.

Diode
Composant électronique. Élément permettant le passage du courant dans une seule direction, utilisé dans les radios ou les circuits électriques simples.

Diode Schottky
Composant électronique. Diode à faible chute de tension utilisée pour protéger les circuits de charge contre les courts-circuits.

DSH
Dépôt Service Héliothermie. Société fondée pour développer des solutions énergétiques, comme des capteurs solaires et des chaudières à palettes, dans les années 70.

EE8/EE16
Coffrets Philips. Kits éducatifs d'électronique des années 60, contenant des composants pour apprendre à construire des circuits électriques.

EJP
Effacement Jours de Pointe. Contrat EDF proposant des tarifs réduits pour l'électricité, sauf certains jours de forte consommation.

EPR	Réacteur nucléaire. Centrale à réacteur pressurisé, comme celle de Flamanville visitée.
ERDF	Entreprise française devenu ENEDIS. Gestionnaire du réseau de distribution basse tension d'électricité. Pour les VE ils ont fourni des points de recharge lors d'événements.
Erdgaz	Gaz naturel comprimé. Carburant alternatif utilisé dans certains véhicules pour réduire les émissions de CO2.
EV	Mode électrique. Fonctionnement d'un véhicule hybride ou électrique utilisant uniquement son moteur électrique pour rouler sans carburant.
Fenwick	Chariot élévateur. Engin utilisé pour charger ou déplacer des objets lourds, comme un chargeur dans un véhicule.
Freins régénératifs	Système de freinage. Mécanisme récupérant l'énergie cinétique lors des décélérations pour recharger la batterie d'un véhicule électrique.
Fuel	Carburant fossile. Terme désignant les combustibles liquides, comme le pétrole ou le fioul, utilisés pour le chauffage ou les moteurs thermiques.
Gopher	Protocole internet. Système de navigation en ligne des années 90, antérieur au Web, utilisé pour accéder à des documents via des menus hiérarchiques.
Green'Up	Prise renforcée. Connecteur électrique de 16 A conçu pour une recharge sécurisée des véhicules électriques à domicile.
Groupe électrogène	Générateur portable. Dispositif produisant de l'électricité à partir d'un carburant, utilisé comme secours pour recharger les véhicules électriques.
HTML	Langage de balisage. Code utilisé pour structurer des pages web, définissant textes, images et liens sur internet.
Hybride	Véhicule hybride. Voiture équipée d'un moteur électrique et d'un moteur thermique, réduisant la consommation de carburant. Il peut être rechargeable ou non.
Hypra 64 A	Prise industrielle. Connecteur haute puissance utilisé pour recharger rapidement plusieurs véhicules électriques.
HyperCard	Logiciel. Application Macintosh pour créer des bases de données visuelles interactives, utilisée dans les années 80 pour des présentations animées.

IMA Integrated Motor Assist. Système hybride de Honda combinant un moteur électrique et thermique pour optimiser la consommation.

ISO 9001 Norme de qualité. Standard international définissant les exigences pour un système de management de la qualité dans les entreprises.

JEP Jouets Électriques de Paris. Marque française de trains miniatures électriques, populaires dans les années 60, souvent alimentés en courant alternatif.

Kbis Extrait administratif. Document officiel en France, délivré par le greffe du tribunal de commerce, certifiant l'existence légale d'une entreprise.

Kérosène Carburant aéronautique. Combustible dérivé du pétrole, utilisé dans les turboréacteurs d'avions comme Concorde pour sa haute densité énergétique.

Kiosque France Telecom encaisse auprès de ces clients les redevances dut aux serveurs d'information. Le fameux 3615 ou encore pour les Kbis des greffes 36 29 11 22 et 36 29 11 11.

KiwiPass Carte d'accès. Badge utilisé pour activer certaines bornes de recharge publiques, souvent sujet à des dysfonctionnements.

Klystron Tube électronique. Composant amplifiant les signaux radio à haute fréquence, utilisé dans les radars et communications par satellite.

KWh Kilowattheure. Unité de mesure de l'énergie électrique, représentant la quantité d'électricité consommée ou stockée dans une batterie.

LFP Batterie lithium fer phosphate. Technologie de batterie offrant une longue durée de vie et une bonne sécurité pour les véhicules électriques.

Mach Vitesse supersonique. Unité mesurant la vitesse d'un objet par rapport à celle du son, où Mach 1 équivaut à environ 1235 km/h au niveau de la mer.

Macintosh Ordinateur personnel. Gamme d'ordinateurs d'Apple, introduite en 1984, connue pour son interface graphique intuitive.

MicroVAX Ordinateur. Version compacte du VAX, conçue pour les petites entreprises, utilisée dans les années 80 pour des applications de gestion.

Minitel Terminal informatique. Système français de connexion à des services en ligne via un petit écran et un clavier, populaire dans les années 80 pour accéder à des données.

Mobi SDEC Réseau de bornes. Infrastructure de recharge en Normandie, fonctionnant souvent sans carte privative.

Mobil'Eco Montagne Label écologique. Distinction récompensant les performances des véhicules électriques lors des Traversées des Alpes.

Modem multiplexeur Dispositif de communication. Équipement permettant à plusieurs terminaux de partager une connexion à un ordinateur central via des lignes téléphoniques.

Mossos d'Esquadra Police catalane. Force assurant la sécurité routière lors d'événements comme le Rallye Phébus en Catalogne.

Moteur Stirling Moteur thermique. Machine convertissant la chaleur, souvent solaire, en énergie mécanique, utilisée dans des systèmes expérimentaux.

Multimètre Instrument de mesure. Appareil mesurant les courants, tensions et résistances électriques, utilisé pour vérifier les systèmes de charge.

NDA Non-Disclosure Agreement. Contrat de confidentialité obligeant les signataires à ne pas divulguer des informations sensibles échangées lors de réunions.

NiCd Batterie nickel-cadmium. Technologie de batterie rechargeable utilisée dans les véhicules électriques des années 2000, offrant une bonne durabilité.

Nimh Batterie nickel-métal-hydrure. Type de batterie rechargeable offrant une meilleure densité énergétique que le NiCd, utilisé dans certains hybrides.

NOx Oxydes d'azote. Polluants atmosphériques émis par les moteurs thermiques, nocifs pour la santé et l'environnement.

NXR25 Outil de diagnostic. Valise électronique Renault utilisée pour régler et diagnostiquer les systèmes des Kangoo électriques.

Olivetti P6060 Ordinateur. Modèle d'ordinateur professionnel des années 70, utilisé pour des calculs techniques et la gestion d'entreprises.

OpenVMS La dernière version de VMS, système d'exploitation des processeurs VAX (32 bits) et Alpha (64 bits) de DEC.

OTS Optimisation Technique de Sécurité. Procédure Renault pour corriger les défauts des batteries ou systèmes des véhicules électriques.

Packlink Système Renault. Interface de navigation Zoé suggérant des bornes de recharge.

PDP Ordinateur. Gamme de mini-ordinateurs produite par Digital Equipment Corporation dont le fameux PDP-11 , utilisée dans les années 70-80 basé sur le processeur 16 bits PDP pour des applications industrielles et commerciales.

PHEV Véhicule hybride rechargeable. Voiture combinant un moteur électrique alimenté par batterie rechargeable et un moteur thermique pour une autonomie mixte.

Piézo-électrique Dispositif électrique. Matériau générant une tension sous pression mécanique, utilisé entre autres pour allumer des appareils à gaz.

Plastic Valley Région industrielle. Surnom de la vallée d'Oyonnax, spécialisée dans la plasturgie et les presses à injecter, moteur économique de l'Ain.

Pompe à chaleur Système thermique. Dispositif transférant la chaleur d'un milieu froid vers un milieu chaud, utilisé pour chauffer ou refroidir en économisant l'énergie.

Poste à galène Récepteur radio. Appareil rudimentaire captant les ondes radio sans pile, utilisant un cristal ou une diode pour démoduler les signaux.

PREDIT Programme de recherche Européen. Initiative française finançant des projets sur les transports durables, incluant les véhicules électriques.

Prise Maréchal Connecteur électrique. Standard industriel robuste utilisé initialement pour recharger les véhicules électriques.

PRO 350 Ordinateur. Modèle de mini-ordinateur de Digital Equipment, commercialisé dans les années 80 pour les experts-comptables et les petites entreprises.

Propergol Carburant spatial. Substance chimique utilisée dans les fusées pour générer la poussée nécessaire au lancement, souvent très inflammable.

Pulse and Glide Technique d'écoconduite. Méthode alternant accélérations, décélérations en roulant sur l'ère pour optimiser la consommation dans les véhicules hybrides ou électrique.

R135 Moteur Renault. Version synchrone pour Zoé Phase 2, produite dès 2019 avec 100 kW.

R240 Moteur Renault. Version synchrone à rotor bobiné pour Zoé Phase 1, produite de 2015 à 2016.

R75 Moteur Renault. Version synchrone à rotor bobiné pour Zoé Phase 1, produite de 2017 à 2018.

R90 Moteur Renault. Version synchrone à rotor bobiné pour Zoé Phase 1 et 2, offrant une autonomie accrue.

Radioamateur Opérateur radio. Personne pratiquant la communication par ondes radio en tant que loisir, souvent avec des équipements transformés à base d'anciens équipements militaires.

RagTime Logiciel. Programme de traitement de texte pour Macintosh, permettant d'intégrer textes, images et tableaux avec une ergonomie avancée dans les années 80.

Range Extender Générateur thermique auxiliaire. Dispositif embarqué rechargeant la batterie d'un véhicule électrique pour augmenter son autonomie.

Range-extender Batterie supplémentaire. Pack additionnel augmentant l'autonomie d'un véhicule électrique sans modifier sa structure principale.

RSX Système d'exploitation temps réel destiné au processeur PDP 16 bits de DEC. Utilisé en particulier sur le PDP-11 et le PRO-350

SEO Optimisation pour moteurs de recherche. Ensemble de techniques visant à améliorer le classement d'un site web dans les résultats des moteurs comme Google.

SOC — State of Charge – Etat de charge d'une batterie en %

SOH — État de santé. Indicateur en pourcentage mesurant la capacité restante d'une batterie VE.

Sol-Air — Technologie géothermique. Système de pompe à chaleur puisant l'énergie dans le sol via des tuyaux enterrés, sans besoin de nappe phréatique et se réchauffant lors des redoux.

SOVEL — Société de Véhicules Électriques. Entreprise française des années 60 fabriquant des camions électriques pour livraisons urbaines, équipés de batteries au plomb.

STS — Space Transportation System. Programme de navettes spatiales de la NASA, incluant Discovery, actif de 1981 à 2011 pour des missions orbitales.

Subprimes — Crédits à risque. Prêts hypothécaires à taux variable accordés à des emprunteurs peu solvables, à l'origine de la crise de 2008.

Sunracer — Véhicule solaire. Engin propulsé par des panneaux photovoltaïques, conçu pour des compétitions comme le Rallye Phébus ou le World Solar Challenge.

Surgénérateur — Réacteur nucléaire. Type de centrale produisant plus de combustible nucléaire qu'elle n'en consomme, conçu pour maximiser l'efficacité énergétique.

T2 — Connecteur Type 2. Standard européen pour recharge AC, utilisé sur la plupart des bornes.

Transistor — Composant électronique. Dispositif amplifiant ou modulant les signaux électriques, essentiel dans les appareils comme les radios ou les circuits des années 60.

Twike — Véhicule électrique léger. Tricycle à pédalage assisté par un moteur électrique, conçu pour une mobilité urbaine durable.

Twizy — Quadricycle électrique. Véhicule léger à deux places de Renault, conçu pour une mobilité urbaine avec une autonomie d'environ 100 km.

Usenet — Réseau de forums. Système de groupes de discussion en ligne des années 80-90, permettant aux utilisateurs d'échanger des messages sur divers sujets.

VAE Vélo à assistance électrique. Bicyclette équipée d'un moteur électrique alimenté par une batterie pour faciliter le pédalage.

VAX Ordinateur. Gamme de mini-ordinateurs de Digital Equipment Corporation dont le fameux VAX750, équipé du processeur VAX 32 bits plus puissant que le processeur PDP 16 bits, largement utilisée dans les années 80 pour les bases de données.

VE Véhicule électrique. Engin propulsé par un moteur électrique alimenté par une batterie rechargeable, fonctionnant sans carburant fossile.

VMS Système d'exploitation extrêmement robuste et fiable des VAX de DEC.

VT4 Lampe radio triode de puissance pour émetteur BC191 de l'armée américaine durant WWII. Cette triode à jusqu'à nos jours un succès grandissant chez les amateurs d'amplificateur haute-fidélité à tubes, leur valeur peut allez selon fabriquant jusqu'à 1000 euros pièces car il n'est plus fabriqué avec les composants chimiques d'origine et ce type de produit s'use à l'usage. Dans la caverne il y en avait des centaines...

ZE PASS Carte d'accès. Badge Bosch pour activer les bornes de recharge, utilisé avec les Zoé.

ZE40 Batterie Renault. Batterie de 41 kWh pour Zoé Phase 2, augmentant l'autonomie à environ 300 km.

Zoé Q210 Véhicule électrique Renault. Modèle 2013-2015 avec charge rapide AC jusqu'à 43 kW et batterie de 22 kWh.

ZR Zone de régularité. Segment d'un rallye où les concurrents doivent maintenir une vitesse moyenne précise pour éviter des pénalités.

À PROPOS DE L'AUTEUR

Tout a été dit !

Contact: jean-marc.dubie@cotatel.fr www.auto-magique.com

Edition Cotatel (SIRET 943546465 00015

5 allée Henri Paule

01500 Ambérieu en Bugey France

Impression par KDP à partir de mai 2025

Note de l'auteur

Pour écrire ce livre je n'ai pu contacter les centaines de participants des différents rallyes auquel j'ai participé, car sauf rare exception je n'ai pas leurs coordonnées. Aussi si l'un des participants à ces rallyes souhaite qu'il soit cité ou non cité dans ce livre merci de prendre contact et de me signaler vos souhaits. Ce livre étant imprimé au fur et à mesure des demandes, Il sera possible en quelques mois de sortir une nouvelle version tenant compte des désirs justifiés et exprimés. Naturellement, il ne m'a pas été possible de citer la multitude d'événements VE et les détails de tous ces rallyes de véhicules électriques.

Il faut considérer mon livre comme un résumé de ces événements dont les récits plus détaillés ont été mis en ligne sur mon site web www.auto-magique au fur et à mesure de ceux-ci depuis 2005.

J'ai un objectif particulier avec ce livre « pérenniser ces histoires afin qu'elles ne tombent pas dans l'oubli lorsque que le site web auto-magqiue.com fermera. En effet, les ordinateurs qui diffusent ces histoires ont déjà plus de 25 ans de fonctionnement et il est financièrement impossible de renouveler ces matériels au prix actuel des licences d'exploitation et de conception. Il n'y a pas dans ce livre d' informations qui n'ont pas déjà été montrées au sujet des rallyes de véhicule, c'est seulement ma vie privée et professionnelle qui est révélée en sus dans ce livre pour lier l'ensemble.

A noter, toutes les photos de ce livre en couleur proviennent de clichés que j'ai personnellement effectués ou de clichés que l'on m'a donné pour publication sur le web. Les illustrations du livre l'Auto Magique de 1933 proviennent soit du livre original italien donc de 1920 soit de 1933. On peut considérer que ce livre pour enfant est tombé dans le domaine public. Si toutefois un ayant droit se manifestait j'aurais un très grand plaisir à le rencontrer tant ce livre est pour moi sacré.